本书受浙江大学文科精品力作出版资助计划、中央高校基本科研业务费专项资金和国家自然科学基金国际合作重点项目

"农业综合天气指数保险研究和实施"（72261147758）的联合资助

本书系国家社会科学基金重点项目

"我国农业保险高质量发展研究"（19AZD011）的结题成果

（结题评价：优秀）

中国
农业保险

AGRICULTURAL INSURANCE
IN CHINA

市场有效性与制度创新

MARKET EFFICACY AND
INSTITUTIONAL INNOVATION

易福金　著

社会科学文献出版社
SOCIAL SCIENCES ACADEMIC PRESS (CHINA)

序 言

　　仲夏初茫，喜闻书稿《中国农业保险：市场有效性与制度创新》付梓在即，受易福金教授撰序之邀约，欣然命笔。农为邦本，本固邦宁。建设富有风险韧性的农业强国、坚决守牢确保粮食安全是我国当下"三农"工作的重中之重。立足大历史观，这是一部符合当今农业农村现代化发展需要的作品。

　　粮安天下，农稳社稷。当前，世界正处于百年未有之大变局，多维度风险交织、多领域风险叠加使农业产业的"弱质性"缺陷日益凸显。一方面，国际外部环境日趋复杂严峻，全球动荡源的增多使得我国农业发展面临的外源性风险不断增加。诸如，新冠疫情的冲击给我国"三农"基本盘的稳固带来威胁与挑战，粮食的稳产保供在充斥着不确定性因素的外部环境中处于首要地位；俄乌冲突等国际政治局势的变化对我国粮食安全格局造成短期冲击与长期压力，多维度风险叠加与不确定性加剧对我国农业食物系统韧性的提升提出了更高要求。另一方面，农业生产过程中面临的自然灾害仍不容小觑。在全球气候变暖的背景下，未来极端气象灾害将呈现多发、频发与重发趋势。与此同时，全球气候变迁也将导致农业病虫害加剧，与之相随的则是水资源短缺、土壤侵蚀与退化等生态环境问题连发、并发的威胁。

　　在国际形势风云变幻、国内改革任务艰巨繁重的背景下，我国需夯实确定性的"压舱石"以应对不确定性的外部环境，这意味着农业风险管理占据至关重要的地位。在思想认知层面，不仅要坚持底线思维、强化风险管理与忧患意识，更要以前瞻性思维远眺前行路，增强重大风险研判能力；在具体实践层面，不仅要关注气象灾害、病虫灾害等传统农业风险，更要重视引发国内外市场变化的非传统风险，如"黑天鹅""灰犀牛"等突发事件。在加强粮食与其他重要农产品统筹调控、应急保障能力建设的同时，农业生产防灾减灾能力、旱涝灾害防御体系亦须不断强化和完善。

农业保险作为农业风险管理重要工具之一，有效发挥了风险分散、灾害补偿的功能。其一，农业保险成为农户抵御多重风险的"定心丸"。伴随着农业保险实施范围扩大，农户参保行为增加，粮食作物风险保障水平有所提高。农户稳健经营、扩大规模的意愿日趋增强，这将为国家粮食安全筑牢基石、保驾护航。其二，农业保险理赔服务撑起农户应对灾害损失的"保护伞"。作为有效化解农业风险的保障机制，农业保险在一定程度上能够提高农户风险应对能力、减缓农户经济压力，这不仅有助于稳定农户收入，亦有利于提升农户总体福利。

自 2004 年以来，我国开始探索并逐步建立政策性农业保险制度，目前它已成为一项重要的支农惠农政策。尽管我国农业保险取得了跨越式发展，但在实现农业保险高质量发展、建设农业保险强国方面依然任重道远。总体来说，我国农业保险在部分农村地区仍面临真实需求不足、供给能力有限、产品设计存在缺陷等问题。

具体而言，从保险需求层面来看，由于农户参保行为受外部环境影响，难以估计其真实的保险需求。同时，相较于新型经营主体，部分小农户深受知识储备与传统观念的束缚，对农业保险存在认知偏差，这就导致农业保险整体呈现有效需求不足的问题。从保险供给层面来看，尽管农业保险保费补贴的实行推动了险种日益丰富，但保险整体供给能力有限、瓶颈尚存，费率的厘定机制亟待规范化、科学化、透明化。从保险运行机制层面来看，政府与市场边界不明晰、保险市场过度竞争等因素均导致农业保险市场运行效率损失，同时产生风险水平与赔付水平相背离这一矛盾现象，而总体运行机制的不完善将难以保证现行政策性农业保险与预期目标保持一致，甚至可能背道而驰。

纵览全书，读者将能够系统地了解中国农业保险的变迁历程与沿革脉络。当然，本书也为读者洞察我国农业保险市场未来的发展趋势提供了重要窗口。我认为，该作品至少在如下三个方面具有开创性意义。

其一，作者从支持农业保险发展的理论方面给出了基于中国的经验与理论解释，并指出我国农业保险理论发展的必要性和方向。在农业保险理论的探索中，通过结合我国基层实践经验，为世界农业保险理论的创新与发展注入活力。与此同时，立足中国具体国情进行探究，有助于我们更好地把握中国农业保险的发展规律，并推动我国农业保险市场不断完善与壮大。

其二，农业保险交叉学科的属性鲜明，无论是从需求还是从供给角度研究，作者都将经济学、气象学、心理学等学科交叉融合，并依此为农业保险市场的健康发展剖析了更多维度的发展困境与优化路径。跨学科研究的方法有利于形成一个更全面、更综合的农业保险相关问题的研究框架，通过各类学科元素的耦合催生出融合性领域的新视角，并据此解决相应的科学问题与应对社会中的各种挑战。

其三，作者根据中国农业保险的发展困境，指出了当前存在的主要问题，并有针对性地提出了解决方案。农业保险事关国家战略安全、粮食安全与经济安全，关于农业保险高质量发展的研究与讨论最终将回归至政策的落脚点，通过多途径优化农业保险政策体系、完善灾害风险分散机制，以期农业保险成为强农惠农政策的重要一环，并且成为乡村振兴战略的重要力量。

中央农办、农业农村部乡村振兴专家委员会委员

中国农业风险管理研究会会长

张红宇

2023 年 7 月 16 日

前　言

2004 年伊始，我国开启了由实行千年以上的农业税收制度向全面农业补贴支持的系统改革，其中探索、部分试点与全面推广政策性农业保险是这一系列改革的重要方向。到目前为止，农业保险已经在我国强农惠农富农政策体系中占据举足轻重的地位，它既是防范与化解农业生产风险的重要工具，亦是保障与助力农户稳产增收的重要手段。历经数十年的飞跃式发展，我国取得了农业保险总体覆盖率明显提升、风险保障能力显著增强、产品体系日益丰富等举世瞩目的巨大成就。如今，我国农业保险已经从初步建立农业保险体系阶段迈入以"扩面、增品、提标"为核心要求的高质量发展阶段。不断总结过去十多年的发展经验与教训，优化适合我国国情的农业保险政策体系，完善农业保险市场制度将成为下一阶段我国农业保险研究工作的重心。

总体而言，我国农业保险发展之路仍道阻且长。从农业保险的市场运行效率来看，我国政策性农业保险仍然存在真实需求不足、供给有限、保费补贴机制低效等弊病。具体来说，我国农业保险发展面临着五重挑战：一是农业生产的不确定性加剧对以农业保险为核心的农业风险管理体系提出更高要求；二是在政府大力干预的现实情况下，农户对农业保险的真实需求难以被准确估计；三是由于外部环境变化、农业风险升级，农业保险产品供给能力有限、配套系统不完善，无法应对新挑战、顺应新趋势；四是政策性农业保险制度设计有待完善；五是农业保险发展的理论体系在我国的适应性问题有待深入探讨。

在一系列挑战中，农业保险市场的有效运行与制度保障是其实现高质量发展的关键步骤。尽管农业保险的政策性极强，并且各级财政对农业保险保费给予了强有力的支持，但是如何在各级政府深度参与过程中实现农业保险市场的良性运转，在充分发挥财政效能的基础上实现农业保险市场在风险管理中高效配置资源，激励农户对农业保险的有效需求，正确引导农业保险机构提高农业保险产品的设计能力、提升农业保险服务水平等，这些问题亟待进一步讨论。与此同时，政府在农业保险市场制度的设计层面仍有提升的潜力，这也是当前农业保险市场运行效率和整体质量不高的重要原因。

本书将以摆脱我国农业保险发展的现实困境为根本基点，在梳理我国农业保险发展历程的同时，进一步完善农业风险管理理论体系，旨在提出一系列农业保险改进措施，激发农业保险市场活力、优化农业保险市场运行机制。全书主要由四个篇章构成，共分为十四个章节展开。

第一篇围绕农业风险管理现状与理论研究进展进行阐述。本篇首先从当前农业风险发展趋势出发，系统分析农业风险管理理论体系包含的风险分散工具及相关作用，并总结现阶段该理论体系面临的多重挑战；其次，通过梳理我国农业保险发展的三个阶段及农业生产支持政策的沿革历程，剖析出当前我国农业保险面临真实需求不足、供给能力有限、运行机制不完善等问题；最后，由于目前保险实践快速发展与理论研究滞后之间的矛盾日益凸显，且农业保险理论缺乏中国特色，据此指出我国农业保险理论发展的必要性和方向。

第二篇从农业保险需求角度出发，构建更符合农户真实保险购买行为的非线性需求函数，并分别从信贷约束、农户保险认知、赔付经历与保险不规范实施行为等方面着手，探究影响农业保险需求的重要因素。具体地，本篇构造了幂律分布的非线性需求模型，并据此解释了农业保险保费补贴的福利效应。同时，本篇通过构建农户跨期决策的多样经营理论模型，经理论分析与实证检验发现，信贷约束整体上极大地抑制了农户农业保险的有效需求。而在农户保险认知方面，长期以来农业保险宣传教育不足、保险实施行为不规范都导致农户对保险基础知识及机制的认知产生偏离，这些因素都会降低农户对农业保险的真实需求。

第三篇则从农业保险供给视角展开，并就气候模式信息、遥感技术在农业保险中的应用价值方面，研究农业保险供给体系的创新路径，以期推动农业保险供给侧改革与发展。本篇研究得出的主要结论如下。其一，纳入 ENSO 信息有助于保险费率估计准确性的提高，同时将改变农户购买保险的最优决策，且农户整体福利也会得到显著提高。其二，在农业保险定损、理赔环节中，遥感测产技术对农户投保前后收入波动差异的影响取决于不同的遥感估产模型。使用本地模型时，大部分农户的收入波动可以得到有效减小；而使用异地模型时，农业保险无法有效减小甚至可能增大部分农户的收入波动。

第四篇回归至农业保险高质量发展的政策落脚点，旨在解决现行农业保险政策与制度设计所存问题。本篇首先关注政策性农业保险补贴目标，相较于保险保费补贴形式，直接收入补贴对小农户产生了更高的福利，而现有保险保费补贴的"漏出"则会导致农户福利受损，该结论将为政府财政支农模式的选择提供科学依据；其次，以政策性玉米保险为例，构建保险公司的赔付决策模型，对当前保险保费补贴"包干制"模式引发中国农业保险"赔需"错位问题进行了阐释与验证，而保险赔付能力与风险保障需求错位，最终会导致农业保险的实际保障水平与预期目标相背离；再次，聚焦农业保险市场准入制度下竞争结构与效率问题，研究发现，政府在设计市场竞争模式时应综合考虑寻租效率及垄断效率损失两方面因素，且需引导市场结构稳定于最优竞争水平；最后，从农业保险需求、供给及政策三个角度，系统归纳我国农业保险发展道路上的关键误区，并为农业保险高质量发展的路径重塑提供经验支持与政策建议。

总而言之，农业保险市场是观察中国农业风险管理水平的关键视角。政府、保险机构与农户在农业生产风险的管理中扮演着独特、不可替代的角色，而三者能否形成农业风险管理的有效合力，关键在于是否具有成熟完善的制度安排。然而，我国农业保险制度优化过程不仅仅需要熟练掌握西方国家成熟的农业保险经验和理论，更需要基于中国国情构建与之相适应的农业保险理论体系。从这个角度来说，当前关于中国农业保险的理论研究还有相当长的路要走。在这个过程中，即便是总结当前农业保险的现实挑战、用扎实的理论与数据说话、最终形成共识也还远没有完成。本书正是基于此认识，对中国农业保险的发展进行了阶段性观察与总结，并期待未来有更多的学者参与其中。

最后，中国农业保险发展是基于特定时期、特定地区不断调整和优化的过程。与之对应，国家的财政变化和政策调整、企业的创新和农业的转型不仅仅为我们提供了丰富的研究素材，同时也意味着本书的出版很可能落后于当前农业保险改革的进程。因此，本书可能存在大量的不足与缺憾，欢迎读者批评指正！

目　录

第一篇　农业风险管理现状与理论研究进展

第二篇　农业保险需求研究

第三篇 农业保险供给研究

第四篇 农业保险高质量发展政策

第一章 导论

作为国家农业政策的重要组成部分，农业保险有效分散了农业生产风险，并为农业产出增加和农村家庭福利改善提供了可能性。自 2007 年政策性农业保险试点开始，农业保险业务在中国农村地区快速发展，保费规模持续增长，并在保障国家粮食安全、稳定农民收入上发挥了重大作用。但是，随着农业保险深入发展，农业保险存在的理论问题和现实疏漏也逐渐显现；尽管近些年农业保险高质量发展的外部环境为保险市场提供了新的机遇，但"扩面、增品、提标"的要求同时又给农业保险发展提出了新的挑战。本章关注中国农业保险发展历程，总结中国农业保险发展现实背景及政策支持，提出农业保险发展过程中存在的问题及现实挑战，最终基于农业保险面临的现实问题来概述本书的研究内容及相关成果。

第一节 研究背景

一 农业保险的重要性

农业的弱质性缺陷决定了农业保险在农业政策中的重要地位。受到季节、气候等自然条件的限制，农业在生产过程中极易因不确定的气象灾害、病虫灾害、环境灾害造成减产损失，特别是随着全球气候变迁以及生产环境不断恶化，农业生产面临的自然灾害发生频率和强度也在不断提高（徐雪高、沈杰，2010）。与此同时，农业生产转型过程中国内外市场、政策变化以及突发事件等均会成为农业风险源头，进而导致农户农业生产和国内农业经济的不稳定（张峭等，2016；张燕媛等，2017）。作为分散和化解农业风险损失的有效手段之一，农业保险已成为诸多国家农业风险管理的重要组成部分（潘勇辉，2008；庹国柱，2019）；同时，由于农业风险特殊性、农业保险外部性等原因，大部分国家农业保险发展需要依靠政府直接或间接经营（张跃华、顾海英，2004）。中国也不例外，依靠政策推动和政府财政补贴，中国建立起的政策性农业保险体系已成为农业保险市场中的主要组成部分。自 2004 年开始，中央一号文件每年都会对政策性农业保险赋予新要求和新计划。2004 年，《关于促进农民增加收入若干政策的意见》首次提出加快建立政策性农业保险制度；2012 年，《关于加快推进农业科技创新持续增强农产品供给保障能力的若干意见》提出健全农业再保险体系，逐步建立中央财政支持下的农业大灾风险转移分散机制；2014 年，《关于全面深化农村改革加快推进农业现代化的若干意见》探索粮食、生猪等农产品目标价格保险试点；2019 年，《关于坚持农业农村优先发展做好"三农"工作的若干意见》将完善农业保险政策放置于农业支持保护制度类别中，并提出推进稻谷、小麦、玉米完全成本保险和收入保险试点；2022 年，《关于做好 2022 年全面推进乡村振兴重点工作的意见》探索开展糖料蔗完全成本保险和种植收入保险。从历年政策可以看出，政策性农业保险目标已从单维自然风险分散手段上升到多维风险管理工具，从稳定农户收入转向提升农户总体福利。

当然，农业保险发展要求和功能的逐步拓展，是农业参与国际市场背景下提升农户福利以及保障粮食安全的必然要求。从农户收入角度来看，政策性农业保险是农户收入的稳定器。一方面，农业保险事后补偿机制可以稳定农户收入，农户通过支付保费，把农业生产经营过程中由自然灾害或意外事故发生造成的农业生产损失转嫁给保险人（Van Asseldonk et al.，2013）。另一方面，政策性农业保险中财政对保费的高额补贴降低了农户保费支付，相当于农户支付较少的保费即可实现受灾后农业生产收入的稳定（刘亚洲、钟甫宁，2019）。进一步来看，在农业参与国际竞争的视角下，政策性农业保险通过风险机制进行的补贴属于非价格农业保护供给之一，它作为收入支持政策不受 WTO 规则约束，从而被大多数国家作为农业支持手段（李登旺等，2015；齐皓天等，2017）。从粮食安全角度来看，农业保险保障农产品稳定供给。农业保险政策通过降低农户生产经营风险提升了农户种粮积极性，为扩大粮食播种面积以及提升粮食单产提供了可能性，进而在维护国家的粮食安全中发挥了至关重要的作用（庹国柱、张峭，2018）。因此，从稳定农户收入以及切实保障国家粮食安全角度来看，农业保险具有重要的现实意义和战略意义。

二　农业保险的发展成就

自 20 世纪 30 年代起我国曾与西方发达国家一道探索发展农业保险体系，但是由于发展环境不成熟，这些小规模的农业保险大多存续时间较短。直至 20 世纪 80 年代后，我国农业保险才取得了突破性的发展，当时中国人民保险集团股份有限公司（简称"中国人保"）发行的种植业保险和牲畜保险的试办区遍及 29 个省（自治区、直辖市），其保险种类也相较之前更齐全。在政府的支持下，保费收入 1992 年突破 8 亿元，达到了最高峰。但是，在随后的 10 年内保费收入呈现明显下降趋势，我国农业保险发展随之进入瓶颈期。为了跳出瓶颈，2004 年中央一号文件明确提出了建设我国农业保险试点的要求。由此开始，我国现代农业保险建设正式走上快速发展轨道。

我国政策性农业保险发展始于 2007 年吉林、内蒙古等 6 省（自治区）开展政策性农业保险试点。按照《中央财政农业保险保费补贴试点管理办法》（财金〔2007〕25 号）规定，农业保险补贴品种包含玉米、水稻、大豆、小麦和棉花；保费补贴由中央财政部门、省级财政部门以及地方财政部门共同承担，文件明确规定中央财政部门和省级财政部门各自承担总保费的 25%，其余由地方财政部门补贴的具体比例由试点省份自主确定。自此之后，政策性农业保险在我国全面推广，经由 10 余年的发展，我国取得了农业保险总体覆盖率高以及风险保障能力增强的巨大成就。根据中国银保监会的统计数据，2021 年中国农业保险保费规模已高达 965.2 亿元，相较于 2007 年政策性农业保险推广首年的 51.8 亿元保费收入，实现了 17 倍以上的增长；中央财政补贴从 2007 年的 21.3 亿元增加到 2021 年的 333.45 亿元；风险保障能力也从 2007 年的 1126 亿元增加到 2021 年的 4.78 万亿元。

除此之外，我国农业保险产品体系日益丰富。从作物品种来看，除了最开始试点的主粮作物外，我国农业保险承保的农作物品种已有 270 余种，基本覆盖了农业的各个领域；从保险保障水平来看，在原有保障物化水平的保险产品基础上，包括保障完全成本、农业生产收入等在内的保险产品已开展试点并逐步推广；从保险定损机制来看，气象指数保险为减少农业保经营成本提供了可能性。当然，伴随着农业保险高质量发展的要求，我国农业保险需要在已有成就上进一步为达到"扩面、增品、提标"而努力。

三 农业保险的现实挑战

虽然取得了一定的成绩，但政策性农业保险在我国农村地区仍然面临真实需求不足、供给能力有限、交易成本高以及产品设计存在缺陷等方面的问题。不难理解的是，由于农业保险的运行机制是由农业保险需求主导、市场与政府同时参与的行为，所以农业保险的发展是否顺利与农业保险自身的性质、市场运行机制、政府主导方式等都有一定的关系。具体来说，我国农业保险发展主要面临着以下几个问题。

一是农业生产的不确定性加剧对以农业保险为核心的农业风险管理体系提出更高的要求。农业风险来源的多维性和复杂性是现代农业生产面临的重大挑战，诸如传统自然风险加剧、市场风险凸显以及各类未知不确定性事件的间接影响（西爱琴等，2006），这也意味着农业风险管理体系需要包含更全面的风险管理工具及合理安排工具间的协同配合。而令人遗憾的是，目前我国农业风险管理体系仍以政府救济、农户风险自留以及专业风险管理工具为主导（吴东立、李洪旭，2008；张峭、徐磊，2007），并未针对多维农业风险形成一套完善的理论体系，因此也无法进一步协调和完善各类工具的配合机制与风险管理体制。同时，农业保险处于农业风险管理体系的核心地位，而在生产成本上升的现实背景下，仍以农业生产物化成本为标准的保障水平对减少农业生产经营风险造成的损失无疑是杯水车薪（刘亚洲、钟甫宁，2019）。尽管农业保险朝着高保障水平发展，但其所对应的配套服务能力、运行机制以及基础设施是明显不足的。而在保障粮食安全的大背景下，如何通过农业保险保障功能及支持功能激励农户农业生产的积极性同样是农业保险高质量发展的挑战。

二是难以获得农户对农业保险的真实需求。尽管政策性农业保险保费收入规模扩大、覆盖率提升等情况反映了农户参保的意愿强，但政府大力干预以及强制参保方式的现实情况极有可能掩盖了农户对农业保险的真实需求。大部分现实情况显示农户对农业保险的需求并不旺盛（刘亚洲、钟甫宁，2019），诸如农户保险意识不强（吕开宇、张崇尚，2013）、农户对农业保险认知不足（孙香玉，2008）等，这也意味着过去依赖财政高额补贴拉动农户保险需求并未激发保险主动需求。进一步来说，从虚高的农业保险需求出发进行农业保险产品改善或再升级，极有可能加剧农业保险真实需求不足的困境。而从相反的角度考虑，如果农业保险的需求被低估，高保障农业保险供给不足，农业生产者得不到满足其需求的保险产品，在农业生产过程中遭受的风险转换为经济损失，农业保险的作用难以得到有效发挥。总的来说，由于对农业保险需求量的误判，农业保险公司难以提供与农户需求相匹配的农业保险产品，供需不对称的情况在一定程度上导致农业保险市场的冷却状态。因此，如何从我国实际状况出发设计有理论依据的农业保险险种、评估市场需求及提供与风险相匹配的农业保险补贴是当前农业保险理论界亟待完成的任务。

三是我国农业保险产品供给数量不足、质量不高以及配套系统不完善。农业生产风险升级、外部环境变化都要求提高农业保险产品保障水平，而现有农业保险产品供给明显不足。首先，广泛普及的政策性农业保险仍以物化成本作为赔付标准，这种低保障农业保险产品并不能贴合农业生产成本增加、农业风险来源扩大以及巨灾风险高频高损的变化趋势，所以难以满足部分农户对降低农业风险损失的要求。其次，我国农业保险体制不完善，从农业保险保费厘定角度来看，"一省一费"的定价模式不适用于地域气候、地形、作物品种存在较大差异的省份；从风险分散机制角度来看，我国基于保险公司层面建立的巨灾风险准备金制度对巨灾风险的有效分散还缺乏一定的系统性（庹国柱、李军，2003）。除此之外，保险产品服务配套系统不完善提升了农业保险经营难度，如保险公司由于并未完全掌握投保土地位置和风险信息，受灾后难以及时进行定损到户。尽管遥感等技术可以对地类和作物进行精准识别，但由于技术、数据受限，新技术应用于农业保险服务仍需要在发展中不断改进。综上，农业保险产品供给端的不足同样会降低农业保险运行效率。

四是政策性农业保险制度设计有待完善。从整个保险市场运行机制的角度分析，一个完善的农业保险市场运行机制必须包括健全的市场供给主体、良好的法律制度保障、理想的可保风险条件、充分的农业保险信息、有效的风险分摊机制，这些是农业保险发展不可缺少的条件（黄英君，2009）。尽管 2012 年发布的《农业保险条例》通过立法的方式确立了大灾风险分摊机制和管理制度，分别被列入中央财政与地方财政的分担职责。

但实际上，由于农业风险的复杂性和农业保险的特殊性，农业保险制度难以执行，这种难以控制的因素成为我国乃至世界农业保险发展道路上的阻碍。除此之外，保费补贴效率、道德风险、信息不对称以及保险赔付均是农业保险制度建设中不可回避的问题。同时，随着农业保险逐渐从风险分散拓展到粮食安全、收入支持以及脱贫攻坚等多方面功能（庹国柱、张峭，2018），农业保险制度设计需要更具科学性和合理性。

五是我国农业保险发展理论体系的完善与适应性问题。尽管针对农业风险应对的实践方面学术界有了长足的发展，但这些适用于西方发达国家的经验是否同样在以农业为主的发展中国家适用存在极大的不确定性。同时，政府对应对农业风险的工具进行财政补贴的理论基础研究并不完善。针对农业风险管理体系发展程度低于社会预期水平的现状，无论应对农业风险的工具是来自供给层面还是需求层面的解释，这些理论在中国和其他发展中国家的适用性都面临着不小的挑战。

第二节　问题的提出

作为分散农业生产风险及兼顾收入支持的重要政策工具，在助力全面推进乡村振兴的过程中，农业保险政策不仅在加快农业农村现代化进程中被赋予重要使命，同时也是保障国家粮食安全的重要支持手段。因此，针对农业保险发展现实问题，农业保险改进措施亟待提出，以激发农业保险需求、提升农业保险市场活力、优化农业保险机制及完善农业保险配套服务。因此，本书针对农业保险发展现状，提出了如下研究问题，并阐明了研究方向。

一　以农业风险管理体系构建为导向，研判农业风险管理工具的适用性

（一）厘清农业风险来源与内在机制

随着农业生产风险的来源增多、复杂程度以及损失程度的提高，农业风险管理需要朝着体系化和科学化发展。从农业风险来源角度来看，农业国际现代化视角下，国内市场、国际市场、政策变动、自然灾害以及各类

非常规途径等风险因素的出现均有可能直接或间接造成农业生产波动，进而影响农户稳定收入。因此，有针对性地选用合适的风险管理工具并构建农业风险管理体系是分散农业风险的有效方式。进一步来说，不同风险因素影响方式不同，且风险交叉融合可能会造成更严重的损失，这也要求农业风险管理体系需要包含更为合理的风险测度评估方式、足够的风险应对能力以及科学的风险应对机制。因此，构建农业风险管理体系的前提是厘清农业风险来源、采用合理的风险测度评估方式以及制定有效的风险分散机制。

（二）系统梳理农业保险理论体系

农业保险是农业风险管理体系中的重要工具。借鉴国际上农业保险大国的发展路径，我国政策性农业保险在发展的 10 余年内取得了一定的成绩，诸如保险保费收入的提高、保障范围的拓宽等，但不可回避的是我国农业保险发展仍存在着诸多不足之处。除了传统研究中所提到的农业保险中面临系统性、交易成本、基差风险的理论挑战以外，我国农业保险还面临着"供需双冷""制度不完善"等问题。因此，从完善我国农业风险管理体系角度出发，需要系统梳理农业保险理论研究，总结我国农业保险发展历程中的不足，进而为我国农业保险高质量发展提供理论和经验指导。

（三）关注中国农业保险理论发展

农业保险理论是指导农业保险实践的指南针。基于特殊国情，中国农业保险已经走出了一条依靠政府补贴的政策性农业保险理论道路，但其基础仍是国际农业保险发展经验而非本土化的农业保险理论。随着农业保险高质量发展逐渐提上日程，研究需要在汲取农业保险理论的基础上，注意国内外农业保险环境的巨大差异，以及中国农业在快速转型中对农业保险要求的变化。综上，依据我国实际国情设计有理论依据的农业保险险种、评估市场需求及提供与风险相匹配的农业保险补贴是当前农业保险理论研究亟待完成的任务。

二　以农业保险需求提升为导向，探究农业保险需求状况与影响因素

（一）测度我国农业保险真实的需求水平

农户农业保险需求是农户购买保险的前提条件。目前，我国农业保险

实现了高覆盖目标，不可否认成就的取得离不开政府财政高额补贴以及保险公司的大力宣传，但其背后出现的农业保险"整村代付代缴"在一定程度上夸大了我国农业保险的发展成就。除此之外，我国农业转型时期分散的小农户和规模农户对农业保险的需求不尽相同，不同农产品生产者对保险的需求也不尽相同。例如，规模农户一般具有更高的保险购买能力，在较高生产投资下进行农业生产也期望获得更全面的风险保障；而小农户农业生产规模小，保险购买能力不足。然而需要强调的是，激发广泛存在的小农户对农业保险的需求是农业保险发展进程中具有重要意义的一步。因此，在农业保险转型升级阶段，研究需要把握"因人而异""因地而异"的农业保险需求，准确判断现阶段农户保险真实需求水平以及未来农业保险产品创新的方向，更为重要的是，需要明辨小农户、规模农户以及各类农业新型经营主体对农业保险的差异化需求。

（二）发掘我国农业保险需求的影响因素

从提升农户保险需求角度来看，研究需要探明影响农业保险需求的因素。一方面，农户根据家庭及生产特征进行农业保险购买决策，农户保险需求不足受制于个体特征产生的意愿不足；另一方面，受到外部制度的约束，尽管部分农户存在保险需求，但由于外部环境支持不足，农户难以完成保费支付的行为。从个体特征来看，农户保险需求不足可能是因为真实保险实践未达到农户对保险的期望水平，这也意味着需要明确保险实施问题以及农户保险期望。首先，农业保险产品设计、保障水平、保费收取以及定损后的理赔均会使农户产生保险收益低于预期的可能性。其次，在长期农业保险实施过程中，为实现高投保的目标，村集体保险代付代缴、保费返还等行为屡见不鲜，因而造成农户认知的偏差，甚至错误地理解农业保险机制，误将农业保险当成"储蓄"或"理财"的手段，这在一定程度上影响了农户对农业保险作为"风险管理工具"的需求。因此，研究有必要针对以往农业保险实施过程中的行为进行分析，从保险实施行为和农户保险认知入手提高农户保险需求。而从外部制度环境来看，金融市场不完备造成的信贷约束使得农户无法将保险购买意愿转换为真实的保险购买行为。因此，改善外部制度环境也是提升农户农业保险需求的手段之一。总的来说，提升农户农业保险需求应率先从微观农户角度以及外部制度环境方面探明保险需求不足的因素。

（三）个体特征对农业保险需求的敏感性

农户对农业保险需求的差异化特征是基于个体特征对于保险需求的敏感性。从农户个体特征出发，包含风险感知、风险偏好在内的个体特征均会影响农户对农业保险的需求水平，但特别需要强调的是，个体特征还会影响需求水平变动的敏感性。其中，最为重要的是农户对于农业保险价格的敏感性，由于农户对不同价格的敏感性不同，所以尽管按照供求理论可以简单地将农业保险需求描绘为与价格呈现负的线性关系，但农业价格和农业保险需求并不是等比例变化的。从补贴保费提升福利角度来说，保费价格和需求的非线性关系也使得农户福利和社会总福利的实际变化与理论存在偏差。因此，有针对性地对不同保费价格水平对保险需求和保费补贴的影响进行分析，可为提升政策性农业保险保费补贴效率提供可能性。当然，不同个体特征对需求水平变动的敏感性不一，研究需要进一步从个体特征差异角度阐明农户对农业保险需求的变动。

三 以农业保险供给升级为导向，探索农业保险产品设计的可行性

（一）探索外部气象信息在提升指数型农业保险效率中的应用价值

农业生产外部气象信息是保险公司科学厘定保费的基础。农业保险费率依据作物单产分布模型，而其中作物单产的波动主要源自农业生产阶段的天气变化。除此之外，在农业保险产品拓展的背景下，天气指数保险、收入保险等新型农业保险产品对农业生产需要用更严格的气象条件判断。基于此，研究需要对农业生产外部气象信息从三个方面进行评估：一是自然风险的发生频率及严重程度；二是自然灾害对农业生产致损程度；三是农业生产气象的周期性、趋势性变化。相较于前两者，农业生产气象的周期性、趋势性变化是国内农业保险保费厘定的盲点。例如，厄尔尼诺－南方涛动（ENSO）作为一种准周期气候类型，通过改变气温、降水对作物产量造成影响，因而，盲目忽视 ENSO 信息极有可能降低保险费率估计的准确性；同时，这种可预测的气候信息为农户合理进行保险购买决策提供了依据。综上，从保险公司保费厘定及农户保险购买决策角度出发，对外

部气象信息的准确判断是极为重要的。

（二）判断保险新科技在支持农业保险产品服务中的作用效果

保险新科技支持农业保险产品发展存在技术壁垒，其理论上的适用性和作用效果仍需得到实践验证。传统农业保险实践中，广泛存在的承保信息不对称、理赔成本高和效率低、合规监管难度大等问题严重制约着农业保险的发展。从提升保险服务效率角度来看，依靠新科技赋能农业保险体系是提升保险服务效率的重要方式。目前，不少科技公司通过遥感技术为保险公司提供农业生产、灾害评估等信息，但在实际操作层面，受到数据、技术、平台等制约，仍然面临不小的挑战。另外，支撑新科技赋能农业保险体系的理论基础是估产模型，但由于模型拟合优度、地域局限等问题，仅依靠保险新科技为保险公司提供新技术服务仍面临不小的挑战。因此，研究需要判断保险新科技支持的作用效果、适用条件及改进方向。

四 以农业保险制度完善为导向，论述农业保险保费补贴政策与市场运行机制

（一）明确政策性农业保险保费补贴目标

政策性农业保险兼顾风险分散以及间接转移支付的功能。农业保险作用机制的本质是通过事前的小额保费缴纳，避免未来预期农业生产收入的大幅度降低；进一步来说，在我国财政对农业保险高额补贴的现实情况下，政策性农业保险通过农业风险发生将财政资金间接转移给农户，实现了基于风险事件的农户收入支持功能。特别需要注意的是，在我国农业逐渐融入国际市场的背景下，来自 WTO 规则约束的政策风险因素也成为农业总体因素中的一个子集，而农业保险补贴作为 WTO 框架所允许的"绿箱"政策，可以实现政府对农业的合法支持。同时，鉴于政策性农业保险参与主体同时涉及追求公平的政府部门和追求利润的商业性保险公司，因此财政补贴保费应该兼顾补贴效果和补贴效率。由此，相关研究应该在政策性农业保险分散农业风险的基础上，从农户收入支持、福利提升角度进行拓展，判断农业保险保费补贴在合规要求下达到最有效率的方式。

（二）分析农业保险补贴政策的实施困境

现行农业保险保费补贴是依托保险公司对农户进行间接补贴，降低了

财政补贴的效果。具体来说，政府财政对政策性农业保险保费补贴采用"包干制"，即政府除给予保险公司一定比例的保费补贴之外无须再对其经营损益兜底，而保费补贴究竟是优先用于赔付损失还是支付管理成本都由保险公司自主决定。从政府财政补贴角度来看，所实行的保费补贴比例综合考虑了保险公司风险损失率、经营管理费用和承保利润三个方面因素，即涵盖纯保费、管理费用以及结余费用等；从保险公司保费补贴利用角度来看，作为追求利润最大化的主体，受制于管理费用的刚性约束，保险公司完全有可能在农业风险上升时降低赔付水平以实现短期的盈亏平衡。同时，政府缺少对保险公司按照费率厘定时的预设资金比例的考核，极有可能造成保险公司对支付管理费用和纯保费之间灵活分配保费补贴的情况，出现"协议赔付""大灾小赔，小灾大赔"等农业生产风险与赔付水平悖论的现象。因此，基于保险补贴运行机制评估农户受益于农业保险保费补贴的情况是农业保险保费补贴提升效率的重要环节。

（三）探索农业保险市场运行机制与效率

农业保险行业的过度竞争可能会导致保险补贴效率降低的问题。保险公司为获取农业保险业务的高额补贴而提升了农业保险行业的竞争程度，激烈的市场竞争对保险公司寻租行为产生了更强的激励，增加了非生产性寻租活动的发生频率，导致保险公司对生产经营资金的浪费，极大地降低了财政补贴的使用效率。从政策性农业保险提升农户收入角度出发，财政补贴在多大程度上转化为农户福利是政府评价农业保险市场效率的关键因素，主要衡量指标是农业保险的赔付水平。因此，从提升农业保险行业效率及改善农户福利角度出发，相关研究更应关注农业保险行业竞争下扭曲行为产生的一系列负面影响，进而提升农业保险市场的运行效率。

第一篇

农业风险管理现状与理论研究进展

第二章　农业风险管理的理论基础

任何一个科学项目的研究都要建立在坚实的理论基础和恰当的技术支持之上，而农业风险管理理论基础的研究保证了该项工作的科学性。本章将重点围绕农业风险管理体系展开，从当前农业风险发展趋势出发，系统分析农业风险管理体系所包含的风险分散工具及其作用，总结现阶段农业风险管理理论面临的挑战。

第一节　风险基本概念

全球化作为当代社会发展的一种基本趋势，既促进了世界经济、政治、文化的交流和融合，也带来了由人类实践导致的全球性风险，在这样的社会里，各种全球性风险对人类的生存和发展存在着严重的威胁，使人类步入了后果严重的"风险社会"。不同的学者从各自研究领域和视角出发，对风险做了不同的界定和解读。其中，以下几种代表观点在研究中被重视。

多数研究以"风险具有不确定性"这一特性开展。部分学者将风险定义为损益结果的不确定性，这是一种以"均值－方差"来衡量风险的观点，利用均值计算投资活动的收益，而用方差来表示这种投资活动的风险，这种定义方法常常在经济学领域和金融投资领域适用。也有学者更加强调风险对主体造成的损失，把风险界定为损失的不确定性，认为风险意味着未来损失的不确定性，并用概率进行描述。

考量风险发生的时期也是界定风险的重要内容，具体来说风险是未来实际收益与预期收益的偏离。穆月英和陈家骥（1994）认为风险是由不确定性导致实际收益与预期收益偏离的可能性。Markowitz（1952）在别人质疑的基础上，排除可能收益率高于期望收益率的情况，提出了下方风险

（Downside Risk）的概念，即实现的收益率低于期望收益率的风险，并用半方差（Semi-Variance）来计量下方风险。与下方风险相对应的是上方风险（Upside Risk），即实现的收益率高于期望收益率的风险。上方风险一般表现为投资过多，而下方风险表现为投资不足，两者对投资者而言都存在机会成本或损失。

当然，无论何种界定，风险都被认为是由风险构成因素相互作用的结果。也就是说，风险因素是风险形成的必要条件，是风险产生和存在的前提。叶青和易丹辉（2000）的研究认为，风险的内涵是在一定时间范围内，由风险因素、风险事故和风险结果三个要素递进联系而呈现的可能性。郭晓亭等（2004）认为风险的必要条件是相应的风险因素、充分条件是相应风险事件，表现为在一定时间范围内有关行为主体承受相应风险结果的可能性。

总体来说，国内外学者的研究在"风险是不确定的结果以及发生后的损失"这一属性上已基本达成了共识。除此之外，为了更好地理解风险并且探寻风险作用机制，目前的研究从不同视角出发对风险进行了初步的分类。

从产生环境角度来看，风险可分为静态风险和动态风险。静态风险是指自然力的不规则变动或者人们行为的错误所导致的风险，是在任何社会经济条件下都不可避免的；动态风险是指由社会经济或政治变动带来的风险，诸如生产效率提高、政治经济体制改革、技术进步等。

从风险性质角度来看，风险可分为纯粹风险和投机风险。纯粹风险是指只会有损失的可能性，而没有可能获利的风险；相反地，投机风险则包含获利的可能性。

第二节　农业风险的界定、分类与特点

一　农业风险的界定

农业风险是指在农业生产或经营过程中由于不确定性因素的影响，农业生产经营者遭受损失的可能性（冯冠胜，2004）。具体来说，农业生产经营者在生产和经营过程中，由于自身无法控制的外在不确定性因

素的影响，最终获取的经济收益低于预期收益的可能性，这种损失发生的可能性与农业生产决策者的预期目标会有偏离或差异，这种偏离或差异程度通常被用作衡量风险程度的指标。当然，农业风险还蕴藏着潜在机会和利润，到底是损失还是获利，在很大程度上取决于农业生产者对市场预期后的行为选择。农业经营者可通过认识、分析风险，采取正确的决策，从而控制和驾驭风险，减少风险损失并获得风险收益，从而达到在承受同样风险的情况下获得最大的收益或在同样收益水平下承担最小的风险的目的。

农业生产和经营除了受到以上风险因素的影响外，还面临着其他不确定性风险因素，诸如政策、法律等风险。但是由于此类风险难以从本质上计算发生概率，所以难以测度它们。因此本节将从环境保护、现代农业、政策层面、国际市场四大方面对农业其他风险的研究进行梳理。

第一，环境可持续背景下的风险效果。从环境可持续角度来看，现有文献关注的重点是生产环境以及环境规制对农业生产的影响，而缺乏对农业环境风险的客观评价。基于国家不断重视环境治理，农产品生产者面临着更加严格的环境制约。在这些严格的限制下，农业生产效率会受到相应的影响。李谷成等（2011）对我国 1978～2008 年环境规制条件下的农业 TFP 提高及其源泉进行实证分析发现，环境污染对农业发展产生了较大效率损失。彭可茂等（2012）从无规制、宽松规制及严格规制三个层面测算环境规制对中国各地区油料作物的影响。王晓君（2014）通过技术效率测度方法、ML 指数计算及分解方法明确环境规制变动对区域农业整体和不同作物技术效率产生的影响。另外，一些文献开始关注农户对环境恶化的风险感知。首先，不管是非正式还是正式的环境规制（傅京燕，2009；原毅军、谢荣辉，2014）所采用的强制性经济激励或惩罚措施，农户在当期都是无法预估的；其次，政府对农户种植规模的限制、农户对农业生产资料的投入以及环境污染后的弥补行为，对农产品的产出造成了直接的影响，从而导致农户当期的收入降低。但是，由于我国农业环境政策在演变过程中的不确定性、脆弱性（宋燕平、费玲玲，2013），现有研究无法度量这方面风险的大小。

第二，产业链视角下的现代农业风险研究。随着农业产业化的发展，农产品生产者成为产业链上的一环，但是由于还处在起步阶段，大多数生产组织化程度不高，加之农产品销售情况多变，造成了农业产业链上存在着潜在的风险隐患（杨庆芳、涂维亮，2015）。在农业产业化的进程中，农业生产和经营所面临的风险种类较多。首先，在交易成本上，出于经济人的假设，人们常常会采取损人利己的办法使得总有一方处于交易的不利面；其次，由于风险不再只由单个农户承担，所以产业化的农业风险被无限放大，使得风险最终难以被分解（庹国柱等，2001）；最后，信息不对称使得农产品生产者对市场情况不能做出迅速的反应，加之"踏轮效应"，难以保持农业生产者稳定的收入。不过这类风险的源头可追溯到由自然风险造成的产量变动和由市场风险造成的价格变动，所以处在产业链中间环节的产品生产者，自然最关心的是产品价格风险和生产风险。当然，政府的管制也是农民衡量风险的因素。针对来自产业化发展中的风险，大多数学者利用聚类分析法、BP神经网络算法对风险进行预测。

第三，政策变动视角下的风险研究。农业和农村经济政策的不稳定或政策上的某些失误造成的损失通常来源于国家行为的风险以及国家体制的风险（郭庆，2006），如国家征地行为、土地经营制度的变化等（曾玉珍、穆月英，2011）。由于结果的不可预见性，政策实施的实际收益与预期收益背离的可能性就比较大，如农村土地制度的变迁，虽然在1979～1984年农业总产值每年以9%的速度增长，但是在1984年后，3%～4%的增长速度使原本的农业计划被打破（聂荣，2006）。

第四，国际竞争视角下的风险研究。我国农产品面临的来自国际市场和国内市场的双重挑战无疑给农业生产经营者带来沉重的负担。看似完善的国际贸易规则背后存在国际各方利益的博弈，使得国际贸易的冲突越发严重。一旦国家间发生双边贸易摩擦，各方将毫不犹豫地对竞争对手发起制裁（齐皓天等，2017）。特别是从国家粮食安全角度考虑，统筹国内外两个市场、两种资源已经成为保障国家粮食安全的必然选择（曹历娟、洪伟，2009；倪洪兴，2014）。从粮食贸易情况来看，一旦国际贸易中粮食安全难以得到保障，我国的农业将面临巨大的压力，农业面临的风险不言而喻。同样，这类风险是无法通过系统的方法进行评估的。

二 农业风险的分类与特点

由于研究出发点不同，国内外学者对农业风险的分类有着明显的差异，但从本质上来说学者们对农业风险的分类在一定程度上具有共性。总的来说，大多是从以下两种观点出发的。

（一）依据农业生产和经营过程的分类

持此类观点的学者大多采用二分法的方式，把农业风险分为自然风险和市场风险两类。第一，自然风险是指由于自然力的不规则变化，农业生产灾害性因素出现，从而致使农业生产者预期产量或品质无法保证（穆月英，2010）。在生产过程中，由于受到气象灾害（洪旱灾、霜冻等）、病虫灾害、环境灾害（大气污染、水土流失等）等自然力不规则变化的影响，农业生产产品品质下降以及产量减少。第二，市场风险主要指价格风险，比如农业生产投入要素资源的价格和农业产成品价格波动所带来的风险。当然，农产品面临的市场风险可能来自外部的威胁，像是受到同质产品、其他竞争性生产者、需求缺乏弹性还有典型的农产品市场的一些特征等因素的影响，都会导致农产品价格的大幅波动。

（二）依据风险来源途径的分类

持此类观点的学者认为农业风险不仅限于自然风险和市场风险，还包括整个生产经营过程中不同来源的风险，比如价格风险、生产风险、制度风险、法律风险、货币风险、融资风险、人生风险。孙良媛和张岳恒（2001）将农业风险划分为生产风险、市场风险、政策风险、资产风险和技术风险。王晓燕（2003）将农业风险划分为自然风险、技术风险和市场风险。曾玉珍和穆月英（2011）将农业风险划分为自然风险、市场风险、科技风险、国家风险以及社会风险。

通常情况下，这些影响风险的因素是很难明确分离的，价格风险的产生既有市场因素的影响，也有来自政策不确定性、天气灾害等的影响。因此对农业风险的分类应该依据研究问题的视角。根据本书农业转型时期农业风险管理体系建设的研究视角，以期通过对不同农业风险的特性来确定合适的农业风险管理工具。因此，结合农业风险管理体系现状以及农业转型时期所面临的问题，将农业风险分为四类：自然风险、市场风险、财务风险和政策风险（见表 2 - 1）。

表 2 - 1　农业风险的分类

风险分类	来源
自然风险	农业气象灾害风险 农业生物灾害风险 农业地质灾害风险 农业环境灾害风险
市场风险	农产品市场价格的波动
财务风险	融资不畅 贷款难
政策风险	政府行为改变 政策变动 宏观经济环境变化

自然风险，是指某一自然灾害发生后所造成的总损失。农业自然风险是指由于自然力的不规则变化而给农业带来的损失，主要表现为农业气象灾害风险、农业生物灾害风险、农业地质灾害风险和农业环境灾害风险等。农业气象灾害风险主要是由农业气候条件的异常变化引发的。按照形成风险气候条件的不同，包括洪涝、干旱、寒潮、霜冻、低温冷害、寒露风、干热风、台风和冰雹等风险。农业生物灾害风险是由病、虫、草、鼠等在一定环境条件下暴发或流行造成农业生物及其产品巨大损失的自然变异过程。农业地质灾害风险是在自然变异和人为因素作用的影响下，地质表层及地质体发生变化并达到一定程度时，给农业生产造成的危害。农业环境灾害风险是由自然生态和环境破坏或生态恶化对农业生产造成的危害，包括物种资源枯竭、水土流失、水土污染和温室效应等。然而，在自然风险中，由气候异常带来的干旱、洪涝、冰雹、霜冻等气象灾害与病虫害对农业生产的威胁最大，地质灾害、海洋灾害等其他自然灾害的影响则相对较小，以至于大部分的研究片面地把农业气象灾害等同于农业自然风险。当然，随着对可持续发展的重视，环境污染带来的农业环境灾害风险正在成为农业生产的重要风险种类（刘金霞，2004）。

市场风险，也称为价格风险，是指市场机制作用力致使农产品市场价格发生波动，进而导致农业生产经营者必须以低于预期的价格出售农产品的一种可能性。因此，市场风险作为交易风险的一部分，指在市场交易活动中，由市场条件的变动导致市场主体蒙受损失的可能性。也就是说，市场规模、交易价格、供求关系、流动性、市场交易规则等变化都可能引发市场风险。随着我国市场经济的发展，对市场风险的管理逐渐成为农业风险管理体系的重头戏。在封闭经济的情况下，农产品供给者主要是国内农业生产者，价格调节的盲目性与滞后性的结合并不一定会产生明显的累加效应，但是在开放市场中，农产品在流通与交换领域中由于价格波动而遭受经济损失的可能性被无限放大。加之农村市场体系发展的不健全，使原有单纯的市场风险更加复杂。在目前的转型时期，我国农产品市场存在着管理不严格、交易不规范、信息不充分、规则不健全的弊端，这为市场欺诈行为提供了滋生的空间。同时，市场功能失调和价格信号失真所带来的市场风险必然进一步加剧。

我国农业正在经历市场化的蜕变过程，以粮食订购为核心的粮食政策彻底被取消。农业生产者作为独立的主体逐渐被暴露在市场规则中，要独自承担来自粮食价格波动及粮食供销链上一个环节不确定性带来的风险。特别是在农产品售卖过程中表现的某些商品和特定时段内"暴涨暴跌"的价格泡沫现象无疑给农业生产者造成了短时间内难以弥补的重创（李剑，2017）。针对农产品价格波动的原因，已有相关学者进行了归纳性的研究。除了自然灾害通过影响农产品的供给间接影响农产品市场价格外，还存在国际粮食市场价格扰动、生产要素投入、政策不确定性等因素的影响（王川，2009）。肖小勇和李崇光（2013）运用"出口贸易大国"模型考察了国际农产品价格对我国农产品价格的影响。Apergis 和 Rezitis（2003）研究了农业投入品价格、农产品生产价格、农产品零售价格之间的波动溢出效应，发现三者之间存在正向波动溢出效应。Lapp 和 Smith（1992）认为，宏观经济政策尤其是货币政策对粮食价格波动影响较大。Perales（2009）发现库存和汇率两个因素对小麦和玉米的价格波动有重要影响。

财务风险，是一种源于农业生产经营过程中的引致风险，导致农业生产经营者面临对于资金的需求超过其储蓄。也就是说，农户在生产经营过程中需要通过金融市场来获得信贷支持，然而获得信贷的不确定性会导致农业生产经营者出现资金周转困难的可能性。当然，基于人情关系的非正规金融在一定程度上可以缓解农业生产者暂时的困难，但从长期来看，这种非正规的金融措施并不能从根源上解决农业生产者的困难，因此农业生产风险的解决迫切需要有效的金融工具进行支持。而农村金融面临着制度不完善、供给不足、贷款难、担保难、利率高等问题（谢家智，2000；谢平、徐忠，2006；杜文博，2018）。目前，我国农业财务风险面临最主要的困境是金融机构与农户之间融资不畅（杜晓山，2002）。作为农业风险及农村普惠金融之间的纽带，小额信贷是指为低收入群体提供金融服务并使这部分人群受益的工具，衍生到农业领域则是指专门向农民阶层、农业小微企业提供小额度的、持续的信贷服务（杜晓山、孙若梅，2000）。但其中面临的棘手的问题有：一是由于正规金融机构和农户之间存在信息不对称问题，在信贷过程中存在的道德风险使得正规银行发放贷款承受着巨大的风险；二是由于在担保过程中出于种种原因陷入困境，农户无法从正规金融机构获得所需资金。

为了印证金融机构与农户之间融资不畅的问题，已有相关学者进行了研究，发现发展中国家农村金融市场有关正规金融组织贷款程度不高的现象。Hoff 和 Stiglitz（1990）认为融资难主要原因是农户与农村金融机构之间存在道德风险的问题。进一步，国内外开始探讨有关金融借贷市场的机制。其中抵押担保的模式在一定程度上降低了信息不对称带来的风险，但是由于抵押品的价值难以估计的现实困境，投资者面临着巨大的风险，因此外部监管措施的实施是提高投资者可保证收入的前提。结合我国的实际国情，农村普惠金融的担保困境是农村普惠金融中最棘手的问题。林毅夫（2006）发现农村金融组织贷款缺失的原因并不是金融市场资金的缺乏而是农民缺少有效的抵押物，这个结论在随后的研究中通过理论与实践等形式被多次证实（马九杰、沈杰，2010）。当然，造成这种困境的原因是多方面的，现有的研究多集中于农业的弱质性、交易市场不完善、农户抵押品不足等问题，都忽视了农户抵押品价值与贷款价值的关系，错误地把农户抵押品价值等同于农户偿还能力的大小。

政策风险，又称国家风险，是指由于政府行为或其颁布的相关法律法规和政策等变化而使农业生产经营者遭受损失的一种可能性。由于农业产品具有准公共物品的性质，政府往往会特别对农业进行各种政策的干预和指导，比如我国政府会对农业进行生产指导、对农产品价格进行管理、对农民种植粮食作物进行补贴等。因而相较于其他产业，农业部门面临着更多由于政策的变动而遭受的不确定性损失。此类风险大致来源于以下两个方面：一是国家行为的风险，即特定的国家行为给农业生产经营者带来损失的一种可能性，如国家对土地的征用等；二是体制变动的风险，即国家相关政策和经济体制变动可能给农业生产经营者带来的损失，如汇率的变动、农业经济政策变动、农业经营体制的改变、错误的行政干预和农产品进出口政策的改变。总而言之，这类风险是农业生产经营者无法通过自身的风险管理措施进行降低的。

第三节　农业风险测度

自 20 世纪 60 年代开始，出于对减灾防灾的需要，各国开始探索农业风险的测度方式。这些测度方式多以金融市场的投资风险为基础，并结合农业风险自身的特征进行度量。本章将从以下两个方面对风险测度方法的研究进行综述。

一　自然风险测度

从理论上讲，风险可以被测度出来的具体数值应该等于遭受灾害得到的期望损失，只要合理估计风险发生的分布，就可以准确度量风险的大小。因此，最大的困难是对风险发生概率的估计。为满足农业生产在遭受灾害后的补偿需要，学界开始探讨基于风险损失的灾害评估理论和方法。其主要思路是基于农作物单产数据，运用参数估计方法拟合农作物风险损失的概率密度函数，计算农作物单产损失概率（张峭、王克，2011）。Turvey 和 Zhao（1999）否定了 Botts 和 Boles（1958）提出的农作物单产波动概率分布为正态分布的假设。随后的研究中相关学者将农作物单产的波动设定为 Beta 分布（Nelson and Preckel，1989）、Gamma 分布（Gallagher，1987）、Weibull 分布（Sherrick et al.，2004b）、Log-Normal 分布（Goodwin et al.，2000）、Burr 分布（Chen and Miranda，2004）以及 Johnson 变换后的正态分布。

基于大样本下的非参数估计方法在风险测度上自 20 世纪 90 年代以来颇受关注（Goodwin and Ker，1998；Turvey，1992）。国内的研究应用较多的是核密度估计法和非参数信息扩散模型，大部分学者利用此类方法评估了我国粮食生产风险。除此之外，也有不少学者同时利用非参数信息扩散模型和聚类分析法。陈新建和陶建平（2008）对湖北省水稻生产进行了风险区划并对农业保险费率的厘定提出了差异化的建议。虽然不少研究运用了此种方法，但是可以发现非参数估计方法对数据样本较高的要求使得研究过程中面临较大的困难。

国内的相关研究基本处于追赶国外研究前沿的状态。从基于风险损失的风险评估理论来看，国内相关研究初期把农作物单产波动概率分布假定为正态分布作为研究的基本范式。但随着研究的深入，正态分布并不是农作物生产风险的最优估计形式，基于此，张峭和王克（2007）针对该问题，运用参数估计方法构建了波动概率分布模型。

除此之外，不少学者利用风险测度指标进行研究，建立起了一系列农业自然风险评估体系。庹国柱和丁少群（1994）对我国陕西省棉花生产风险进行评估，建立了包括自然灾害发生频率和强度、产量变异指数、农作物产量等 9 个指标的评价体系。李世奎等（2004）通过建立自然灾害强度风险指标对相关地区小麦的具体风险进行分析。西爱琴（2006）从农业生产者的生产决策和风险管理角度出发，用三年期时滞移动变异系数指标测度农业生产风险。程静（2011）将层次分析法和模糊综合评价法结合起来，利用旱灾脆弱性评价指标对农业生产中的旱灾风险进行评估。

针对农业生产中所面临的自然灾害，一些新方法开始涌现。Taylor（1982）最早提出的随机波动率模型（Stochastic Volatility，SV）应用于金融市场中波动风险的研究。张峭和王克（2007）通过对农作物单产的序列进行去趋势化处理，计算出某作物的"随机波动"序列，从而拟合出农作物单产波动的分布模型来估计农作物生产的风险程度。同时，还有相关研究利用了极值分布等方法测度自然风险。极值理论（Extreme Value Theory，EVT）主要有两类模型，一类是 BMM 模型（Block-Maximum Model），另一类是 POT 模型（Peaks-Over-Thresholds）。BMM 模型首先被用于我国债券、股票等金融市场风险的衡量（花拥军、张宗益，2009；施建祥、秦倩祺，2008），此类方法可以很好地估计小概率事件收益。POT 模型弥补了 BMM 模型的不足，在对门限值进行合理选取后采取适当的分布函数对农业自然风险价值和期望损失进行测算（刘小康、谷洪波，2011）。解强（2008）运用极值理论的 POT 模型对我国火灾损失进行了估计。随后，在对大型的旱涝灾害、地震灾害的损失估计上，POT 模型也被广泛运用。卓志和王伟哲（2011）通过实证对比 POT 模型和传统模型对于评估农业自然灾害的损失，验证了 POT 模型的有效性。同时，肖海清和孟生旺（2013）将该理论运用在保险定价上，合理估计了适度的保险费率，这在一定程度上说明 POT 模型可以运用到我国农业自然风险的定损及理赔上。当然，随着理论研究的不断深入，一些采用不同分布形式的混合模型也会被不断纳入风险测度。

二 市场风险测度

合理测度市场风险是目前学术界所面临的重大挑战。J. P. 摩根公司提出了 VaR 方法，可用于评估任何一种资产在既定时期所面临的市场风险的大小和可能遭受的最大价值损失。除此之外，期望短缺（ES）用来测度在损失超过给定 VaR 条件下的期望损失（Artzner et al.，1999）。这些衡量市场风险的指标同样适用于农业生产经营，但是，同样需要准确估计风险的分布。为了应对市场风险的时变性，广义自回归条件异方差模型（GARCH）被用到相关研究中。Hinrichs 等（2002）研究了生猪市场风险，尽管 GARCH 模型描述了风险的不确定性，但是由于它需要满足时间序列样本的严格要求，研究面临着数据需求较高的约束。随着理论的不断发展，极值理论被应用在小概率大损失的市场风险估计之中。

由于对市场风险分布的不确定性，早期的指标对风险的度量过于抽象，以致并没有估计出真正的市场风险状态。为了更加准确地估计风险的概率，同时为了减小数据约束的难度，以极值理论为基础的风险价值模型（VaR）成为目前应用最广泛的风险测度方法。其定义是在一定的置信区间内，投资组合在特定时期内存在的最大损失（Wang，2010），简而言之，就是用固定的数字具体表示个体遭受到的最大风险。Giot 等（2010）根据 GARCH 族模型的条件方差建立 VaR 模型对国际期货市场上特定农产品交易的市场风险进行了测度。Manfredo 和 Leuthold（2001）运用 GARCH 模型与 VaR 模型测度了美国牛肉市场的风险。同时，Rockafellar 和 Uryasev（2002）提出了条件风险价值模型（Conditional Value at Risk，CVaR）。CVaR 模型度量的是超过 VaR 模型尾部事件的条件期望损失，应用于农产品期货市场风险。具体市场风险测度方法见表 2 - 2。

表 2 - 2　市场风险测度方法

市场风险测度方法	提出者	优点	缺点
均值 - 方差分析模型（MV）	Markowitz（1952）	寻求投资风险最小收益最大的组合	均值形式，难以估计极端值的影响
随机波动率模型（SV）	Taylor（1982）	非连续的随机波动率模型	难以得到模型无条件矩的解释形式
广义自回归条件异方差模型（GARCH）	Bollerslev（1986）	利用历史数据，易于解释时间序列波动性	假设严苛，价格波动存在杠杆效应
风险价值模型（VaR）	J. P. 摩根公司	适用面广，符合风险非正态分布情况	不具有可加性
条件风险价值模型（CVaR）	Rockafellar 和 Uryasev（2002）	具有可加性，可计算高风险的所有损失	依赖分布假设，难以适应时间周期内的变化
期望短缺（ES）	Artzner 等（1999）	测算超过阈值的高风险情况	假设资产之间的相关性不变化，不能真实描述分布的尾部信息

相比于国外的研究现状，我国对市场风险测度的研究处在起步阶段。部分研究仍采用传统的方式对市场风险进行测算。程广燕（2008）通过构建价格偏差、标准差、变异系数等指标建立了大豆价格传导模型，对大豆市场价格的风险进行测算。还有学者通过建立市场价格随机游走模型来测算市场价格的风险（聂荣，2006）。当然，国内相关学者也采用了较前沿的研究方式对农产品遭受的市场风险进行测度。张峭等（2010）在选定合适的市场价格风险最优分布模型的基础上，利用 VaR 模型计算出我国主要的 5 种畜产品具体的市场风险值。王川（2010）在 GARCH 模型的基础上，采用 VaR 模型分别对我国大豆、玉米、小麦三大粮食期货交易市场的极差风险进行测度，此方式弥补了 VaR 模型不能反映风险在时间轴上变化的不足。赵玉和祁春节（2014）利用 Bootstrap 抽样方式与 VaR 方法结合，测度了我国大宗农产品现货价格风险水平。除了上述的参数方法外，以李干琼等（2011，2012）为代表的相关学者基于非参数核密度估计方法估计市场收益率分布，从而测度了相关作物的市场风险。

第四节　农业风险管理的方式与选择

农业风险管理是指风险管理主体通过对风险的认识、衡量和分析，优化组合最佳风险管理技术，以最小成本使农业生产经营者获得最大安全保障的一系列经济管理活动。就风险管理主体而言，农业风险管理包括农户家庭、集体经济组织和政府。本书认为，对于转型期的农业而言，农业风险管理体系不应只局限在传统主体上。为了弥补及克服在农业风险管理体系中传统方式的不足，一些如信贷担保等金融措施应作为辅助工具介入风险管理机制中，从而达到"个体＋市场＋政府"三方完善的目的。所以本书兼顾了传统风险管理方式、普惠金融工具、政府辅助支持的角度构建"农业保险安全网"。

一　借贷市场

面对日益复杂而竞争激烈的金融市场，中国金融机构业务拓展的重心仍主要停留在经济相对发达的城市地区，而农村地区金融机构的资金供给却明显不足。银监会的数据显示，截至 2014 年底全国金融机构空白乡镇的总数有 1570 个。中国银行业协会统计数据显示，2014 年村镇银行业整体存贷比高达 83.7%，2015 年有所下降，仍达到 78.6%，高出监管部门规定的上限；相当数量的村镇银行由于网点少、吸存难，存贷比突破了 80%，短期内时点数据最高的甚至超过 200 倍，流动性风险较大（冉光和，2015；王煜宇、邓怡，2017）。从统计数据上看，我国成年人银行账户拥有率 2011 年在 60% 左右，2014 年末增至近 80%，绝对数值的增加约 1.8 亿人，但是最贫困的 20% 人口中拥有银行账户的比例仅为 39%，尤其是在偏远地区和农村地区的人银行账户拥有率更低。而在融资方面，尽管截至 2014 年末全国有 9012 万农户获得了信贷支持，但农户贷款实际满足率仅为 58%，近一半有贷款需求的农户难以获得银行贷款。在金融理财方面，城乡家庭平均参与率为 11.1%，而农村家庭仅为 1.7%（尹志超等，2015）。主要原因是新中国成立以来，我国为了支持工业化建设，工农产品价格之间存在"剪刀差"，在一定程度上牺牲了农村金融发展，而深化了城市金融，这加剧了农村的金融抑制状况（温涛等，2005）；此外，农业产业具有生产周期长、自然因素依赖度高、需求弹性小、收益率低以及边际报酬递减等弱质性特征，农业从业者知识结构受限且长期缺乏财务理念，其资产收益难有明确的财务簿记，使得金融下乡缺乏基本的财务数据依据，进而导致信息甄别费用高、防范风险难度大。因此，部分农村金融机构为了自身利益在农村发展中扮演了"抽水机"的角色，把资金更多地转移到获利更大的非农领域，导致农业领域金融资金严重不足。《中国"三农"互联网金融发展报告（2016）》指出，自 2014 年起我国"三农"金融缺口达 3.05 万亿元，而且这种资金缺口还在逐年扩大。在上述不同因素的作用下，我国农村地区出现了较为严重的金融排斥现象，包括社会中的弱势群体缺少足够的途径或方式接近金融机构，以及在利用金融产品或金融服务方面存在诸多困难。

国内外学者对金融排斥的相关研究取得了较丰富的成果。关于金融排斥的测度研究，目前最受学界推崇的是 Kempson 和 Whyley（1999）提出的六个维度指标：地理排斥、评估排斥、条件排斥、价格排斥、营销排斥和自我排斥。地理排斥是指被排斥对象由于无法就近获取金融服务，不得不依赖公共交通系统到达相距较远的金融中介；评估排斥是指主流金融机构通过风险评估手段对经济主体施加的准入限制；条件排斥是指对经济主体获取金融产品的附加条件不尽合理；价格排斥是指金融产品价格过高，超出了某些经济主体的偿付能力，而将其排斥在外；营销排斥是指主流金融机构的目标营销策略往往会将某类人群有效排斥在外；自我排斥则与被排斥主体的自身经历和心理因素相关，是被排斥主体主动将自身排斥在主流金融体系之外。以上多维度的排斥要素共同构成了金融排斥的复杂集合。也有学者以金融服务的深度、可得度、使用度及可负担度四个维度来衡量金融排斥程度（李春霄、贾金荣，2012；吕勇斌等，2015）。

不管使用何种方法衡量金融排斥程度，现有研究结论在总体上是一致的，具体表现为：东部地区的农村金融排斥程度较低，而中西部地区的农村金融排斥程度较高，而且地区间差异较大。主要原因是 20 世纪 80 年代初，为支持东部经济特区建设，中国人民银行不仅提供低息贷款给经济特区，还赋予以广东为代表的东部地区大省较大的利率浮动权和金融创新自主权（何德旭、苗文龙，2015）。东部地区一直处于我国金融发展中心地位，经济总量、全要素生产率以及市场化程度在三大区域中位列第一，具有明显的先发优势。我国虽然不断提高中西部地区金融机构网点的覆盖率，但都不及东部地区的高，我国金融资源总体上还是集聚在东部（姚梅洁等，2017）。中国人民银行发布的《2013 年中国区域金融运行报告》显示，截至 2013 年底，我国银行业金融机构网点共计 20.9 万个，从业人员 356.7

万人。其中，东部 10 个省（直辖市）的网点占比为 39.5%，从业人数占比为 44.1%；西部 12 个省（自治区、直辖市）的网点占比为 27.2%，从业人数占比为 23.9%。从银行业资产分布上也可见其金融资源的流向，2013 年银行业资产总额为 140.2 万亿元，东部地区占比 58.9%、中部地区占比 15.1%、西部地区占比 19.1%、东北地区占比 6.9%。金融资源的分布呈现出明显的空间差异特征（吕勇斌等，2015）。

二　农业保险市场

作为一项分散农业风险的重要途径，农业保险为农民增加产出和改善农村家庭福利提供了可能性。

根据中国银保监会的统计数据，农业保险 2018 年保费收入为 572.65 亿元，同比增长 19.54%，我国的农业保险处于稳步上升的趋势。冯文丽和苏晓鹏（2020）的研究显示，2018 年我国农业保险累计为农业提供风险保障 3.46 万亿元，同比增长 24.23%；支付赔款 423.15 亿元，同比增长 15.6%；受益农户 6244.96 万户次，同比增长 15.9%；实现保费收入 571.41 亿元，同比增长 19.61%，占财产保险行业保费收入的 4.87%；各级政府提供的保费补贴总共 428 亿元，其中，中央政府补贴 199.34 亿元。虽然我国农业保险取得了一定的成绩，但是在这背后还隐藏着风险分散机制不健全、逆向选择、道德风险、交易成本较高、供需不足、农业保险地区发展不均衡、农业保险在政策支持体系中还处在边缘位置等理论和实际问题。不难理解的是，由于农业保险的运行机制是由农业保险需求主导、市场与政府同时参与的行为，所以农业保险的发展是否顺利与农业保险自身的性质、市场的运行机制、政府的主导方式等都有一定的关系。

目前，我国农业保险市场主要面临以下几个问题。

第一，农业保险市场的特殊性。与其他商业保险有所不同，农业保险具有较强的特殊性，属于准公共物品，相关的研究中有"农业保险外部性理论""农业保险准公共产品性质"等观点，冯文丽和苏晓鹏（2003）、李军（1996）对其特殊性进行了具体解释。在这个角度下，农业保险市场目前存在的供需不足、不够活跃的现象可以基本被解释，但是这些问题成立的前提是农业是国民经济发展的基础，维持农产品价格的稳定有利于社会经济的发展。当然，支持这些观点与理论成立的前提条件诸多。然而，实际情况往往是由于农户受到了自然和市场的双重风险，农产品供给遭受剧烈的波动，以至于从长期来看，农民的生产意愿会出现下降的趋势，进而使农产品生产量低于没有风险条件下的最优水平。上述逻辑为政府试图建立农业保险制度以稳定农业生产提供了理论依据，但是看似合乎逻辑、势在必行的农业保险产业，尽管有政府的不断支持，历史上却长期经历失败的困扰。

第二，农业保险市场运行机制不完善。从整个保险市场运行机制的角度分析，一个完善的农业保险市场运行机制必须包括多样的市场供给主体、良好的法律制度保障、理想的可保风险条件、充分的农业保险信息、有效的风险分摊机制，这些是农业保险发展不可缺少的条件（黄英君，2009）。纵观我国农业保险发展历程，农业保险的发展作为中国金融改革的一部分，本应是协同发展的步调，但是进程上稍有滞后。在经历了20世纪30年代的试办、政治运动摧残、保险市场的探索等一系列曲折后，直到近些年，我国才开始试图建立一个完善的农业保险市场运行机制，例如在法律层面2012年《农业保险条例》的出台，正式确立了农业保险的法律地位，通过立法的方式确立了大灾风险分摊机制和管理制度，分别被列入中央财政与地方财政的分担职责。同时为了稳定农业保险市场的运行，2016年初，中央财政加大对产粮大县水稻、小麦和玉米三大粮食作物农业保险支持力度，由中西部40%、东部35%逐步提高到中西部47.5%、东部42.5%。但实际上，就算构建了一个完善的农业保险体系，农业风险的复杂性和农业保险的特殊性也会使得农业保险制度难以执行，这种难以控制的因素成为我国乃至世界农业保险发展道路上的障碍。

第三，难以估计农业保险市场的真实需求。农业保险产业发展一直处于不顺利的状态，除了上述可观测的问题外，究其原因，更多的是难以获得农户对农业保险的真实需求。由于对农业保险需求量的误判，农业保险公司难以提供与农户需求相匹配的农业保险产品，供需不对称的情况在一定程度上导致农业保险市场的冷却状态，若是扩大农业保险公司的供给，不确定的需求量甚至导致农业保险市场的恶性竞争（庹国柱，2017）。换一个角度考虑，如果农业保险的需求被低估，农业保险供给不足，农业生产者得不到所需求的产品量，在农业生产过程中遭受的风险转换为经济损失，农业保险的作用难以得到有效的发挥。因此，如何从我国实际状况出发设计有理论依据的农业保险险种、评估市场需求及提供与风险相匹配的农业保险补贴是当前农业保险理论界亟待完成的任务。

三 非正规金融市场

非正规金融是相对于正规金融而言的，又称民间金融、非正式金融等，它来自农村市场自发形成的民间信用。正规金融是指通过国有商业银行、政策性银行、股份制商业银行等正式金融中介机构和金融市场进行的资金融通（王静、杨建州，2017）。而非正规金融机构是指受一般法律和商业法律约束但不接受专门的银行业监管机构监管。我国农村非正规金融机构包括合会、典当行、私人钱庄、钱柜、互助会、民间票据及近年出现的民间担保机构等形式（江振娜、谢志忠，2016）。

（一）非正规金融的形成

随着我国经济的快速发展，农村经济和之前相比有了非常大的改善。农村闲余资金开始增长，由于门槛较低、贷款容易等原因，一些非正规的金融产品在农村借贷市场上得到了支持。特别是近些年来一系列经济社会条件的嬗变均促使我国农村非正规金融滋生。

首先，基于供给与需求的角度。随着我国金融改革纵深推进，现代金融体系逐步健全，正规金融机构的商业化程度逐渐提高，它们针对农户的信贷资金供给已严重不足。比如，在对我国部分贫困地区820个样本农户进行调查时发现，只有16.7%的样本农户取得了信用社、农业银行等正规金融部门的贷款（邵传林等，2012）。与此同时，随着我国农村经济体制改革的率先发起，农民的收入实现了较大提高，使得农村微观主体的金融需求日益增加。具体而言，农村地区的部分农户和农村微型企业经过长期的发展与积累，财富有了较大增长，其手头富余资金急需寻求一个高收益、低风险的投资渠道。此外，由于广大农村地区的社会保障和医疗保险制度相对不完善，其资金需求难以通过正规金融渠道得以满足。在金融体制落后与农业生产经营主体融资需求高的作用下，相关农村正规金融体系之外的其他融资渠道产生并不断壮大（邵传林等，2012）。

其次，基于交易成本的角度。非正规金融凭借着较低的融资成本在农村借贷关系中占有较大的市场。在中国农村地区小农经济仍占主导地位，农村经济的专业化和分工程度较低、生产费用较高，但与此同时基于人缘、地缘和血缘关系的农村借贷的交易费用却较低，较适合生成非制度化的非正规金融组织形态。因此，尽管多年来中国政府多次对其干预，农村非正规金融仍能顽强生存（邵传林，2014）。

最后，基于社会学的角度。农村社会关系网络中蕴含的信任机制、声誉机制都是根植于乡村传统文化的，这是许多非正规金融交易得以发生的深层原因。农村的非正规金融活动往往处于自发状态，缺乏法律的规范与协调，但相关交易仍能保持非常高的履约率。究其原因，实则是根植于乡村传统文化中的信任、声誉、乡规民约、礼俗等社会机制在发挥作用（马磊，2019）。截至 2014 年底，我国非正规金融贷款金额已达 16219 亿元，相较于 2004 年，增长了约 3 倍；而正规金融贷款金额从 2004 年的 9843 亿元增长至 2014 年的 30473 亿元，10 年之间，增长了约 2 倍（王静、杨建州，2017）。

（二）非正规金融面临的问题

农村非正规金融市场在一定程度上促进了农村经济的发展，但作为盲目的、自发的、分散的信用活动，其具有缺乏约束且风险较高的特点。同时，由于缺乏必要的监管、监控和适用的法律法规的支持，信用风险极易引发，会扰乱本就脆弱的农村金融市场。具体来说，非正规金融在农村发展存在以下几个问题。

第一，非正规金融缺乏合法地位。由于我国至今仍没有专门的法律法规对农村民间金融进行规范，因此，我国农村民间金融组织在法律上不具备合法地位，只能以地下形式存在，大量游离于正规金融体系之外的融资活动需要政策、法规和制度的规范（殷小丽，2017）。此外，正是由于缺乏法律规制，我国非正规金融活动多以地下活动的方式进行，因此难以得到法律的确认和有效保障，并由此滋生诸多社会问题（车丽华，2011）。

第二，非正规金融缺乏必要的监管。民间自由借贷一般无抵押担保，具有灵活、简便、快捷的优势，更能吸引普通农户，但民间自由借贷的法律地位不明，很难抵御市场风险；同时，非正规金融机构组织松散，管理水平落后，一旦遇到突变情况，非正规金融潜在的风险极易滋生一些社会问题（殷小丽，2017）。

第三，非正规金融利率偏高、隐蔽性强。由于民间金融利率由农户和农村中小企业融资双方协商确定，因此，高涨的信贷需求与民间资金规模有限的巨大矛盾必然通过高利率来化解，这会增加贷款成本。这种高利贷趋势加重了农村中小企业负担，极其不利于农村经济稳定发展，在一定程度上是对现有农村金融的破坏（赵羽、左停，2014）。与此同时，农村非正规金融机构借贷资金的隐蔽性强，导致融资主体的具体收益无法被国家税务部门明确掌控，税务部门无法对其收益收取合理的税收，这导致国家流失了相当大的税款（邱雪林，2019）。

第四，非正规金融难以优化配置资源、风险高。农村非正规金融活动范围和规模都很小，使得民间金融的使用主体面对出现的金融风险难以通过多样化组合进行有效分散，会出现较高的关联风险；另外，资金的流动与转移只能在小范围内得以实现，极其不利于资金在空间上的拓展，降低了资源的配置效率（赵羽、左停，2014）。

四 农产品期货市场

（一）农产品期货市场的发展现状

农产品期货是世界上最早上市的期货品种，我国期货市场也于20世纪90年代初起步于农产品期货，经过20多年的发展，已上市交易玉米、水稻、小麦、大豆、棉花等21个农产品期货品种，其中交易最活跃的是豆粕、玉米、天然橡胶等品种（程百川，2017）。《中国期货市场年鉴（2017年）》显示，2017年，我国农产品期货成交量和成交额分别为7.18亿手和40.87万亿元。其中交易最活跃的是豆粕（成交量、成交额分别为1.63亿手、4.59万亿元）、玉米（成交量、成交额分别为1.27亿手、2.11万亿元）、天然橡胶（成交量、成交额分别为0.89亿手、73.75万亿元）和菜籽粕（成交量、成交额分别为0.80亿手、1.85万亿元）等品种。此外，为了建设开放多元、功能完善的国内衍生品市场，我国分别于2017年3月31日在大连商品交易所上市豆粕期权，于2017年4月19日在郑州商品交易所上市白糖期权。

完善的"保险+期货"机制是农业风险管理中的重要环节。建立期货和农业保险联动机制在2016年中央一号文件中被提出，这是国家第一次在政策上对这种创新模式进行肯定（顿姣等，2017）。一般而言，保险的逻辑在于风险分担，期货的逻辑在于风险对冲，而"保险＋期货"的逻辑则是先将农产品价格下跌风险转移给保险公司，再由期货风险管理公司帮助保险公司将其巨额赔付风险在期货市场上予以对冲。目前，我国"保险＋期货"项目以价格险为主，其主要业务环节包括农民（或农业合作社）向保险公司购买保险，保险公司再向期货风险管理公司购买场外期权，期货风险管理公司入场进行对冲交易，以及保险公司后续向农民（或农业合作社）理赔等（李铭、张艳，2019）。

"保险＋期货"是农业风险管理的有益探索，也为我国农产品政策从"黄箱操作"向"绿箱操作"转变提供了新思路。2019年中央一号文件再次提出要扩大"保险＋期货"试点，由此可见国家对探索农业保险与期货市场对接的重视程度，也可预见相关政策的延续性和持续性（程真波、李俊宏，2019）。"保险＋期货"得以推广，一方面是因为农业生产经营者迫切需要农业风险管理新手段，另一方面是因为期货市场能够解决农业保险的定价和再保险难题。受农产品供需影响，农产品价格会产生较大波动，而长期处于"靠天吃饭"的农业生产经营者特别是种植农户，难以承受这样的价格波动，运用市场化方式规避价格风险的农户只占少数。

农业保险与农产品期货市场的互动发展，一方面可以为农业保险的险种创新提供定价基础，为农业的风险分散探索新的路径；另一方面农业保险公司进入期货市场，可以增加套保主体，增强期货市场流动性，发挥农产品期货的价格发现功能和风险规避作用。通过农业保险与农产品期货市场的互动，推动农产品金融一体化，发挥农村金融工具的协同效应，能够更快、更好地实施我国农村金融普惠制的战略（叶明华、庹国柱，2016）。

（二）农产品期货市场的主要问题

尽管近年来我国农产品期货市场取得了显著发展，但受到本身发展水平和外部因素的制约，体量与成熟市场相比还有较大差距。从持仓合约规模来看，目前我国农产品期货品种单边持仓规模仅为美国的9%；美国玉米期货单边持仓量占美国玉米现货产量的比例近十年来一直稳定在50%左右，而我国的这一比例仅为6%。具体来看，我国农产品期货市场主要存在以下几个方面问题。

第一，交易品种少、结构失衡。截至2022年9月，我国上市交易期货品种 70 个、期权品种 27 个，远远落后于现货市场，也远远落后于发达国家，导致对国内、国际投资者缺乏吸引力，期货市场的发展受到限制（黄亚林，2018）。此外，我国农产品期货品种主要集中在种植业领域的大宗农产品，商品化、规模化程度更高的畜产品、水产品、蔬果类产品缺失明显（蔡胜勋，2016）。

第二，现货市场化程度不高。成熟的期货市场需要高度市场化的现货市场作为基础，我国农产品现货市场受到托市等政策影响，价格波动性不足，降低了企业运用期货进行套期保值的需求（程百川，2017）。

第三，部分农产品期货流动性不足。受到农业生产周期影响，我国农产品期货的 1 月、5 月、9 月合约交易相对活跃，其他月份合约不活跃，使企业在进行套期保值时难以做到精准对接，降低了农业生产经营者的积极性（程百川，2017）。

第四，投机过度使得期货市场的安全受到威胁。在我国期货市场从事期货交易的参与者主要分为套期保值者和投机者两类主体，而其中绝大部分是个人投资者。众所周知，个人投资者绝大多数是带着投机获利的目的进入期货市场的。过度投机会使期货价格失真而背离现货价格，失去价格发现的功能，进而让期货市场失去套期保值的功能并脱离实体经济（潘小军，2018）。同时，我国大部分生产经营者观念落后、知识缺乏、文化水平低，还不会利用期货市场进行套期保值，影响了农产品期货市场功能的发挥，也严重影响了我国期货市场的安全稳定（孙静，2016）。

第五，风险监管力度不够。期货行业是否稳定发展关系到国民经济的方方面面，农产品期货市场的风险监管是各行业风险监管的基础（孙静，2016）。中国证监会是我国期货市场的监管机构，而中国期货业协会则是我国期货行业的自律性组织。尽管我国监管部门对期货市场实施了一定的监管，但是我国对期货市场的监管仍存在许多漏洞，许多监管流于形式并不能真正起到监管的作用，这样的监管反而会纵容和助长不法行为的滋生和蔓延（潘小军，2018）。

第五节　农业风险管理的理论挑战

目前学术界对于农业风险测度、农业风险管理体系、农村金融市场、农村金融工具创新进行了大量深入的研究和讨论，取得了丰硕的成果。但很明显，相关研究没有形成一定的理论体系，特别是农村普惠金融工具在农业风险管理体系中的运用鲜有研究。

一 普惠金融工具缺乏应对农业风险的设计

目前，正规涉农金融机构主要有农业银行与农村信用社两类，但受信息不对称及管理成本等方面的影响，它们在服务"三农"方面仍存在问题（张杰，2007）。就农业银行来说，其支农力度呈减弱趋势，虽然近年来农业银行逐步提升自身的支农水平，但实践表明农业银行机构网点覆盖率低、金融产品与服务脱离农户等问题依旧突出（熊远、蒋远胜，2013）。此外，受商业化改制的影响，农村信用社"离农"倾向明显（陈雨露，2010）。尽管在农村金融改革的浪潮下，新型农村金融机构得到迅猛的发展，但是受资金、管理等方面的影响，其金融产品仍存在多样化不足（何广文、何婧，2017）、支农力度有限，且存在可持续经营发展能力不足的问题（洪正，2011）。此外，我国农业保险主要涉及粮食、生猪保险等方面，在农业气候保险、巨灾保险基金的设立等方面尚存空白，发展相对滞后（吴国华，2013）。

除此之外，鲜有研究针对普惠金融对于农业风险管理中的分担作用进行论述。在农业生产者遭受风险情况下对资金需求衍生出来的借贷关系恰恰是农村金融市场形成的基础。这也从侧面映射出了我国农村普惠金融在风险应对实践上存在的种种不足。

第一，缺乏有关顶层设计的研究。目前我国农村惠普金融发展没有明确的目标，在改革的道路上处在摸索阶段。没有把握好农村普惠金融在分担农户信贷风险方面的作用，从而难以实现各要素服务和保障农村信贷资金在借贷市场的运用。由于理论研究并没有对此进行深入透彻的分析，在具体运用中，出现偏离制度设立的初衷等状况。

第二，有关农村普惠金融应对风险体系的研究理论不系统。目前存在创新农村普惠金融市场体系，鼓励农村金融机构有效盘活农村存量资产，创新各类产权的金融产品，支持农户合理的信贷行为，试图建立一个高效率、多覆盖、严监管的农村金融市场。已有的研究试图说明由于农户的认知水平、农村信贷机构发展程度、金融产品的普及能力有限，农业生产者在融资过程中出现了种种的困难。但是鲜有文献对相关主体的发展程度进行分析，特别是在制度安排上，已有的文献并未给农业生产者进行合理的定位，加之缺少对各环节理论的剖析，农村普惠金融机构不能为农业生产者提供灵活、多元化融资服务并没有给出具体的解释。

第三，缺乏对农村普惠金融政策保障体系的研究。目前，国家对于农村普惠金融的政策支持热情高涨，极力出台有关农村普惠金融的相关措施。但显然，由于还处在探索阶段，作为支持方的政府难以确定具体的制度安排。特别是对于各基层金融机构出台的各种创新性金融工具的合法性、效果、效率，政府相关政策几乎未有明确的态度。因此，金融政策保障体系还处在摇摆不定的状态。在这个背景下，普惠金融更需要扎实的基础理论研究为政策支持提供保障。

第四，农村普惠金融创新工具效率研究缺失。显而易见的是我国农村普惠金融创新工具创新程度过高，甚至超出了政府预期达到的状态。完善农村普惠金融应对风险的体系建设是基于相关金融机构有足够的能力以及农业生产者有相当大的需求，而现实情况下农村普惠金融的工具创新过于繁杂，使得各种金融工具市场占有率并不高，这种发展模式必然导致农村金融服务的成本和费用日渐上升，推广效果不佳。同时，由于非正规金融市场的存在，农业生产者对于创新的金融工具需求没有达到预期，农村普惠金融处在停滞的状态。

为发展农村普惠金融、提高农村金融供给效率，政府采取扩大农村金融机构覆盖面、创新农村金融机构产品与服务、拓宽农村信贷抵质押物等一系列措施，对农村金融体系进行改革和完善，力求突破农村融资困境，虽然在一定程度上缓解了"三农"贷款的难题，但农村融资难题并未从根本上得到解决。究其原因，政府的改革具有强烈的外生性和强制性，多属于"外生"的植入式改革，很多农村金融机构在发展过程中出现目标偏移，最终导致其偏离政府设立这类机构的初衷。

二 农业风险的研究应用面临适应性挑战

尽管针对农业风险应对的实践方面学术界有了长足的发展，但这些适用于西方发达国家的经验是否同样在以农业为主的发展中国家适用存在极大的不确定性。同时，政府对应对农业风险工具进行财政补贴的理论基础研究并不完善。针对农业风险管理体系发展程度低于社会预期水平的现状，无论应对农业风险的工具是来自供给层面还是需求层面的解释，这些理论在中国和其他发展中国家的适用性都面临着不小的挑战。因此农业风险研究中还面临着如下困难。

第一，现有研究一般假定农户决策是在市场完全的条件下实现的，不存在其他要素市场发育滞后给保险市场发育带来的阻碍。尤其需要指出的是，国内农业保险在这个领域的研究极少关注市场完善的前提假设是否符合中国的国情，比如在发展中国家信贷约束是农村经济活动普遍存在的问题。事实上，大量的研究已经表明我国农户面临着资金的流动性约束问题（Dong et al.，2012；Zhao et al.，2014）。因此，在不完善的农村信贷市场中实行农业保险制度的结果完全有可能偏离现有理论的假设。例如，我国农村金融市场发展比较落后，贷款难问题一直是农业农村经济发展的瓶颈，资金流动性低完全可能扭曲甚至是抑制农户对农业保险的需求。

第二，对农户购买农业保险决策的研究依据只限于农业生产。从农业保险的主流理论来看，农户在购买农业保险决策时主要考虑的问题是购买农业保险能否提高农业收入带来的效用。换句话说，主流的农业保险需求分析是基于其他收入与农业生产收入相互独立的假设（Du and Mickiewicz，2016），对大型家庭农场来说或许是合适的，而且也使得理论分析更简便。但是，广泛存在的兼业农户考虑的问题远比最大化农业收入更复杂，因为最大化农业收入可能意味着农户要放弃一些收益更高、更稳定的非农收入。尽管一些实证研究中已经将这些机会成本考虑在内，但是系统分析兼业农户在农业保险需求上的研究并不多见。

第三，发展中国家小农在购买农业保险时，往往考虑的是如何最大化农户福利，而不是农业收入。这里的农户福利可能包括子女的教育、养老、医疗与健康支出，甚至婚丧嫁娶等大型的社会活动支出。在一个市场化程度不高、教育与医疗保险发展滞后以及养老制度尚未成熟的社会中，农户是否会将农业保险作为决策的优先考虑对象存在很大的不确定性。然而，当前的一些实证研究把这些因素都作为控制变量，并没有将这些因素纳入统一的理论框架进行讨论，这种思路既无助于理解农业保险在众多决策中的优先级别，也无益于对农业保险市场的潜在需求做出准确判断。进一步来说，农户整体决策的分析中如果不纳入农业保险需求因素，就无从理解与评估农户对农业保险的真实需求，更无法衡量农户的支付意愿。

基于以上分析，在借鉴已有农业风险应对的保险市场研究时，未来的研究需要仔细甄别相应的前提条件是否成立，以及深入研究有待完善的外部经济社会制度安排如何影响农业保险的发展。只有充分考虑农业保险在不同类型农户决策过程中的定位与外界条件才能对农业保险市场规模进行相对准确的把握。与此同时，要做到有效地增加农业保险需求并让每年几百亿元的保险财政补贴发挥最大的作用，必须洞悉农户对农业保险需求真正的制度性障碍因素以及还原农户的真实决策过程。

三　农业风险管理研究尚未形成系统网络

我国就农业风险管理的研究尚处于理论探索阶段，尽管对农业风险分散路径和机制设计等进行了分析探讨，但在实践中并未建立起一个完整的农业风险管理体系——"农业保险安全网"。随着新时期新问题的出现，相关研究在如下方面还有待进一步深入。

第一，存在对农业风险属性的争议。在目前对于农业风险分类的研究中，由于农业风险呈现来源广、种类多的客观特征，暂没有达成共识。虽然已有研究多把农业生产风险的来源作为分类的标准，但是繁杂的种类并没有很清楚地解释各类农业风险的本质区别。同时，学界一致同意的是对农业风险分类的目的是更好地认识农业风险并为后期的农业风险管理提供决策依据，而这种分类依据在一定程度上并未给农业风险管理提出良好的理论建议。更重要的是，对于风险的分类实质上是相关研究对于农业风险属性的认知，风险界定不清晰给有关农业风险管理的顶层设计带来了层层的困难。

第二，有关风险评估的理论基础和应用方法研究处在薄弱环节。农业风险测度是设计应对风险工具的前提，而相关的研究对农业风险评估的概念、模型、实用性和操作性有待进一步的突破。一方面，目前的研究多借鉴资本市场风险的研究方法，忽视了农业风险独有的特性，特别是在损失估计的时空分布上，由于时空量化难度大，数理统计方法存在解释性较差、评估效果不稳定等问题；另一方面，研究中还存在对概念不明晰的问题。而在农业风险管理实践中，农业风险管理工具的选择不仅仅需要依据风险损失表象，更应在对风险损失来源进行深入剖析和判断的基础上，挖掘出引致损失的源头，然后依据各种风险管理工具的适用性，选择出适宜的风险管理工具。只有如此，才能充分发挥各种管理工具的功能，获得更好的防灾减灾效果，实现农业风险管理目标，提高农业风险管理效率。简而言之，目前在评估指标体系、评估方法、风险表征等方面都尚未形成具有可比性的规范标准。

第三，普惠金融在农业保险安全网中的定位不明晰。目前学术界达成共识的是农业风险管理各要素之间相互联系，而农业风险金融工具是日益增长的风险保障需求与传统保险业自身承保能力有限之间矛盾的产物，同时也是对传统保险风险管理手段的创新。从这个角度上来说，金融工具的应用主要是为了弥补传统农业风险管理机制的短板，但是目前学术界并没有从理论上阐述清楚金融工具解决农业风险的理论机制，应进一步判断金融工具的有效性。同时，已有的研究也没有全面阐述普惠金融的运行机制，相关的实践一味地借鉴国外的经验致使我国的普惠金融工具面临着推广难、形式单一、融资难等种种问题，这也使得其为农业生产者服务的功能被削弱。因此，要提高农业风险管理的效果与效率，一个很重要的环节就是对农业风险管理工具之间的相互依存关系进行深入的剖析，特别是以普惠金融为代表的金融市场在应对农业风险时的种种工具或手段。

第四，农业保险安全网的研究尚在起步阶段。现阶段关于农业风险管理体系的研究成果虽然很多，但多数为定性研究，分析的角度较为笼统。归纳目前已有的研究，农业风险研究主要集中于风险识别、风险衡量、风险处理等，但针对不同风险的自然属性、形成机制、应对机制等基本理论问题仍缺乏统一认知和深入研究。尽管现有研究剖析了各种分散风险的工具，但是对于农业保险安全网的分析还不透彻。局限在微观层面的研究方法使研究缺乏宏观层面的整体把握。因此，在多种理论工具的基础上选择适合我国国情的农业风险分散路径从而构建农业保险安全网是目前政策制定者所面临的挑战。

第五，同质化产品与异质化的经营主体之间的矛盾。随着市场经济的不断发展，我国传统农业面临着向现代化农业加速转型的趋势。同传统农业相比，现代农业投入的资金规模、专业化和市场化水平都有着明显的提高，这也导致农业面临的风险对现代农业造成的损失远远高于传统小农户。令人遗憾的是，已有的研究中鲜有文献从农业新型经营主体区别于传统小农户的角度分析二者对风险分散产品的不同需求。也就是说，目前同质化的风险管理工具难以满足不同经营主体的需求，进而未能使得农业风险管理工具达到设计者的预期。

第六，农业生产经营者对风险分散手段的认知不足是风险管理高效运行的最后一道障碍。理论上讲，提高农业风险分散金融产品的有效需求是推进农业保险安全网逐步完善的根本动力。目前，相关的研究都是从理论假设上分析农业生产经营中所可能面临的风险，虽然可以全面考虑到农产品生产经营过程中的所有风险，但是忽视了最重要的一点：不管怎样的风险管理策略的研究都应该是基于农业经营主体对风险的态度与认知，对于风险来源、风险机制、产品设计认知能力的不足势必会削减各类金融产品的有效需求。事实上，学术界目前并没有把上述命题作为研究金融产品在应用到分散农业风险的门槛条件，特别是还没有研究对上述方面进行具体评述，只存在零星的对于农业生产经营者风险感知层面的研究。

第三章　中国农业保险发展现状与挑战

作为自然生产与经济生产有机结合的农业生产面临着生长条件不确定性、市场不确定性等多重风险，呈现较强的弱质性，完善农业风险管理机制具有较强的理论和现实意义。伴随着农业转型升级，政策性农业保险制度的实施为增加农民收入、保障粮食安全等战略规划目标做出突出贡献，但是也在一定程度上陷入发展困境。本章将对中国农业保险的发展历程进行回顾梳理，厘清农业保险支持政策沿革，剖析农业保险发展面临的问题。

第一节　农业保险的发展历程

一　萌芽与停滞阶段（1930～1981年）

（一）新中国成立前

中国自古就有主动应对农业自然灾害的智慧。作为世界上重要的农业起源地之一，为应对自然灾害对农业生产的影响，中国古代农耕文明中就出现了荒政、仓储等农业风险管理思想，以弥补小农生产风险抵御能力较弱的缺陷。伴随着近代社会转型发展，西方农业保险思想于20世纪初传入中国，主要表现为三个典型事件。第一，耕牛互助合作保险。1934年，为保证有效利用农业试验区发放的贷款资金，在金陵大学农学院和上海银行的带领下，安徽省和县乌江镇实行了耕牛互助合作保险，标志着近代农业保险的实践探索正式开启。第二，北碚家畜保险社。1939年，国民政府的经济部农本局在重庆首先设立北碚家畜保险社，以生猪保险为主，助力畜牧业经济发展。第三，中国农业保险特种股份有限公司。1943年，中国农业银行信托处的保险科独资开办中国农业保险特种股份有限公司，主要经营茧钞保险、盐载保险[①]等业务。经过一段时间的改组变革，于 1947 年 6 月更名为"中国农业保险股份有限公司"，新中国成立后由人民政府接管。总体来看，新中国成立前国内动荡不安，农业经济发展非常艰难，农业保险实践也非常有限。

（二）新中国成立后

新中国成立后，百业待兴，农业保险也迎来变革机遇期，接续了非常曲折的初步探索历程。1950～1958 年就经历了多次跌宕起伏的政策变化。一是初步尝试（1950～1952 年）。为支持农业恢复再生产，中国人保率先在北京郊区、山东商河、重庆北碚试办了牲畜保险，承保对象是作为农业生产工具的牲畜，包括牛、骡子、马、驴等力畜。截至 1951 年末，已累计承保 900 多万头牲畜，同时逐步在山东、江苏等的 36 个地区试办棉花、水稻、小麦、烟草、葡萄等经济作物的保险。二是停办整顿（1953～1954 年）。伴随着第三次全国保险工作会议确定了"整理城市业务，停办农村业务，整顿机构，在巩固的基础上稳步前进"的工作方针，农业保险业务也随之暂停。但是，我国东北大部分地区由于农村经济和互助合作运动发展较快，加之马匹多、价值高且抵御风险能力弱的情况，对牲畜保险有一定需求。经政务院财政经济委员会批准，辽宁、吉林、黑龙江三省的 90 个县暂时恢复办理牲畜保险。三是短暂黄金期（1955～1958 年）。在农业合作化运动带动之下，为支持农业迅速恢复再生产，农业保险得以复办。积极办理牲畜保险，扩大办理养猪保险，重点试办农作物保险。四是全国停办（1958 年 10 月至 1981 年底）。伴随着"大跃进"和人民公社化运动出现的浮夸风，承保者已无法准确判断承保数量，严重阻碍了农业保险健康发展。1958 年 10 月，在西安召开的全国财贸会议上正式提出：除国外保险业务继续办理外，国内保险业务立即停办。截至 1981 年底，农业保险在全国范围内始终处于停办的状态。总体来看，新中国成立后的农业保险主

[①]　"茧钞保险"以丝绸原料蚕茧作为保险标的，以其收购、烘茧、入库等一系列经营过程中可能遭受的自然灾害或意外事故为承保责任的保险。"盐载保险"是对盐船运输过程中发生着火、搁浅、碰撞、沉没所引起的损失给予补偿的保险，保险期间从装货、查验、放行之时开始至抵达目的口岸。

要承担着支持农业发展与迅速恢复再生产的角色，但受政治运动影响较大，一度陷入停滞状态。

二 商业化经营阶段（1982～2003 年）

（一）恢复发展

经过了 20 余年的停滞，在改革开放的背景之下，家庭联产承包责任制经营方式的转变不仅提高了农业生产积极性，也激发了农民的风险保障需求，农业保险于 1982 年重新开启。第一，政策支持方面。政府重新鼓励开办农业保险业务，以适应农村经济的发展变化。1982 年 2 月，国务院批转中国人民银行《关于国内保险业务恢复情况和今后发展意见的报告》，其中指出：要逐渐开办农村财产保险、牲畜保险等农业保险业务，以更好地运用保险功能服务全国农民。1985 年和 1986 年的中央一号文件中也分别强调：积极兴办农村保险事业、应积极发展农村各项保险事业。第二，保险机构方面。新疆生产建设兵团农牧业保险公司（现中华联合财产保险股份有限公司）是我国第一家政策性农业保险公司，也是第一家以农业保险为主营业务的保险公司。但是，在农业保险业务的恢复发展初期，中国人保仍占据绝对垄断地位，以商业化运营为主流承保模式。第三，保险险种方面。为满足多样化风险保障需求，农业保险已由最初的牲畜保险扩展到百余个农业保险险种，保险标的包括小麦、玉米等粮食作物，烟叶、棉花等经济作物，以及牲畜、水产等养殖物。总体而言，截至 1986 年，农业保险在政府引导之下取得了突破式发展，但是商业化经营模式下面临的巨额亏损使得农业保险业务并非主流保险业务，受益农户覆盖范围十分有限。

（二）短暂黄金期

虽然农业保险未能彻底突破商业化经营模式的局限，但是在持续性政策激励之下，保险机构对农业保险业务的重视程度逐渐提高，通过不断创新，农业保险业务自 1987 年起迎来快速发展期，主要表现在以下三个方面。第一，农业保险经营主体日渐丰富。为化解商业化经营模式发展困境，政府开始引导保险机构探索发展合作式农业保险业务。1987 年，中央五号文件明确指出，"发展农村社会保障事业，有条件的可试办合作保险"。在政策指引之下，保险机构纷纷开始学习日本等国外发展经验，互助合作组织也逐渐成为重要的农业保险经营主体之一。第二，农业保险试点范围不断扩大。1991 年，《中共中央关于进一步加强农业和农村工作的决定》明确指出："积极发展农村保险事业，扩大险种范围，鼓励农民和集体投保。在各级政府的支持下，建立多层次、相互联系的农村专项保险基金，逐步建立农村灾害补偿制度。"自此，在政府的大力支持之下，河南、河北、湖南、云南、吉林、新疆、河北、山东、上海等地相继开启农业保险试点。第三，农业保险保费收入显著增长。在全社会共同努力之下，农业保险保费收入于 1987 年突破 1 亿元大关，1987 ～ 1992 年农业保险保费收入由 1 亿元增加到 8.6 亿元，增长约 7.6 倍。总体而言，1987 ～ 1992 年是农业保险业务的黄金发展阶段，这是政府大力支持以及保险机构积极创新的共同成果。

（三）萎缩停滞

1993 年开始，伴随着国企改革、利税考核，以中国人保为代表的农业保险承保机构开始全面商业化转轨，纷纷盘整收缩，长期亏损的农业保险业务再次陷入萎缩停滞阶段。以 1996 年为节点，经营农业保险业务的机构在配套设施、人员配备方面已经开始大规模缩减。为此，政府表示将对因承保农业保险承担较大亏损的保险公司给予适当政策支持，局势才暂时有所缓解。但是，政府过度干预导致投保农户出现反感情绪，随即政府也明确规定严禁强制投保农业保险，减轻农民负担。在此背景之下，农业保险发展动力消耗殆尽，2000 年左右开始大范围停办。截至 2003 年，农业保险保费收入缩减至不足 5 亿元。总体来看，1993 ～ 2003 年，农业保险发展再次陷入困境，在一定程度上受经济体制变革影响，但是其背后的本质原因是农业保险业务难以适应商业化经营模式，农业保险发展需要制度变革。

三　政策性农业保险阶段（2004 年以来）

（一）建立政策性农业保险制度

伴随着市场经济体制改革的不断深入，农业极其重要的基础性地位成为共识。农业保险在保障农业可持续发展方面的重要作用也逐渐被政府相关部门重视。2003 年，中国保险监督管理委员会牵头组织专家开始对农业保险进行专题探讨，研究形成了《建立农业保险制度的初步方案》。2004

年，中央一号文件也明确提出"加快建立政策性农业保险制度，选择部分产品和部分地区率先试点，有条件的地方可对参加种养业保险的农户给予一定的保费补贴"，农业保险正式进入"财政补贴＋商业化运作"的阶段。同年，中国第一家专业性的农业保险公司——上海安信农业保险股份有限公司正式成立。随后，阳光农业相互保险公司、安华农业保险股份有限公司也相继成立，分别在上海、黑龙江、吉林等9个省（直辖市）进行先行试点。2005年和2006年的中央一号文件也连续对农业保险业务试点情况进行了跟进指导，鼓励扩大试点、积极投保，发展多种形式、多渠道的农业保险。经过不断试验探索，在2007年4月财政部发布实施的《中央财政农业保险保费补贴试点管理办法》中，明确提出"中央财政农业保险保费补贴是指财政部对省级政府组织开展的特定农作物品种的保险业务，按照保费的一定比例，为参保农户提供补贴……基本原则是自主自愿、市场运作、共同负担、稳步推进"，标志着政策性农业保险制度正式建立。补贴险种为玉米、小麦等对农业和农村经济社会发展有重要意义的农作物，具有种植面积广、关系国计民生等特点。保障金额是农作物生长期内所发生的直接物化成本。总体来看，2004~2007年，政府部门对农业保险业务给予了充分重视、积极引导，农业保险得以发展离不开政府扶持（见表3-1）。由此，农业保险摆脱了商业性保险制度框架，进入政策性保险阶段，这也是农业保险发展的重要历史转折点。

表3-1 2004~2007年中央一号文件中"农业保险"相关政策

年份	内容
2004	加快建立政策性农业保险制度，选择部分产品和部分地区率先试点，有条件的地方可对参加种养业保险的农户给予一定的保费补贴
2005	扩大农业政策性保险的试点范围，鼓励商业性保险机构开展农业保险业务
2006	各级财政要增加扶持农业产业化发展资金，支持龙头企业发展，并可通过龙头企业资助农户参加农业保险
2007	积极发展农业保险，按照政府引导、政策支持、市场运作、农民自愿的原则，建立完善农业保险体系。扩大农业政策性保险试点范围，各级财政对农户参加农业保险给予保费补贴，完善农业巨灾风险转移分摊机制，探索建立中央、地方财政支持的农业再保险体系。鼓励龙头企业、中介组织帮助农户参加农业保险

资料来源：由中共中央、国务院发布的文件整理所得。

（二）完善政策性农业保险制度

在政策性农业保险制度框架初步搭建后，政策性农业保险经营机制和发展模式不断完善，主要表现在以下几个方面。第一，政府对农业保险支持力度逐年提升，保费补贴制度不断完善。除 2011 年之外，历年中央一号文件均对农业保险工作做出重要安排部署，凸显了政府对农业保险的高度重视（见表 3－2）。同时，为进一步做好农业保险保费补贴工作、提高财政补贴资金使用效益，财政部也会每年对农业保险保费补贴有关事项进行通知，不断扩大补贴区域、提升补贴比例，实施绩效监督管理。第二，农业保险相关行政法规不断完善。2012 年，第一部《农业保险条例》颁布，对农业保险条款进行了详细设计，并于 2016 年进行了修订。同时，《中华人民共和国农业法》、《中华人民共和国保险法》以及《中华人民共和国预算法》等法律制度的完善也为政策性农业保险的发展提供了坚实的法律保障。第三，农业保险覆盖范围不断扩大。伴随着农业保险经营区域覆盖至全国所有省份，农业保险保费收入由 2007 年的 53.3 亿元快速增长至 2018 年的 572.7 亿元，农业风险保障金额从 2007 年的 1126 亿元跃增至 2018 年的 3.5 万亿元，服务农户从 2007 年的 4981 万户次增加到 2018 年的 1.95 亿户次。[①] 在此背景之下，保险公司等众多商业主体也开始争相承保农业保险业务。第四，农业保险产品日益丰富，政府鼓励多样化发展模式。为满足多样化风险保障需求，可投保的农作物品种已逐步扩展到 200 余个，基本覆盖农林牧渔各个领域，并且不断衍生出气象指数保险、目标价格保险等多种类型的农业保险，支持"保险＋期货""保险＋信贷"等创新模式发展。总体而言，2008～2018 年，政策性农业保险快速发展，在提高农业抗灾减灾能力、促进农民增收、维护国家粮食安全等方面发挥重要作用，成为一项重要的支农惠农政策。

---

① 数据来源：由《中国保险年鉴》、《中国统计年鉴》以及财政部、银保监会等相关部门发布的公开数据整理所得。

表 3 - 2   2008～2018 年中央一号文件中"农业保险"相关政策

年份	内容
2008～2013	总结试点经验，扩大试点范围，增加补贴品种，完善政策性农业保险经营机制和发展模式。建立健全农业再保险体系，逐步形成农业巨灾风险转移分担机制。加大中央财政对中西部地区保费补贴力度。鼓励农业保险多种经营模式
2014	加大农业保险支持力度。提高中央、省级财政对主要粮食作物保险的保费补贴比例，逐步减少或取消产粮大县县级保费补贴，不断提高稻谷、小麦、玉米三大粮食品种保险的覆盖面和风险保障水平。鼓励保险机构开展特色优势农产品保险，有条件的地方提供保费补贴，中央财政通过以奖代补等方式予以支持。扩大畜产品及森林保险范围和覆盖区域。鼓励开展多种形式的互助合作保险。规范农业保险大灾风险准备金管理，加快建立财政支持的农业保险大灾风险分散机制。启动东北和内蒙古大豆、新疆棉花目标价格补贴试点，探索粮食、生猪等农产品目标价格保险试点
2016	完善农业保险制度。把农业保险作为支持农业的重要手段，扩大农业保险覆盖面、增加保险品种、提高风险保障水平。积极开发适应新型农业经营主体需求的保险品种。探索开展重要农产品目标价格保险，以及收入保险、天气指数保险试点。支持地方发展特色优势农产品保险、渔业保险、设施农业保险。完善森林保险制度。探索建立农业补贴、涉农信贷、农产品期货和农业保险联动机制。积极探索农业保险保单质押贷款和农户信用保证保险。稳步扩大"保险＋期货"试点。鼓励和支持保险资金开展支农融资业务创新试点。进一步完善农业保险大灾风险分散机制
2017	持续推进农业保险扩面、增品、提标，开发满足新型农业经营主体需求的保险产品，采取以奖代补方式支持地方开展特色农产品保险。鼓励地方多渠道筹集资金，支持扩大农产品价格指数保险试点。探索建立农产品收入保险制度。深入推进农产品期货、期权市场建设，积极引导涉农企业利用期货、期权管理市场风险，稳步扩大"保险＋期货"试点
2018	探索开展稻谷、小麦、玉米三大粮食作物完全成本保险和收入保险试点，加快建立多层次农业保险体系

资料来源：由中共中央、国务院发布的文件整理所得。

（三）实现农业保险高质量发展

伴随着农业农村经济转型发展，"广覆盖、低保障"的原则已经无法满足农业现代化发展要求，农业保险亟须新思路突破式发展。2019 年，财政部、农业农村部、银保监会、国家林草局联合印发《关于加快农业保险高质量发展的指导意见》，标志着农业保险迎来又一重要转折点。该文件提出的主要目标为"到 2022 年，基本建成功能完善、运行规范、基础完备，与农业农村现代化发展阶段相适应、与农户风险保障需求相契合、中央与地方分工负责的多层次农业保险体系",为农业保险指明了新的发展方向。一方面,不断提高农业保险保障水平。在大灾保险试点的基础之上拓展收入保险试点范围,尤其是要实现三大粮食作物完全成本保险和种植收入保险在 13 个粮食主产省份的产粮大县全覆盖,保障粮食供给。另一方面,实现差异化财政补贴、加强激励约束管理。财政部于 2021 年印发《中央财政农业保险保费补贴管理办法》,以优化农业保险保费补贴制度。银保监会也在 2022 年正式印发《农业保险承保理赔管理办法》,强化监督引导。自此,农业保险再次迎来重要发展机遇。

2019~2022 年中央一号文件中"农业保险"相关政策如表 3-3 所示。

表 3-3　2019~2022 年中央一号文件中"农业保险"相关政策

年份	内容
2019	按照扩面增品提标的要求,完善农业保险政策。推进稻谷、小麦、玉米完全成本保险和收入保险试点。扩大农业大灾保险试点和"保险＋期货"试点。探索对地方优势特色农产品保险实施以奖代补试点
2020	抓好农业保险保费补贴政策落实,督促保险机构及时足额理赔。优化"保险＋期货"试点模式,继续推进农产品期货期权品种上市
2021	健全产粮大县支持政策体系。扩大稻谷、小麦、玉米三大粮食作物完全成本保险和收入保险试点范围,支持有条件的省份降低产粮大县三大粮食作物农业保险保费县级补贴比例
2022	积极发展农业保险和再保险。优化完善"保险＋期货"模式

资料来源:由中共中央国务院发布的文件整理所得。

第二节　农业保险支持政策沿革

一　政策性农业保险惠及范围不断扩大

早在明代,徐光启所著的《农政全书》中就提出了"预弭为上,有备为中,赈济为下"的农政思想,主张预防灾害、赈灾救荒以维护政权统治。现代社会为支持农业发展、巩固农业基础性地位,中央财政曾经实行良种补贴、农机具购置补贴等专项财政补贴政策,并且在较严重自然灾害发生时也会针对性实施相应的救济措施,发放资金补助。但是,农业灾后救济的方式无法充分发挥有限财政预算的最佳效益。而农业保险保费补贴方式只需要事先定期缴纳保费，承保机构便会在灾害发生后开展现场查勘定损等理赔流程，极大程度提高灾后补偿的精准性、及时性。2007 年，财政部颁布《中央财政农业保险保费补贴试点管理办法》，自此以来，各省份相继拉开农业保险保费补贴试点序幕，农业保险保费补贴险种日益丰富、试点区域扩大至全国范围。同年，我国仅选择了内蒙古、吉林、江苏、湖南、新疆、四川 6 个省（自治区）开展农业保险保费补贴试点工作，中央财政补贴险种选择了玉米、水稻、大豆、小麦、棉花、能繁母猪等六类，它们对农业和农村经济社会发展具有重要意义。考虑到险种之间存在较大差异，2008 年按照养殖业和种植业分别制定了农业保险保费补贴管理办法。在原有基础之上，中央补贴养殖保险险种增加了奶牛保险，试点范围拓展到中西部 22 个省份、新疆生产建设兵团以及中央直属垦区。截至 2012 年，农业保险保费补贴试点工作已覆盖全国范围，中央财政补贴险种多达 15 种。为进一步细化补贴办法，2016 年中央财政补贴险种确定为四大类，涉及种植业、养殖业、林业以及其他品种，基本覆盖农林牧渔各领域的主要农产品。伴随着农业现代化不断深入，种业发展的重要性日益凸显，打好种业翻身仗成为当下重点工作任务之一。经过多年探索，最终于 2018 年将三大粮食作物（稻谷、小麦、玉米）制种保险也纳入了中央财政补贴范畴。2022 年 3 月，山东省率先制定《山东省三大粮食作物制种保险工作方案》，对具体实施办法进行了详细规划。如表 3-4 所示，农业保险政策惠及范围不断扩大，按照试点先行、逐渐全面推进的工作节奏，政策性农业保险已实现全国覆盖，保费补贴险种日益丰富。

整体来看，伴随着农业保险保费补贴试点范围的扩展，相较于财政资金直接补贴的方式，政策性农业保险借助杠杆效应，利用相同金额的财政资金能够支撑起更大范围农户的风险保障需求。如表 3-5 所示，2021 年，中央财政补贴 333.5 亿元，同比增长 16.8%，撬动农业保险保费收入965.2 亿元，为 1.88 亿户次农户提供风险保障 4.8 万亿元，中央财政补贴资金的杠杆效应为 143.3 倍，且总体呈现增加趋势，农业保险保费补贴政策顺利实现了预期目标。

表 3 – 4 2007 ~ 2022 年农业保险中央财政补贴试点区域、险种范围梳理

年份	试点区域	险种范围
2007	内蒙古、吉林、江苏、湖南、新疆和四川	玉米、水稻、大豆、小麦和棉花；能繁母猪
2008	17 个省、自治区（含新疆生产建设兵团）	玉米、水稻、小麦和棉花；大豆、花生等油料作物；能繁母猪、奶牛
2010	18 个省、自治区（含新疆生产建设兵团、黑龙江省农垦总局）	水稻、玉米、小麦、油料作物、棉花、马铃薯、青稞、天然橡胶、森林、能繁母猪、奶牛、育肥猪、牦牛、藏系羊
2012	全国	新补充：糖料作物
2016	全国	①种植业。玉米、水稻、小麦、棉花、马铃薯、油料作物、糖料作物 ②养殖业。能繁母猪、奶牛、育肥猪 ③林业。已基本完成林权制度改革、产权明晰、生产和管理正常的公益林和商品林 ④其他品种（或称"涉藏特定品种"）。青稞、牦牛、藏系羊、天然橡胶
2018 ~ 2022	全国	新补充：三大粮食作物制种保险

资料来源：由财政部发布的《中央财政农业保险保费补贴试点管理办法》整理所得。

表 3 – 5 2007 ~ 2021 年中央财政农业保险保费补贴与风险保障效果汇总

年份	中央财政补贴（亿元）	中央财政补贴的同比增速（％）	农业保险保费收入（亿元）	风险保障（万亿元）	杠杆效应（倍）
2007	21.5	—	53.3	0.1	51.2
2008	38.9	81.3	110.7	0.2	61.6
2009	49.5	26.9	133.9	0.4	76.8
2010	50.2	1.5	135.9	0.4	77.7
2011	66.0	31.5	173.8	0.7	98.4
2012	91.5	38.6	240.6	0.9	98.4
2013	119.6	30.7	306.6	1.4	116.2
2014	130.3	9.0	325.8	1.7	127.4
2015	146.1	12.2	374.9	1.9	134.1
2016	158.3	8.3	417.7	2.2	136.4
2017	179.0	13.1	478.9	2.8	155.8
2018	199.3	11.3	572.7	3.5	173.6
2019	265.6	33.2	672.5	3.8	143.5

年份	中央财政补贴 （亿元）	中央财政补贴的 同比增速（%）	农业保险保费 收入（亿元）	风险保障 （万亿元）	杠杆效应 （倍）
2020	285.4	7.5	814.9	4.1	144.7
2021	333.5	16.8	965.2	4.8	143.3

注：杠杆效应＝风险保障金额/中央财政补贴金额。

资料来源：根据《中国保险年鉴》、《中国统计年鉴》以及财政部等相关部门发布的公开数据整理所得。

二 农业保险保费补贴政策存在的问题

自 2007 年政策性农业保险试点以来，伴随着农业转型升级，政策性农业保险制度的实施为增加农民收入、保障粮食安全等战略规划目标做出突出贡献，但是也在一定程度上陷入发展困境。财政部等[①]数据显示，我国2020 年农业保险保费收入 815 亿元，位列世界第一；农业保险深度 1.05%，提前完成到 2022 年农业保险深度实现 1% 的高质量发展目标，但是农业保险保障水平仅为 24% 左右，处于全球较低水平。现阶段政策性农业保险保障水平低这一经济现象背后蕴含着多层逻辑，概括为以下两点。

（一）农户逆向选择和道德风险

农户作为农业生产活动的长期参与者和决策者，对所属区域的农业风险较为熟知，投保农户和承保机构之间的信息不对称问题容易激发农户逆向选择和道德风险行为倾向，是政策性农业保险持续面临的基础性问题。相较于政府、承保机构，投保农户处于弱势地位，也是政策最终的目标对象，农业保险政策实施方案的制定要严格依据农户行为特点。对于农户而言，各级政府补贴的险种范围是否覆盖自身生产类别、保费补贴比例大小以及农业保险保费实际支付总价格是其行为决策的基础信息。农户根据风险状况自评估结果按照风险偏好采取相应的风险管理措施，表现为是否产生农业保险潜在需求。农户的农业保险潜在需求是否转化为支付意愿在一定程度上取决于风险保障程度与农业保险保费实际支付总价格的匹配比例以及投保农户的自身支付能力，表现为农户是否做出投保行为。如果投保

---

① 主要参照财政部公开数据、《关于加快农业保险高质量发展的指导意见》政策内容以及《中国农业保险保障研究报告》。

农户持续获得感不足，连续投保意愿自然下降，难以实现政策稳步推进和有效延续。同时，根据农业保险的实践经验发现，投保农户无论是否达到赔付标准总希望当期能够获得一定比例的赔付，如果连续未能获得赔付，农户通常选择退出市场，产生逆向选择问题。因此，承保机构为了撬动农户投保意愿，获得财政补贴资金，只能主动妥协、降低赔付标准，尽量让大多数投保农户能够获得一定程度的赔付，即"撒胡椒面"式赔付，加剧承保机构主体方的扭曲行为。同时，承保机构的妥协行为不利于农户良好投保行为的养成，会进一步激发农户在下一个投保周期的逆向选择和道德风险行为，形成恶性循环。

（二）地方政府财政资金压力大

自然条件、经济结构、社会分工等因素构成了我国省域间发展不平衡问题，而且农业大省往往也是财政弱省，仅按照东部、中部、西部地区划分忽视了不同省域间农业产业的重要程度和财力差异，"地方先配套，中央后补贴"的方式使得许多地市县面临较高程度的保费补贴财政压力，进而衍生出保费补贴延迟拨付问题。对于地方政府而言，财政部规定本级政府在农业保险保费补贴支出中的占比大小以及管辖区域内农业生产规模、风险保障需求状况等信息是它们制定实施农业保险具体工作方案的基础。当上级政府划拨的财政资金和自有财政资金难以支撑区域内政策性农业保险业务的开展时，就无法实现原定提升农业保险服务能力、维护参保农户权益的目标。在财政补贴资金压力以及农业保险公司之间过度竞争的双重影响之下，部分地方政府会利用承保机构之间的冗余竞争片面追求低费率、高赔付率，忽视费率厘定的科学性以及对承保机构可持续发展的关注，产生寻租行为，表现为特定时间阶段下政府自身的失灵。因此，平衡好经济实力差异导致的财政支持力度不足是避免政府出现扭曲行为的关键，尤其是亟须优化中央和地方财政补贴比例的划分、配套方式。

三　优化调整农业保险保费补贴政策

（一）提高农业保险保障水平

伴随着农业现代化进程的加快，为满足不同小农户、新型农业经营主体多样化风险保障需求，农业保险不断提高保障水平。2007年，农业保险政策建立之初仅对农作物生长期内所发生的直接物化成本进行保障，包括种子成本、化肥成本、农药成本、灌溉成本、机耕成本和地膜成本，保险责任为无法抗拒的自然灾害。随着社会经济的发展，直接物化成本与实际生产成本之间的差距不断拉大，难以满足当下农业风险保障需求。因此，2017～2018 年，财政部在河北、内蒙古、辽宁、吉林、黑龙江、江苏、安徽、江西、山东、河南、湖北、湖南、四川 13 个粮食主产省（自治区）选择 200 个产粮大县面向适度规模经营农户开发专属农业大灾保险产品，保障范围覆盖"直接物化成本 + 地租"，以增强适度规模经营农户应对农业大灾风险的能力。在初步探索大灾保险的基础之上，财政部于 2018 年在内蒙古、辽宁、安徽、山东、河南、湖北 6 个省（自治区）开启了为期 3 年的三大粮食作物完全成本保险和收入保险试点工作，并在 2021 年将试点范围扩展到 13 个粮食主产省份的产粮大县，计划于 2022 年实现实施地区产粮大县全覆盖。如表 3 - 6 所示，政策规定实施的完全成本保险为保险金额覆盖直接物化成本、土地成本和人工成本等农业生产总成本的农业保险；种植收入保险为保险金额体现农产品价格和产量，覆盖农业种植收入的农业保险。自 2022 年起，对纳入政策实施范围的产粮大县，小农户和新型农业经营主体可根据实际生产需求从基本农业保险、完全成本保险或种植收入保险中自主选择投保产品。农业保险保障水平不断提升，形成了多层次的农业保险保障体系，更加贴合农户生产实际。

表 3 - 6　不同保障水平的农业保险产品汇总

名称	保险金额覆盖范围
基本农业保险	直接物化成本（种子、化肥、农药、地膜、灌溉、机耕成本）
农业大灾保险	直接物化成本、土地成本
完全成本保险	直接物化成本、土地成本和人工成本等农业生产总成本
种植收入保险	农业种植收入，体现农产品价格和产量

注：自 2022 年起，现行试点险种不再包括农业大灾保险。

（二）创新农业保险产品设计

本着鼓励探索创新的原则，政府相关部门积极引导多种类农业保险产品设计，以应对农业生产经营过程中面临的多类风险，提高风险保障效率。一方面,自2014年《国务院关于加快发展现代保险服务业的若干意见》(国发〔2014〕29号)颁布以来,国务院、财政部和农业部等部门陆续出台多项政策支持试点了目标价格保险、区域产量保险、价格指数保险、天气指数保险等多种形式的农业保险产品。如表3-7所示,不同产品设计的保险标的、赔付依据有所差异,也对应了不同农业经营群体的需求,尤其是可以助力地方优势农产品保险试点发展,有效发挥示范带动效应。另一方面,积极探索"保险+期货""保险+信贷"等联动机制。农业风险管理体系的升级离不开各类金融工具的相互融合,在提高风险分散效率的同时也更贴合农业生产链条,为各类农业经营主体提供更加高效的金融服务。此外,科技助力农业保险发展优势显现。伴随着科技发展,政府开始鼓励无人机、卫星遥感等技术在农业保险查勘定损等环节的应用,更快速、精准地完成承保理赔工作,但受成本限制,暂未全面覆盖使用。总体而言,政策性农业保险不断创新补贴方式,为投保农户提供更具个性化的农业保险产品,提高了农业保险服务能力,尤其是多种金融工具相互融合以及对农户个人、地块等复杂信息数据收集过程中的科技升级也可以降低农户与承保机构之间的信息不对称程度。

表3-7 不同形式的农业保险产品设计汇总

名称	保险标的	赔付依据	试点代表
目标价格保险	农产品市场价格	对市场价格低于约定目标价格所导致的经济损失进行赔偿	蔬菜、生鲜乳和棉花等目标价格保险
区域产量保险	农产品产量	对农作物产量低于约定产量的经济损失进行赔偿	小麦、玉米区域产量保险,草原区域产量保险
价格指数保险	农产品价格指数	对平均价格指数低于约定价格指数的差额部分赔偿	生猪价格指数保险
天气指数保险	单一或多个气象要素(光、温、水)	当实际天气指数超过天气指数保险中规定的值时进行赔偿	玉米干旱天气指数保险、茶叶霜冻天气指数保险、牡蛎养殖风力指数保险

(三) 协调保费补贴比例

为解决地方政府财政资金压力大问题,农业保险保费补贴政策逐渐形成了"中央保大宗,地方保特色"的基本工作方向,不断优化农业保险保费补贴比例体系。一方面，协调财政支持力度区域差异。财政部在发布农业保险保费补贴政策之初，便考虑到地区间财力差异，对中西部地区和新疆生产建设兵团进行了重点支持。2008～2013 年的中央一号文件中也连续提到"加大中央财政对中西部地区保费补贴力度"，逐渐形成了按照中央单位、中西部和东部划分实施不同比例的财政补贴制度。但是，地区经济带划分方式无法突出粮食主产区的重要地位，并且区域内不同地方财政状况差距明显，尤其产粮大县往往是财政弱县。因此，政府在 2020 年调整原有"地方先配套，中央后补贴"的保费补贴模式，明确是中央给地方配套，在一定程度上缓解了地方财政压力。另一方面，加强中央与地方激励约束管理。为进一步缩小区域差异，同时激励地方财政积极支持农业保险事业发展，在 2022 年 1 月开始实施的《中央财政农业保险保费补贴管理办法》中将保费规模纳入省级补贴比例计算公式，给予地方财政更大自主权，地方财政补贴得多，中央财政给予配套补贴也多，各省级财政可根据自身及辖区内各县域财政状况，合理划分不同险种、市县的财政补贴资金。

（四）优化"以奖代补"政策

除了大宗农产品之外，地方优势特色农产品也是区域农业经济内生动力的重要支撑、全国农产品供给体系的重要组成部分，一般具有产区集中、经济附加值高的特点。伴随着现代农业产业体系发展，地方特色农产品不仅受气候变化等自然条件干扰，还受市场价格变化的影响，风险保障需求不断提升。为此，财政部于 2019 年 6 月正式发布《关于开展中央财政对地方优势特色农产品保险奖补试点的通知》，选择在内蒙古、山东、湖北、湖南、广西、海南、贵州、陕西、甘肃、新疆等省（自治区）先行试点地方特色农产品保险"以奖代补"政策；于 2020 年 6 月发布《关于扩大中央财政对地方优势特色农产品保险以奖代补试点范围的通知》，将试点地区扩大至 20 个，试点保险标的或保险产品由不超过两种增加至三种。同时，在 2022 年最新修订的《中央财政农业保险保费补贴管理办法》中，对地方优势特色农产品保险中央财政补贴资金的计算方式进行了详细规定，按照绩效评价结果和上年度地方优势特色农产品保险保费规模进行加权分配，充分体现监督、激励管理双效合一，为加快培育区域特色农产品做出贡献。

第三节　农业保险发展面临的问题

一　真实需求不足

（一）农业保险整体投保意愿低

伴随着"十四五"时期农业现代化进程加快发展，现代立体农业、智慧农业的出现在一定程度上减弱了农业生产受自然生长条件不确定性的影响，但是新生产要素的加入也带来了新的农业生产与经营风险。全球气候异常趋势以及农业集约化、产业化发展，农业巨灾风险损失的压力不断增大。农产品市场国际化的程度日益加深，农业风险扩散和传染的速度加快，多重风险因素相互交织、相互影响，农业生产风险整体呈现区域性、季节性、集中性、种类多、范围广、程度深等特点。面对不确定性不断增强的复杂农业生产风险环境，农业生产风险保障的潜在需求理应旺盛。但是受限于风险管理意识薄弱以及小农经济的传统观念，农户倾向于采取风险自留或多样化种植等习惯方式实现风险分散。农户的农业风险保障潜在需求转化非常脆弱，极易受到交易成本的约束，进而他们会选择主动放弃进入农业保险市场。同时，学者也关注到农业保险的投保意愿受农户个体特征（Adzawla et al.，2019）、经营特征（Zhang et al.，2019）、承保机构服务水平（Ghosh et al.，2021）、政府财政支持力度（Yang et al.，2015）、受灾经历、社会资本（刘福星等，2020）等复杂因素的影响。并且，受限于风险认知偏差、金融素养水平较低等特征，农户参保行为普遍存在短时、盲从的羊群效应，出现意愿与行为不一致现象。

（二）风险保障需求差异明显

受收入效应差距的影响，小农户与新型农业经营主体之间的风险保障需求差异明显。为避免出现小农户与现代农业发展脱节的问题，中央财政不断加大对农民合作社、家庭农场等新型农业经营主体的支持力度。两类主体对农业保险需求的差异主要体现在以下几个方面。第一，农业保险购买意愿强烈程度不同。传统小农户经营体量小，倾向于采取风险自留或多样化种植等习惯方式实现风险分散，多在村集体的带动之下被动投保农业保险。而新型农业经营主体风险认知更为清晰、受教育水平更高、社会交往程度更深，在相同风险状况下会更愿意选择购买农业保险（叶明华、朱俊生，2018）。第二，面对的主要风险类型不同。传统小农户以应对旱涝、冰冻、风雹等自然灾害和病虫害等自然风险对农业生产的影响为主。新型农业经营主体既要面临自然风险，还要应对市场不确定性带来的经济损失。因此，后者对目标价格保险等多样式农业保险产品的接纳程度更高（江生忠、朱文冲，2021）。第三，理想的农业风险保障水平不同。相较于传统小农户，新型农业经营主体经营规模更大、资金投入量更多，而自身风险承担能力有限，故对农业保险保障水平要求更高，在相同保障水平下的支付意愿也更高（李丹等，2016）。因此，针对新型农业经营主体的个性化风险保障需求，应提供特色农业保险服务。

二 供给能力有限

（一）传统农业保险产品单一

虽然政府一直在倡导农业保险的探索创新，在多种形式的农业保险产品创新上进行试点，但是，在当前阶段的农业保险经营实践过程中仍然以三大主粮作物保险、生猪保险等传统中央补贴险种为主，经济附加值较高的经济作物较少列入保障范围。一方面，相较于粮食作物保险，经济作物的生产成本更高，相应的保额、保费更高，需要配套的保费补贴资金也更多，需要的支持力度更大。另一方面，经济作物品种多、生长特点不一、区域性强，应用当下的农业保险技术难以实现全国统一，一般以地方优势特色险种的方式实现愿保尽保，风险保障效果与中央财政补贴险种存在一定差距。除此之外，农业保险的宣传承保、查勘定损、理赔等环节仍以人工为主，缺乏高效的技术支撑，承保机构难以对较多种类的农业保险产品同时进行查勘定损。虽然政府有关部门一直在鼓励农业保险科技创新，但未给予实际性技术资金支持。受限于高额的技术开发成本，承保机构在三年有限承保期限内的创新动力有限，普遍采取传统经营策略，不利于农业保险产品体系的完善。

（二）缺乏科学的费率厘定机制

自农业保险政策建立之初，费率问题一直是农业保险发展的棘手问题。最早受限于农民普遍经济窘迫，农业保险定价以投保农户支付能力为基准。伴随着农业保险政策日益成熟以及经济发展，农业保险开始实施精算平衡定价。但是，受限于不同地市县、不同生产方式和耕地等级的基差数据缺失，地市县农业保险金额难以确定等原因，农业保险市场逐渐形成了"一省一费率"局面。此种"费率大锅饭"方式根本无法体现各地区风险状况差异，逆向选择和道德风险问题严重，不利于农业保险健康发展。除此之外，在《农业保险条例》中明确规定"属于财政给予保险费补贴的险种的保险条款和保险费率，保险机构应当在充分听取省、自治区、直辖市人民政府财政、农业、林业部门和农民代表意见的基础上拟订"，于是地方政府与承保机构协商定价、行政定价等现象相继出现。无论是讨价还价还是招标竞价都严重偏离科学定价原则，给承保机构造成较大压力，也间接导致寻租、协议赔付等投机行为出现，造成福利损失。因此，要实现农业保险高质量发展，需要尽快建立科学有效的费率厘定和动态调整机制。

（三）"低保障、广覆盖"发展困境

长期以来，农业保险"不解渴、不顶用"一直是社会各界关注的重点。一方面，农业保险整体保障深度初见成效。2020 年，我国农业保险深度达到 1.05%，提前完成了《关于加快农业保险高质量发展的指导意见》中到 2022 年农业保险深度达到 1% 的目标，农业保险密度达到 460 元/人，实现了 27.75% 的高速增长，不断向既定目标靠近。另一方面，农业保险深度仍显不足。中国农业保险保障研究课题组发布的《中国农业保险保障研究报告 2019》显示，2019 年受灾小麦、玉米亩均赔付额均不足百元，能繁母猪和育肥猪的平均获赔金额仅为 875.04 元/头和 270.17 元/头，总体呈现赔付范围广、单均赔付低的状态，难以覆盖投保农户的实际损失，投保农户获得感不强。为提升农业保险保障水平，有学者提出了提高保额的措施（黄延信、李伟毅，2013），但是保额的提高必然伴随着保费和保费补贴的提升，进而会增加政府财政负担。也有部分学者倡导创新保险产品以扩充保险责任，积极发展完全成本保险、种植收入保险。但是，受限于不同县域的财政实力、承保机构服务能力参差不齐，难以短期内在全国范围、全险种推广。由此可见，为扭转农业保险"低保障、广覆盖"的发

展困境，需要优化制度设计、调整激励机制以实现效率改进。

三 运行机制不完善

（一）保费补贴"包干制"效率不高

农业保险快速发展离不开各级财政对农业保险高达 80% 的保费补贴支持，构建良好的激励约束机制是提高财政资金使用效率的关键。对于农业保险保费补贴效率问题，有学者认为总体是有效率的，且处于规模递增阶段（江生忠等，2015），更多的学者则认为我国农业保险保费补贴综合效率较低，地区间差异明显（张旭光、赵元凤，2014；张祖荣，2017）。农业保险保费补贴"包干制"便是造成补贴效率损失的主要原因之一。目前农业保险保费补贴政策仅对综合费用率等做出明确约束，承保机构对于补贴资金仍具有较高程度的自由支配权，存在监管"空窗期"。虽然保费补贴"包干制"大幅提高了保险公司承保农业保险业务的积极性，但是模糊空间必然造成"漏出效应"，甚至出现风险水平与赔付水平相背离的现象，需要进一步改革完善。

（二）过度竞争扰乱市场秩序

伴随着政策性农业保险市场的快速发展，各方资金力量纷纷涌入农业保险市场，市场竞争越来越激烈。农业生产风险的区域性和集中连片性等自然垄断属性决定了农业保险不适合完全竞争市场模式，过度竞争会造成大量冗余的关系治理成本（庹国柱，2017）。一方面，过度竞争会导致寻租等市场乱象增加。为获得农业保险特许经营权，承保机构将发展重点片面集中到维系与政府部门之间关系上，公关成本支出以及竞标费、协保费、宣传广告费等同业竞争成本支出增加，造成财政资源浪费严重（何小伟等，2014）。另一方面，为凸显竞争力，农业保险公司会通过积极赔付来提高投保农户满意度从而使赔付支出增加（牛浩等，2021）。同时，受限于信息不对称，农业保险公司与农户之间相互"主动"造就了高交易成本。在承保环节，农业保险公司对农户个人、地块等复杂信息数据的收集在一定程度上导致部分农户主动放弃投保。在理赔环节，农户道德风险和逆向选择问题也会造成农业保险公司需要支出更多的关系治理费用。在此背景之下，农业保险承保机构陷入运行成本与赔付支出同时增加的双重挤压困境，促使利润最大化导向的农业保险公司进一步放大投机心理，陷入恶性循环。一旦发生较大规模的农业灾害，农业经济损失覆盖范围广、影响程度深的特征决定农业保险公司难以实现超额赔付。此时，农业保险公司就会选择与投保农户、基层政府及相关部门进行协商确定赔款总额和赔付比例，即协议理赔，属于违法乱纪行为。协议理赔的方式不仅无法切实保障不同程度受灾农户的损失补偿权益、破坏消费者公平交易的权利，也诱导违法违规行为的发生，严重偏离原定政策目标。

第四章 世界农业保险理论研究进展与理论及对中国的启示

现有研究已对中国农业保险的制度与发展提供了多角度、深层次的建设性意见与理论支持。尽管中国的农业保险已经发展了十余年的时间，但我国农业保险仍旧存在"供需双冷""顶层设计不完善""保险费率厘定争议""保费补贴效率不高"等问题。因此，如何从我国实际状况出发设计有理论依据的农业保险险种、评估市场需求及提供与风险相匹配的农业保险补贴是当前农业保险理论界亟待完成的任务。本章将对现有农业保险研究进行梳理，概括农业保险的属性特征与政府支持理论，厘清农业保险供给与需求的核心问题，追踪农业保险对农业生产影响的最新研究成果，以及分析新技术在农业保险中应用的可能性。随后，本章将给出世界农业保险理论研究对中国的启示。

第一节 农业保险市场需要政府支持的理论依据

传统观点认为农业保险不同于一般商业保险，农户难以负担商业化模式下农业保险的全部保费，需要政府进行大量补贴支持，因此常冠以"政策性"保险的名称以体现其特殊性。在缺少政府支持的情况下，针对农业保险市场不如预期活跃以及世界范围内农业保险鲜有成功案例的实际情况，国内外学术界对政策性农业保险建立的依据普遍从"农业保险外部性理论""农业保险准公共产品性质""农业保险'供需双冷'理论"等角度进行解释。例如，曹蕾等（2019）在农机保险市场中验证了没有保费补贴时，农户不会购买任何农机保险。张燕媛等（2017）的研究证明，若生猪险不纳入财政补贴目录，部分农户不愿购买任何养殖保险。从农业保费补贴的必要性来说，孙香玉和钟甫宁（2009a）的研究发现补贴相对于强制保险，更可能提升农户的福利水平。但是，农业保费补贴也会产生偏离向农业提供风险保障的初衷。例如，农户参加农业保险的动机主要是获得农业保险的保费补贴（Just et al.，1999）。

一　农业保险保费补贴政策对农户的激励作用

多数研究证实保费补贴水平对农民购买农业保险有着正向激励作用，促进了农业保险业务的发展。其中，主要的原因是补贴使得农户购买农业保险成本降低，能够直接提高农户的可支配收入。保费补贴促进了农业保险发展，帮助了农户分散种植风险，稳定了农业生产，促进了种植结构的调整。学者们通过历史数据分析发现，1981～1999 年，美国农户每支付 1 美元保费，可以得到 1.88 美元的损失补偿（Goodwin，2001）；中国农户在参保经历中也有相似的结果，2007～2016 年，平均 1 元保费支付可转化为 2.93 元的损失补偿（张祖荣，2017）。周稳海等（2014）的研究发现购买农业保险灾前会减少农民收入，而灾后则会对农民起到增收作用。Enjolras 等（2012）通过实证研究衡量直接支付与作物保险对法国和意大利作物收入波动的影响，发现尽管农业保险对于收入稳定性在两国并不相同，但都增加了农业收入。与此同时，政府对农业保险的补贴还缩小了城乡居民之间的收入差距，随着保障水平的提高，农业保险对遭受灾害冲击后的贫困农户的可支配收入提升作用尤为明显（张伟等，2020）。

上述研究为政府试图建立农业保险制度以稳定提高农业生产水平提供了理论依据。但是，看似合乎逻辑、势在必行的农业保险产业，尽管有政府的不断支持，历史上却长期面临失败的困扰。通过大量的调查研究和比较各国的农业保险制度发现，农业保险行业发展不顺利的主要表现为政策制定者或者学界基本认定农业保险市场没有达到预设的社会最优规模，但令人遗憾的是笔者发现理论上所谓"最优"的农业保险规模从未被清晰阐述或者度量。而针对农业保险市场发育不如预期的问题，现有研究主要从供给不足和需求不足这两个问题导致的"市场失灵"进行探讨。

二　农业保险"供需双冷"的理论解释

针对农业保险供给不足的研究，主要从农业保险不满足传统保险的基本原则、信息对称性以及外部性特征这三个方面进行解释。其中，前两点是基于保险公司供给决策过程的分析，而第三种解释则认为保险公司供给的农业保险最优量，在公共物品意义上，并不是社会整体需求的最优保险供给量。

第一，农业生产面临的风险具有系统相关性，这使得农业保险往往违背保险小概率事件的基本原则（Miranda and Glauber，1997；Quiggin，1986）。村庄内部农业生产地域相邻的特点及农业风险的规模性意味着农户处于同一农业风险池下，具体来说，村庄内部或者邻近村庄的农户面临着农业风险共振的局面，使其难以通过自身能力来分散风险，减轻农业生产损失对其生活的负面影响。同时，保险公司也面临着极高的风险。因此，系统性风险一方面造成了农业保险供给不足，另一方面也揭示了农业再保险以及政府大规模支持的必要性（Quiggin，1986）。

第二，作为传统保险的一个特例，农业保险也同样存在逆向选择和道德风险等信息不对称问题。相较于保险公司，农户掌握更多的有关农地特征、农业生产及其风险的信息，同时也具有更多及更便利的条件应对农业生产风险，而这种信息不对称的现实条件直接导致农业保险的逆向选择和道德风险问题（Makki，2002）。尽管信息不对称广泛存在于保险领域，但农业时空分散的生产模式，使得保险公司在应对逆向选择和道德风险问题上面临着过高的监督成本和信息收集成本（姜岩、褚保金，2010）。

第三，从农业保险制度建立的必要性来说，农业保险正外部性也导致相对于社会最优规模来说的供给不足。在农业保险外部性的理论中，这类早期研究认为农业保险的边际社会收益高于保险公司的收益。李军（1996）认为农业保险具有的双重外部性导致农业保险市场失灵。当然，也有部分学者认为农业保险不存在外部性，如张跃华和施红（2007）。其主要的差异在于界定社会最优农业保险供给水平的不同。因此在没有政府补贴的情况下，商业性保险公司以收益最大化为目标进行保险产品供给，但是此种情况下的保险产品供应量与以社会收益最大化为目标的农业保险供给量相比就相对不足（陈璐，2004）。因此从某种程度上来说，目前中国农业保险发展呈现的良好态势多半是由于"高额补贴"的政策拉动以及"半强制投保"的管理方式（庹国柱，2019；张跃华等，2016）。

在农业保险需求不足的认识上，现有文献主要从保险产品价格、必要性以及属性特征进行解释。具体来说，导致农业保险需求不足的原因可以从以下几个角度分析：一是农业生产"高风险概率"及"高管理成本"下的高保险费率与低农业收入的矛盾是农业保险需求不足的重要因素之一（Bardsley et al.，1984；Mahul，1999）；二是收入来源多样化、政府灾害救济以及非正规信贷的传统农业风险分散手段挤压了农户农业保险需求；三是具有正外部性的农业保险产品所产生的私人收益远远小于社会收益，这进一步阻碍了农户保险有效需求的提升，当然这种说法只是依据社会标准来判断农户对保险的需求是否足够，对农户决策的剖析稍显泛化。从农户角度来说，农业保险需求不足却正是基于农户理性决策的结果。

三　农业保险保费补贴政策与直接补贴政策的对比分析

2015 年，国家启动"三项补贴"改革，将种粮农民直接补贴、农资综合补贴和农作物良种补贴合并为"农业支持保护补贴"，用承包面积代替当期生产面积，从而实现与生产的脱钩补贴（耿仲钟、肖海峰，2018），但其核心依旧是利用行政手段实现财政转移支付，进而直接提升农民的收入（Yu and Jensen，2010）。这种不与产量挂钩但可以达到农户增收目标的补贴形式也被认为是满足 WTO 规则的主要补贴方式（朱满德、程国强，2015）。尽管如此，我国农业补贴仍遭受到诸多西方国家对其合规性的调查，尤其是 2016 年美国发起对中国小麦、籼稻、粳稻、玉米和部分生产者补贴的诉讼，最终 WTO 争端解决委员会以"中国小麦、籼稻、粳稻以及部分生产者补贴违背了《农业协定》补贴规则"的结果进行了最终裁决。这也意味着严苛的 WTO 规则已然成为我国农业补贴规模扩大的枷锁。

在此背景下，相关研究开始讨论农业补贴政策的转变，如通过补贴农业保险规避 WTO 违规的风险（李娟，2019；张宗良，2019）。根据 WTO《农业协定》[①]，以农业风险发生为依据的农业保险政策对市场和生产的扭曲程度较低，且处于"绿箱"政策"模糊地带"的优势使得不少国家选择将补贴农业保险作为农业补贴的重要策略（史岩，2018；谢凤杰等，2016）。在中国，有关补贴方式的探讨出现了"将农业直补改为保险的间接补贴"

---

① 《农业协定》附件 2 中明确提出农业保险政策拥有"对市场和生产的扭曲程度较低"以及"规避微量允许约束"的优势，在农业支持政策中是允许且被鼓励的。

新动向（何小伟、王克，2017）。不可忽视的是，当前我国农业补贴体系同时面临着两大考验。一方面，在农业风险频发的背景下，农户的关注点不仅在于总量提升，更在于农业生产的稳定性。另一方面，农户分化背景逐渐加深（张琛等，2019），对于存在兼业的小农户来说，农业收入并不能完全等同于农户家庭收入，相关数据显示现阶段农业经营净收入对农民增收的贡献率仅占 8.3%[①]，这也说明农业补贴对其收入具有微弱的影响；而不同于小农户，农业补贴效果提升最好的可能是农业规模经营户（刘滨等，2014）。因此，在面临国际规则、生产条件以及农业发展新形势下，相关研究必须重新审视到底以何种补贴方式既能满足国际规则又可以推动国内农业发展。

第二节　农业保险产品设计与供给

农业保险补贴政策基于农业保险产品种类等方面制定，其补贴效率对于政府而言至关重要。黄渊基等（2018）利用 DEA 模型对湖南省 14 个州市进行效率测算，发现其中有 7 个州市的农业保险处于有效状态。郑军和朱甜甜（2014）通过构建农业保险保费补贴效率的评价体系，主要包括经济效率指标与社会效率指标来衡量财政补贴效率，得出当政府的保费补贴额占当地农业产出的 8.3% 时，财政补贴效率很高。有部分学者从信息透明度角度出发，认为农业保险市场中，保险公司与农户之间的逆向选择和道德风险等问题使得农业保险施行效率降低（马述忠、刘梦恒，2016；王晓红，2020）。也有学者从福利水平角度出发，认为农业保险保费补贴对农户福利水平提升有推动作用（聂荣等，2013；孙香玉、钟甫宁，2009a）。

部分学者认为目前农业保险保费补贴总体有效，并呈现地区异质性，中西部地区与东部地区补贴效率差异明显。也有研究认为保费补贴存在整体效率低下、使用效率不高、差异化补贴形式不明显等问题。可以看出，关于补贴效率问题，现有研究并未达成统一意见，但就如何提升补贴效率，可以从产品设计、保险公司精算方法等方面进行改进。

[①]　数据来源于《中国农村经济形势分析与预测（2018~2019）》。

一　产量保险费率厘定与优化

作为农业保险理论研究的主要发源地，美国学术界对农业产量保险的费率厘定开展了持续几十年的研究，极大地丰富了农业保险费率厘定的工具和方法。从保险费率厘定准确性提升的角度来说，尤其是针对农产品产量的分布估计，现有的研究沿着两条主要脉络发展。

（一）改进传统农业风险估计方法

农业风险普遍存在于农业生产的各个环节，在以往的研究中，学者们将农业风险定义为导致农业生产经营发生损失的可能性和损失程度的不确定性（庹国柱、王国军，2002），并按照不同的标准对农业风险进行了分类。国内学者（黄英君，2009；庹国柱、王国军，2002）通常按成因对农业生产风险进行划分，如来源于自然的风险因素、来源于政策的风险因素、来源于经济市场的风险因素、来源于生产技术的风险因素等。而国外的大多数相关研究则是根据风险结构将农业风险划分为系统性风险和个体风险。农业风险的大小会影响当地农户农业生产情况。农业产出分布估计的准确性直接决定了保费厘定的合理性，农业产出的分布估计主要分为参数估计和非参数估计，主要区别在于是否事先设定农业产出的分布函数形式。早期描述农业产出分布采用正态分布假设（Botts and Boles，1958），随后的研究逐渐认识到单产分布并不对称，实际更接近偏态分布，因此部分学者尝试使用不同的分布函数拟合农作物的产量变化。例如，Gallagher（1987）、Nelson 和 Loehman（1987）以及 Hennessy 等（1997）分别使用了 Gamma 和 Beta 分布估计大豆和玉米的单产分布，Moss 和 Shonkwiler（1993）采用了逆双曲正弦变换以满足单产的负偏态分布要求。当然，一些研究也表明农作物产量可能服从正偏态分布，这取决于当地的种植结构和自然地理环境（Ramirez et al.，2003）。尽管这些方法上的改进有助于比较准确地描述产量真实分布状况，但是这类参数估计方法最大的问题在于前提假设的分布函数形式存在较大主观性。当真实的产量分布与假设不一致时，依赖产量分布的保费厘定必然也会出现系统性偏差。另外，参数估计的分布函数一般是单峰，这与实际观测到的产量分布常常表现为双峰有显著差异。针对产量的偏态分布判断，Just 和 Weninger（1999）、Atwood 等

（2003）、Harri 等（2009）认为可能是去趋势过程中函数设定偏差或者异方差问题造成的，这些发现使得分布函数选择更加主观和不确定。

为克服分布假设的局限，非参数估计方法逐渐成为农业保险费率厘定的重要方法（Goodwin and Ker，1998；Ker and Goodwin，2000）。从数据需求来看，非参数估计方法拟合的一致性极度依赖大样本性质，因此某一地区或者农户农业生产记录的稀缺是这类方法应用的最大障碍（Ker and Goodwin，2000）。针对这一问题，后续非参数估计方法研究的主要方向是如何尽可能多地利用相邻地区的信息增强非参数估计方法拟合的一致性和有效性。例如，Ker 和 Goodwin（2000）、Ker 等（2015）将单产的波动分为空间和时间两个维度的变化，利用空间上相邻地区产量波动的信息，采用贝叶斯非参数核密度估计方法增强了单产分布估计的准确性。Zhang（2017）同样基于农业产出分布地区间相关的现实，提出了密度比（Density-Ratio）的分布估计方法。除此之外，Ker 和 Coble（2003）尝试使用半参数估计方法避免参数和非参数估计方法的缺点。为了进一步验证地区农作物产量分布的关联性，Annan 等（2013）提出了具体检验邻近地区农作物产量分布是否相同的统计方法。

另外，针对去趋势过程中的残差是否存在异方差问题以及是否满足平稳性要求，一些文献也进行了相关研究。Harri 等（2011）讨论了农业产出分布估计中对异方差问题的常规处理方法对保费厘定准确性的影响，建议首先采用统计检验方法判定是否存在异方差问题再进行相应的处理。但是，如何选择异方差的函数形式以及小样本估计带来的不确定性都是处理异方差需要面对的问题。在 Harri 等（2009）和 Ye 等（2015）有关去趋势过程中造成风险评估差异的研究中，他们发现残差平稳性对产量分布的影响十分显著。

（二）利用外部信息增强保费厘定准确性

除了从估计方法上继续挖掘农业产出分布的最优途径外，一些研究尝试根据影响农业生产最直接的外部环境变化提高农业保险费率厘定的准确程度，如气候模式。Nadolnyak 等（2008）、Tack 和 Ubilava（2015）利用 ENSO 循环下气候模式的变换信息识别农作物单产分布的差异。另外，随着科学技术的进步，农作物产量的绝对值不仅呈现上升的趋势，其产量的分布可能也随时间推移而发生改变。因此，Zhu 等（2011）尝试估计了农作物单产分布的动态变化函数以替代传统分布唯一的假设。与此类似，Liu 等（2019）从不同时期单产分布的差异出发，研究得出估计农业产出分布函数依赖的数据并不是越多越好，建议通过删除那些与近期产量分布存在显著差别的历史数据。

通过对上述农业保险费率厘定的文献梳理，笔者发现适合我国数据状况和农业生产组织现状的研究与国际前沿差距较大。在大量的国内农业保险研究中，笔者并未发现基于我国国情的农业保险费率厘定和优化的相关文献。尽管出现这种现状的原因是多方面的，但是这对于如何提升日益扩大的农业保险财政资金利用效率却是潜在的理论挑战。

二　农业保险市场寻租行为对效率的影响

政府官员身份的特殊性决定了其需要兼顾"个人利益"与"公共利益"的最大化，但由于"个人利益"与"公共利益"的差异，政府官员在进行决策时，可能会出现因寻租而导致市场扭曲的后果（Peltzman，1976）。一般认为，对于社会经济整体而言，寻租引发的效率损失十分高昂（Cole and Xiong，2017）。寻租带来的负面效应不仅来自社会成本增加和垄断租金导致的无效率，而且寻租过程中存在资源被浪费的非生产行为。从短期来看，企业间的寻租竞争会为地方政府滋长"设租"的机会，导致市场运行环境不断恶化（庹国柱，2017）。从长远来看，寻租对企业造成扭曲的路径导向，诱发企业将更多资源转向寻租活动（刘勇政、冯海波，2011）。最终，寻租竞争将造成政府财政补贴资金的流失，严重损害财政补贴政策的健康和可持续性（何小伟等，2014）。

另外，也有部分研究认为寻租可能是有效的。在规则烦琐的不完善市场上，寻租可能有助于企业家绕开无效率的行政管制，在缓慢的公共服务排队中抢得先机（Acemoglu and Verdier，1998）。换言之，寻租被视为一种可替代的非正规手段和关系资本，企业利用寻租建立政治关联能够快速牟取稀缺资源和生产许可，克服市场进入壁垒，尽管寻租行为"非正规"，但其通过政治关联快速解决市场对稀缺资源的分配问题，在一定程度上达到降低市场进入壁垒、提高市场效率的目标（Du and Mickiewicz，2016；余明桂等，2010）。在此过程中，寻租起到了"车轮润滑剂"的作用，反而提高了市场效率并促进了经济增长（刘勇政、冯海波，2011）。此外，一定程度的寻租有利于企业创新。尽管寻租行为增加了企业在替代性保护机制方面的成本支出，但减少了市场机制在限制企业创新中所造成的负面影响（夏后学等，2019）。

对于非自然垄断行业，传统经济学通常基于"垄断抑制竞争"的"常识"主张反垄断的产业政策（Tirole，2015）。相较完全竞争而言，垄断至少在短期内会导致社会福利损失（邓忠奇等，2022）。多数学者把行政垄断视为导致中国行业垄断的主要原因。在中国，政府为垄断行业设置了较高的进入壁垒，因而中国的垄断行业并没有像西方国家的一样经历充分的市场竞争（傅娟，2008）。例如，政策性农业保险的市场准入制度也属于行政垄断的范畴。现有研究普遍认为行政垄断会降低资源配置效率，对经济绩效存在负向影响（张卫国等，2011）。对于企业而言，反垄断政策的实施有助于提高全要素生产率（Buccirossi et al.，2013）。垄断与企业创新行为的关系是市场垄断研究的另一个重点。熊彼特的创新理论认为，市场结构会随着企业规模的扩大而逐渐趋于垄断，同时创新的投入有可能增加。后续研究对熊彼特的假设做出了检验和补充，但可能由于研究对象、数据处理以及计量方法等方面的差异，存在四种不同的经验结论，即垄断强度与创新投入或产出之间呈正相关、负相关、不相关以及倒 U 形关系。例如，Phillips（1966）在控制了企业增加值、技术机会等变量后，发现市场集中度对 R&D 支出强度具有正向影响。而 Blundell 等（1999）指出当不控制行业特征时，市场集中度与创新强度之间呈负相关关系。Scherer（1967）的研究表明，创新投入随着市场垄断水平的提高而增加的现象主要发生在垄断水平相对较低的阶段，一旦超过某一临界值，市场垄断可能不再有利于技术创新。在此基础上，后续研究关注到市场环境对市场垄断水平与创新投入的可能影响。在控制了技术环境因素后，市场集中度对 R&D 支出强度有显著负向影响（Wilson，1977）。

关于农业保险市场竞争的文献大多认为过度竞争会给保险公司带来诸多负面影响，主要表现为逆向选择、成本提升以及不规范经营等问题。政策性农业保险本质上是政府购买国家农业风险管理服务，一旦形成充分竞争，意味着哪家公司向掌握保险资源的政府输出的利益更多，在招投标中胜出的概率就越大（庹国柱，2017）。其中，国内研究主要集中于对比

"弱竞争"与"充分竞争"模式下的农业保险发展速度和业务效率，牛浩和陈盛伟（2019）指出"弱竞争"的市场模式因为更具有业务发展的专注性而更有助于农业保险市场的发展。然而，"弱竞争"并不意味着保险市场无须竞争，而是要将竞争强度控制在一个适度水平（庹国柱，2017）。祝仲坤等（2016）尝试通过二次函数拟合农业保险市场规模扩张的最优竞争强度，但未能得到显著的结果。

三　创新型农业保险产品设计

（一）指数保险

相对于传统农业保险在实际操作过程中的信息不对称、管理费用过高和定损困难等问题，指数保险的好处是显而易见的，包括减少逆向选择问题、降低管理成本、简化定损步骤等（Mahul，1999；Miranda，1991）。美国从 1993 年开始试点农作物单产指数保险，依据是个体农户产量与地区层面重大灾害密切相关，但是地区的平均产量与农户个体行为相关性不强，因此农作物单产指数保险可以同时降低农业保险的道德风险和减少逆向选择问题（Skees，1993；Skees et al.，1997）。尽管现实情况下农作物单产指数保险在美国农业保险体系中的比重逐渐下降，但是由于其数据获得性较高，以单产指数保险为例的方法研究仍然广受欢迎。另外，指数保险的可持续性依赖基差风险（Basis Risk）的大小和其他农业保险保障强度。如果农户的风险与地区平均产量的紧密程度较高其基差风险也较小，指数保险仍然会比传统保险更受欢迎（Deng et al.，2007）。与此同时，Vedenov 和 Barnett（2004）进一步分析了天气指数保险提升效率的前提条件，以此提高天气指数保险的普及率。

对于发展中国家而言，以面积为基础的产量指数保险由于数据统计不完整以及区域层面产量统计滞后，一般难以实施。但是，以气象变量为主的天气指数保险在世界范围内开展了广泛的试点研究（孙香玉等，2016），并为完善农业保险制度提供了一系列的借鉴经验。与产量指数保险一样，天气指数保险同样面临着基差风险的问题。当农户获得的理赔情况与气象站点的记录高度相关时，过高的系统性风险将对保险公司开展此类保险业务产生一定的负面影响。当然，实际操作层面可以通过限制灾害发生的等级来降低基差风险。

（二）收入保险

从各国政府不断推动农业保险制度建设的目的来看，协助农民同时应对农业生产的自然风险造成的产量降低、市场价格下降和稳定农民收入已成为农业保险理论发展的重要方向。因此，收入保险是今后政策性农业保险主要发展方向之一。目前实施收入保险的主要包括美国（1996 年）、加拿大（1991 年）和以英国（1999 年）为代表的欧盟国家（Mahul，1999；Stokes et al.，1997）。收入保险在理论上是可行的（Gray et al.，1995；Hennessy et al.，1997）。相关的研究认为在同样的收入保障水平下，收入保险较其他保险（如产量保险）的实施成本低，这使得美国农民在近 20 年来对农业收入保险的需求井喷式增长。与传统的产量保险类似，合理地估计收入的分布是准确制定保费的前提，Stokes 等（1997）使用资产定价的方式为收入保险的费率厘定提供了数理基础。在实际操作层面，因为农产品产量和市场价格存在密切的关联，利用 Copula 模型将单产分布和价格分布关联的方法被收入保险研究与政府广泛采用（Goodwin and Hungerford，2014）。

（三）农业保险与其他金融产品

一般认为期货和农业保险是风险管理的互相替代方式（Wang et al.，1998）。Mahul（2003）分析了农业保险与期权和期货选择的关系，研究表明，对农民来说期货市场与农业产量保险是互补品，而期货市场与收入保险是可以相互替代的。由于期货市场反映的是价格变化，天气与产量存在负相关的关系，因此期货市场与农业产量保险互补是非常容易理解的。当然，一些实证研究也发现指数保险和小微金融的结合推动了农业指数保险的发展（Hazell and Skees，2006）。因为指数保险可以帮助农户应对持续增大的系统性风险，而信贷市场有助于应对农户个体较小的经营性风险。

第三节　农业保险需求与购买决策

与以上针对农业保险市场的制度供给研究相比，另一类文献主要关注微观层面农户对农业保险需求与购买决策的影响因素。这类研究试图通过梳理影响农户购买农业保险决策的个体特征、社会经济因素探讨农业保险推广的现实基础和障碍。

一　农业保险支付意愿

为了衡量农户对农业保险的潜在需求，相关文献将农业保险的支付意愿（WTP）作为衡量标准，并在方法上进行了大量实证研究。笔者这里不再针对具体地区、不同险种的农户保险支付意愿进行一一归纳，只对农业保险支付意愿研究的方法进行分类。

第一类方法采用了 Contingent Valuation（CV）的问卷方法直接度量农户的农业保险支付意愿。这类方法主要策略是直接询问农民愿意支付多少保费来避免风险造成的损失（如农作物产量的损失）。但是，研究中对情景设定可能存在的随意性往往会导致不能准确地衡量支付意愿。当然，在单一的风险中，例如农作物产量的损失，农户比较容易对损失的价值进行准确估计。

第二类方法主要以农户的效用函数为依据，采用农户数据间接地估计其对农业保险的支付意愿。具体来说，首先建立农户基于消费或者收入的效用函数，然后引入支付意愿的变量使得农户在"购买"和"不购买"保险的决策下效用无差别。对于这种方法来说，相较于获得产量情况或是市场价格的风险情况，估计出农户的风险规避系数更为复杂。因此，应用这种方法的研究数量比较少，如 Hazell 等（1986）和 Fraser（1992）。

第三种方法采用了显示性偏好的思路。这种方法的出发点是认为农户会依据自身的风险规避程度对其所可能面临的风险采取一切风险管理手段，比如多样化经营、储蓄、外出就业等。基于这样的观察，显示性偏好方法试图构建能够全面描述农户决策行为的模型，利用微观农户数据估计他们对保险的真实需求。除了构建模型带来的挑战以外，一般来说获得足够多的农户面板数据需要很大的工作量。目前仅有 Gautam 等（1994）、Sakurai 和 Reardon（1997）、Sarris 等（2006）对非洲的干旱保险进行了应用性的研究。由于这种方法在挖掘农户真实保险需求方面结合了以上依靠真实数据和理论模型等方法的优点，因此估计农户"剩余保险需求"的可靠性较强。

第四类方法主要是直接利用地区层面的保险历史数据估计农业保险需

求的简化模型，目的主要是估计保险需求的价格弹性（Goodwin，1993；Smith and Baquet，1996）。当然，为了能较准确地估计农业保险需求，一般来说此类方法需要控制众多的自然条件、经济因素等外生变量，数据要求往往很难满足。

二 农业保险购买决策

当农业保险产品有市场供给时，农户对农业保险的购买意愿转化为有效需求的过程会受到众多现实因素的影响。大量的实证研究在这一领域对这些可能的影响因素展开了广泛的筛查与验证。20世纪90年代的一系列研究利用县级层面加总数据探讨农户对农业保险的购买行为。为了弥补加总数据在反映农户层面的保险购买行为方面的天然不足，Patrlck（1988）、Coble等（1996）、Smith和Baquet（1996）、Shaik等（2008）开始利用农户层面的面板数据分析农户对保险的购买行为，但这些研究在Von Neumann-Morgenstern效用函数框架下采用实证简化模型的分析方法只考虑了农业经营的相关因素和保险费率水平对农业保险购买行为的影响。Wright和Hewitt（1994）给出了农业保险市场发展不如预期的另一种较为"极端"的解释，即农业保险对于农户来说没有理论上的预期价值，根本原因是当前应用的农业保险分析模型过于抽象，忽视了农户应对风险的其他选项，这些选项包括农户的多样化经营（作物多样化、非农就业）、跨期决策应对风险的方式（包括消费调整、储蓄和投资）等。从农业保险制度推广的角度来说，Wright和Hewitt（1994）认为现有对农业保险需求的研究主要集中在农户对保险价格的反应上，因此这类研究所建议的大规模保费补贴政策势必会造成极大的社会资源浪费。还有部分研究表明，农户受教育时间越长，对保险的认可度也就越高，对保险的需求也相应增加。换句话说，今后农业保险需求的研究方向应该明确农户是否需要农业保险产品，只有在需求真实存在的基础上研究保险价格问题才是有意义的。

考虑到影响农户个体购买行为的复杂性，现有文献逐渐将更多的因素纳入购买行为研究中。农户特征、预期产量、风险规避水平、其他风险管理措施、对政府及保险公司的信任程度、保险的基本条款、保费水平、政府补贴、耕地产权状况，甚至个体产量与总体产量的关联性等都会影响购买保险的决策。

　　针对农户购买保险不足现象，一些研究建议就保险产品的内容开展培训，提升农民对保险的认知水平，进而提高他们保险购买决策水平（Du et al.，2016）。提升认知水平是农业政策推广和执行中至关重要的一环。一方面，为快速有效落实新政策，以讲座、指导为代表的直接政策宣传是提高农户认知水平的首选方式（Guo et al.，2015）。另一方面，对政策的认知还可以通过政策实施中的参与体验及评价获得反馈。但是，从政策体验中获得准确认知往往受到诸多外在因素干扰，例如，行政手段干预与政策适应性问题极有可能出现政策执行偏差，影响政策实施客体对相关措施的正确认识。在中国农村地区，受制于农户受教育程度普遍较低，为实现政策目标，村干部常常不得不采用带有强制性的手段来提升政策的普及程度。

　　同时，在政府每年高额财政投入的背景下，农户对政策性农业保险认知明显不足（孙香玉，2008）。从"农业保险整村代付"、"农户跟随性投保"（冯文丽、苏晓鹏，2020）、"以获取补贴为目的投保"（刘亚洲、钟甫宁，2019）等现象来看，农户对农业保险的认知水平与当前的高参保率并不匹配。但是，农业保险认知是农业保险购买决策的前提（Sherrick et al.，2004a；宁满秀等，2006；程静等，2018）。当然，也有研究表明并非具有高保险认知水平的农户都有较强的参与农业保险的意愿，主要原因是农户在农业保险经历中的满意度较低（晁娜娜、杨汭华，2019）。从这个角度出发，发挥保险认知在提升农业保险需求中的作用也需要同时关注农户保险购买经历，如赔付水平、保费缴纳等。一些研究基于农业风险的分布情况，从保费缴纳及赔付水平的角度为农业保险的合理性提出了调整建议（谢凤杰等，2016）。值得注意的是，根据中国历年农业保险保费收入及赔付情况可知，农业保险赔付水平与保费收入呈现同步上升的趋势，并未反映出历年农业风险的实际波动情况，这也意味着农业保险赔付存在违背保险机制的可能性（冯文丽、苏晓鹏，2020）。类似财产险存在"保险是否姓保"的机制问题一样，农业保险也存在一定的投资属性，而已有研究并未明确阐述农户对保险机制的认知情况。

　　教育是提升政策认知程度及促进政策参与的重要方式（Tripp et al.，2005），但是在评价教育效果时常常会面临自选择偏误的问题（Greenstone and Gayer，2009）。具体来说，政策推广的试点区域通常会选择在发展程度较高的农村地区，同时，规模农户与村干部也更有可能被选中参与农业教育培训（Guo et al.，2015）。除此之外，即使控制了与认知相关的因素，观察到的差异也可能来自教育中非随机的地理因素（Angrist and Keueger，1991）。为了解决上述问题，相关研究采用了随机干预实验来识别外部宣传教育对认知的影响，如在儿童教育、疾病认知等领域（Yamaguchi et al.，2011）；而中国农村地区也先后开展了一系列有关农业技术教育的随机干预实验，以验证宣传教育在提升农户认知方面的有效性。在农业保险研究领域，Cai 等（2015b）通过有关教育的随机干预实验，证实了宣传教育及社交网络在天气指数农业保险普及初期对认知具有提升作用。

虽然当前对农业保险需求实证研究的二元选择模型有助于理解具体一系列外在因素对农业保险购买的影响程度，但鲜有预测农业保险真实需求方面的应用，而这却是当前研究农业保险需求必须回答的问题。尤其当农户可以采用自保险（self-insurance）的一些策略来应对农业风险时，农业保险的必要性就需要从整体上重新考虑（Mosnier，2015）。也就是说，农业保险需求如果不能纳入农户的贷款、储蓄、多样化经营、非农就业以及政府其他救济行为的系统影响，极有可能会高估农户对农业保险的需求。与此同时，农户倾向于低估极端气候带来的灾害（Kahneman and Tversky，1979；Kunreuther，1996），这会进一步降低他们对农业保险的购买意愿。

三 农业保险需求分析的局限

以上关于农户对农业保险需求的研究一般从保险的经典假设出发，认为农业保险可以提高农户预期效用，但是，大量农业保险失败的案例提醒理论研究者可能存在不满足经典假设的现实情况。例如，Du 和 Mickiewicz（2016）的研究发现部分农民倾向购买少量保险，他们给出的解释是农民面临预算约束而限制了购买意愿。Braun 和 Muermann（2004）的研究也发现保险需求往往和农户个体理论上最优水平存在一定差距，他们认为农户购买保险后由于没有发生损失所带来的"后悔"情绪引起了保险购买行为偏差。当然，一些农户也可能会过度购买农业保险。Goodwin 和 Hungerford（2014）、Sherrick 等（2004a）发现，信贷占资产比重高的农户由于财务风险的增加也会增加购买农业保险的可能性。Smith 和 Baquet（1996）同样发现，贷款较多的农户由于有着极度厌恶风险的偏好而倾向购买更多的农业保险。另外，逆向选择也可能直接影响农民对农业保险的需求。Goodwin 和 Smith（2013）的研究表明，在风险较大的地区农业保险需求弹性小于风险较小地区。

同时，农户的流动性约束可能也是制约农业保险购买的一个重要潜在制度性因素，已有研究已从正规金融系统及非正规金融渠道等供给端受限角度分析了农户信贷配给问题。对于发展中国家来说，基于农户潜在的农业保险需求，信贷约束是农户不能将意愿转变成需求的重要原因（Binswanger-Mkhize，2012），它与农业保险赔付不确定性因素的相互交织，也在一定程度上削弱了农户的支付意愿（万广华等，2003）。Giné 等（2007）、Liu 和 Myers（2016）发现，流动性约束对印度和中国农户的农业保险需求有显著的抑制作用。尽管 Liu 和 Myers（2016）在仅仅考虑农业生产的前提下进一步提出通过延迟保费缴付的替代措施来缓解该约束对农业保险产生的负面影响，但该建议在现实生产生活中缺乏可行性，因为农民面对的流动性约束的来源可能远比理论上更难以被充分观察到。当然，这些研究是基于一个农户只进行当期决策情景下的分析。如果考虑跨期决策的现实情况，信贷约束对保险购买行为的制约作用可能更强，因为当流动性资产用于未来消费时，其后果是购买农业保险的机会成本更加高昂。然而，尚未有一个系统的理论模型对此动态决策过程进行探讨（Giné et al.，2007）。即使在美国这样信贷市场高度发达的国家，Du 和 Mickiewicz（2016）发现农户对保费总支出规模的敏感性比保险自身能带来的风险降低幅度更高，这表现为农户通常不会选择保费高并且补贴水平也高的保险产品。同时，随着需要支付的保费总额增加，农户购买保险的意愿也在减弱，因为农户购买农业保险可能是基于获得更高的补贴，而不是自身对农业保险的了解程度和真实定位（Makki and Somwaru，1999）。另一种相反的观点认为，流动性资产越多或者信贷成本越低，抵御风险的能力就越强，农业保险的需求就越少（Bardsley et al.，1984）。然而，这个结论存在一定的前提条件，即他们的研究假设信贷成本与风险无关，而现实状况中信贷仅仅是保险机制的替代品，不能完全反映现实中流动性与风险的相关性特征以及流动性与保费支付的关系，比如风险较大时信贷成本也会快速上升。

综上所述，因为影响农户对农业保险需求的因素众多，农业保险政策制定部门如果仅仅关注保费是否足够低或者补贴强度是否足够高显然是不够的。换句话说，当前理论研究只提供了一些可能影响农业保险需求的潜在因素，并未对这些影响因素进行叠加分析，这也使得相关的探索无法判断农业保险的真实需求，哪怕是逼近市场潜力可能性的估计都尚未被提上日程。然而，从政策制定者角度来说，探索这方面的答案却是农业保险政策可持续发展的先决条件。

第四节　农业保险对农业生产的影响

从农户具有理性行为的假设出发，保险产品供给会改变农户在农业生产过程中的决策行为。因此，近 30 年来不断有文献讨论农业保险对农户行为的影响，例如保险以及保险补贴是否促进了农户种植风险更高的农作物等。

Nelson 和 Loehman（1987）通过理论分析认为只有在极端的单一风险增加型要素用于单一产出的情况下，保险才会促进农作物产出增加。但是，如果存在多种投入和多种产出的情况下，尤其是在部分生产要素是风险降低型的前提下，农业保险的投入不一定会增加总产出。当然，后续的一系列实证研究也发现农业保险确实会改变农户的生产决策（付小鹏、梁平，2017）。但是，这些研究大多沿着农业保险改变农业生产结构的思路进行。Wu 和 Adams（2001）发现保险可以影响农作物种植结构，但只有当产量增加带来的收益大于农户需要承担的风险和投入要素增加的最低成本时，某一农作物的种植面积才会发生变化。加拿大农业收入保险促使农户种植风险更高的农作物，并且相应的农业投入结构也发生了变化。Babcock 和 Hennessy（1996）发现收入保险可能会引起道德风险，尽管在保险覆盖率低于 80% 时，农民不太可能改变生产的要素投入水平，但是他们又可能倾向种植风险更高的农作物，从而引起道德风险。

这些生产结构改变一方面加剧了逆向选择程度，另一方面也对生态环境造成了影响。一些研究实证检验了农业保险对化学要素投入使用强度的影响（Horowitz and Lichtenberg，1993；Miranowski et al.，1974）。Horowitz 和 Lichtenberg（1993）的研究发现，购买农业保险会显著促进农民使用更多的化肥、农药和除草剂。当然，他们的结论前提是认为化肥和农药是风险增加型的生产要素。与之相反，Goodwin 和 Smith（1996）、Goodwin（2001）以及钟甫宁等（2007）的研究发现参加保险的农户会显著减少化学要素的投入量。

与此同时，潜在的生产扭曲效应也伴随着政府对农业保险的补贴增加而产生。Babcock 和 Hart（2005）、Du 等（2016）的研究表明，政府对农业保险补贴会显著提高农民购买特定保障水平的农业保险。当然，产生这种结果的主要动机是获得最大化的收益，这显然与农业保险"规避风险"的初衷相违背（Babcock and Hart，2005；Just et al.，1999）。农户为了达到收益最大化的目的，就会改变其生产的决策。Yu 等（2017）的实证研究发现政府对农业保险补贴除了增加农业生产的预期收益以外，还在一定程度上促使农民选择保障率更高的险种，这也就意味着农户可能会兼顾较高的补贴收入和农业生产收入波动。

第五节　新技术在农业保险中应用的可能性

一　遥感技术的应用

（一）遥感技术在农业中的应用

农业是遥感技术最先投入应用并且收益显著的领域。据美国联邦统计局统计，农业遥感的收益占卫星遥感应用总收益的70%。遥感有助于及时准确地提供农业部门的情况，因为它能以较高的重访频率在大面积地区收集信息（Atzberger，2013）。遥感是及时监测、用高回访频率和高精度准确描绘农业部门的重要工具。以遥感为代表的地理信息系统在农业活动的评估和管理中发挥着重要作用。这些技术在农业领域有多种应用，如作物种植面积估算、作物生长监测、土壤水分估算、土壤肥力评估、作物压力检测、病虫害检测、干旱和洪水状况监测、产量估算、天气预测、精准农业，以维持农业系统的可持续性和促进国家经济增长（Shanmugapriya et al.，2019）。合成孔径雷达（SAR）是监测作物和其他农业目标的一种有效且重要的技术，突出优势是它的数据质量不受天气条件的影响（Liu et al.，2019）。用于农业的 SAR 功能可分为三大类：作物识别和作物种植面积统计、作物和农田参数提取以及作物产量估计。Liu 等（2019）认为 SAR 遥感具有巨大的潜力，将在农业遥感的各个领域发挥更加重要的作用。

遥感技术在农业领域的应用具体包括以下方面。（1）作物长势监测。绿色植物对光谱的反射特性反映了作物当前阶段的生长信息与生长状况，从而能够实现对作物长势的监测。（2）作物产量预测。通过历史数据建立模型，并利用模型在收割季前预测作物的单产或总产。（3）自然灾害监测。利用遥感技术建立灾害监测网络，实现灾前预警、灾中跟踪和灾后评估。（4）精准农业。这是信息技术与农业生产全面结合的一种新型农业。土壤肥力和作物生长状况存在空间差异，结合信息技术对耕地和作物长势进行诊断，充分了解大田生产力的空间变化，以平衡地力、提高产量为目标，实施精准田间管理，科学调节对农作物的投入，提高各类农业资源的利用效率，进一步实现改善环境的可持续发展目标（Liaghat and Balasundram，2010；Sishodia et al.，2020）。

（二）遥感在产量预测中的应用

粮食产量预测作为保证粮食安全的重要环节绝对不容忽视（洪昕，2019）。遥感技术的快速发展为实现大规模的作物产量估测提供了快速、精确的方法。遥感技术对产量预测主要有两种模式，一种是回归方法，另一种是机器学习方法（Fortin et al.，2011；Kaul et al.，2005）。

回归方法是建立产量与自然因素和人为因素的模型，自然因素包括气候、土壤条件、地形、病害等，人为因素包括灌溉和施肥管理等经济活动。其中一些因素可以由地区层面的遥感数据获得（Yuan et al.，2020）。一些研究指出通过运用遥感植被指数和一些其他因素，神经网络模型被证明优于传统的线性回归模型（Fortin et al.，2011；Kaul et al.，2005）。最常用的植被指数是归一化植被指数（NDVI）。Salazar 等（2017）将遥感数据应用于美国堪萨斯州冬小麦的产量预测，选用条件植被指数（Vegetation Condition Index，VCI）和条件温度指数（Temperature Condition Index，TCI）进行回归预测，误差小于 8%。Donohue 等（2018）提出 C-Crop 模型，它可以在本地校准并应用于样本地区小麦和油菜的产量预测，但是这类模型的应用受到品种的影响较大，需要进行本地校准后才能用于特定地区作物的产量预测。黄健熙等（2016）选择河北、河南、山东 3 省作为研究区，对冬小麦抽穗期 NDVI 峰值与单产进行回归分析并建立冬小麦产量预测模型，模型的平均估产误差约为 7.5%。洪雪（2017）建立了水稻产量与不同生育期的 NDVI 的回归模型，发现水稻分蘖期和抽穗期的拟合优度最高，由此得出水稻最佳估产时期是分蘖期和抽穗期。

机器学习方法中运用的模型为作物生长模型。作物生长模型能够实现单点尺度上作物生长发育的动态模拟，利用数据同化技术把遥感反演参数信息融入作物机理过程，可为作物长势以及产量变化提供内在机理解释。Pantazi 等（2016）基于多层土壤数据和遥感作物生长特征预测小麦的产量差异，并测试比较了三种神经网络（NN）模型，分别是对向传播 ANN、SKN 和 XY 聚变网络，结果表明 SKN 在三种神经网络模型中表现最优。You 等（2017）在深度学习中引入高斯过程（Gaussian Process）优化数据时空结构，从而提高精确度，结论表明该方法在预测美国县级的大豆产量时优于其他方法。Wang 等（2018）在 You 等（2017）的基础上开发了一个迁移学习的模型，利用阿根廷的遥感数据对模型校准，首先预测阿根廷的大豆产量，并以此校准的模型预测巴西的大豆产量，该方法的创新性在于提出将模型在数据完备的地区校准，然后应用于数据不完备的地区，避免了数据缺乏不能对模型校准的难题。

（三）遥感在农业保险中的应用

关于遥感技术在保险行业中应用的研究，最早是发端于 Towery（1980），他讨论了遥感技术应用于农作物冰雹灾害评估的可能性。一些文献也提出了遥感技术可应用于各类灾害评估，如火灾（Smith，2013）、冰雹（Young et al.，2004）、涝灾（Rojas et al.，2011）。通过建立一些遥感指数与农作物产量之间的模型，可以对农作物产量进行预测，从而服务于农业保险的定损、理赔环节。该应用有三点优势：第一，可以降低人工实地查勘定损的成本；第二，定损速度快，理赔及时；第三，可以减少道德风险问题。

中国保险学界对遥感技术的应用研究总体数量不多，这反映了遥感技术在中国保险业务应用中仍处于起步阶段（吴波等，2020）。遥感技术在农业保险行业的应用潜力与实际应用情况之间存在一定的差异（De Leeuw et al.，2014；张小东，2020）。这可能是因为遥感技术在保险应用中存在各种问题，结合国内外文献，笔者将遥感技术现存的问题归纳为以下三点。

第一，历史数据的缺失或不足。历史数据包括遥感数据和实测产量数据。模型的训练需要大量的历史数据，历史数据缺失或不足都会影响模型的准确性。Carter 等（2017）认为建立指数与产量之间的关系至少需要 15 年的历史数据，在多数发展中国家或地区，该问题尤为突出。

第二，遥感数据的质量问题。在分辨率问题上，Smith 等（2005）认为中分辨率成像光谱仪（MERIS）数据无法准确估测作物受灾面积。Peters 等（2000）认为，5 米分辨率的图像足够用来评估作物受冰雹灾害影响的程度。此外，卫星遥感数据会受传感器、卫星位置和运行状态、卫星观测角、地表起伏、云层覆盖情况、水汽含量、气溶胶含量、太阳高度角等因素影响（于信芳等，2014）。其中，云层覆盖是干扰卫星遥感信号最主要的因素，尤其是雨季浓厚的云层覆盖增加了产量预测的困难（Whitcraft et al.，2015）。此外，由于卫星传感器具有高海拔和短暴露时间的特征，从卫星传感器获得的原始数据通常包含大量测量噪声，如雾霾，这进一步降低了传感器的信噪比（Atzberger and Eilers，2011）。上述问题都会影响遥感数据的质量，使其可靠性降低。

第三，模型的准确性与迁移性问题。现有的大部分模型利用一些遥感指数来与产量之间建立关系，如降水指数或植被指数（Yuan et al.，2020）。然而，这些指数在实际应用中也存在问题，它们和产量相关的程度会受到空间和时间的影响。例如，植被指数在湿润地区的预测表现优于气象变量（Makaudze and Miranda，2010），而在干旱地区植被指数的预测表现则不如降水、土壤湿度等变量（Bolton and Friedl，2013）。因此，结合不同来源的遥感数据能提高产量预测的精度。Turvey 和 Mclaurin（2012）认为 NDVI 与作物产量之间的关系具有高度变异性和地区特异性，因此，将 NDVI 运用于测算产量时需要在特定地区校准。即使确定了选取何种指数，建立指数与产量之间的关系仍需要该地区历史数据的校验支持。Wang 等（2018）设计了一个迁移学习的模型，利用阿根廷的历史数据对模型训练，并将此模型用以预测巴西的大豆产量，该应用虽然为缺少历史数据的地区提供了创新的方法，却也不可避免地带来新的误差，考虑到农业保险的应用，这种误差将会影响保险公司和农户的利益。此外，常规的产量预测模型通常只适用于天气状况良好的情形，当发生灾害时，常规的产量预测模型往往很难适用（李朋磊等，2021）。这个问题与农业保险应用尤其相关，因为农业保险需要保障的就是极端天气状况下生产者的风险。

二　ENSO 信息的应用可能性

ENSO 循环是全球性的异常气候现象，它通过影响大气环流和水分输送来影响全球的气温和降水。通常情形下，ENSO 循环可分为"厄尔尼诺"、"拉尼娜"和"正常"三种气候模式。其中，厄尔尼诺和拉尼娜分别是 ENSO 循环处于暖位相和冷位相时的异常状态（李晓燕、翟盘茂，2000）。从全球总体范围来看，厄尔尼诺年全球气温偏高，陆地年平均降水量减少；拉尼娜年则相反（Tsonis et al.，2005；龚道溢、王绍武，1999）。我国厄尔尼诺年大部分地区冬春两季气温偏高，夏秋两季气温偏低，降水量也偏少（高辉、王永光，2007；许武成等，2005；郑冬晓、杨晓光，2014）。由于农业产出对气候的依赖性很强，ENSO 循环强化了农业产出的不确定性。Iizumi 等（2014）研究得出，厄尔尼诺年，全球水稻、小麦和玉米以减产为主，而大豆平均增产 2.1% ~ 5.4%；拉尼娜年，水稻、小麦、玉米和大豆的产量均低于正常年。厄尔尼诺对我国水稻的影响与当地灌溉条件有关：厄尔尼诺年夏季降水量减少，当水稻生长季水分需求得不到满足时产量降低。当水分充足时，日照时数越长，越有利于水稻进行光合作用，从而会增加水稻的产量（Zhang et al.，2008）。

目前，将 ENSO 的预测信息运用到费率厘定和农户购买决策中的研究仅限于美国农业保险市场，国内相关研究尚处于空白。Nadolnyak 等（2008）用非参数估计方法拟合了不同 ENSO 模式下的单产分布，并分别计算了相应的公平费率，结果表明使用 ENSO 信息调整的费率增加了生产者的确定性等价收入。Tack 和 Ubilava（2015）则从保险公司视角探讨 ENSO 信息对于保险赔付的影响，研究发现运营公司可以利用 ENSO 信息与政府博弈并降低 10% ~ 15% 的赔付水平。尽管现有文献已对 ENSO 与农业保险的相关关系做了初步探究，但在费率估计方面仍存在较大误差。费率制定的关键在于单产分布的估计，而分布估计的误差极大地依赖样本量的大小。目前学界使用较多的非参数估计方法依附大样本的假设，但是在常规费率制定过程中却无法满足大样本的条件，可能造成较大的费率估计误差。

第六节　世界农业保险理论研究对中国的启示

与我国农业保险实践快速发展相比，相对滞后的农业保险理论研究既不能对过去的经验、教训进行总结推广，又不能为今后农业保险发展提供可行的解决方案。进一步来说，没有基于我国国情的农业保险理论发展，相关研究势必会陷入"在保险财政支持资金惠农效果不佳的现状下又不断要求增加农业保险支持"的困境。具体来说，中国农业保险的理论研究可以着重聚焦以下几个方面问题。

第一，积极推进适合国情的农业保险理论发展。我国农村社会结构、市场经济环境以及农户特征与欧美发达国家存在巨大差别，在这些国家形成的理论未必能适应我的现实状况。例如，依然以小农为主的农村社会对农业保险需求不足、极高的定损成本都极有可能减弱农业保险实施的可行性。如何将这些农业保险发展的外部刚性约束纳入农业保险经典理论，是我国农业经济学者亟须完成的工作。

第二，以提供农业保险实践的解决方案为目标，重视保险产品设计的理论研究。与之形成鲜明对比的是，国外理论界对农业保险产品的理论依据做了长达30年的充分研究，从保险产品理论依据以及费率厘定优化等方面都做了长期的知识储备。尽管我国农业保险规模在不断扩大，但无论是产品的种类还是产品的设计都显著落后于发达国家，远远不能满足现实的需要，更不能为保险的发展提供智力支持。积极探索农业保险市场产品的开发，满足当前市场需求是拓展农业保险的重要推动力。

第三，强调理论与实际的结合，解决农业保险理论与实践脱节的问题。当前农业保险研究领域呈现的趋势是强调对保险市场的调查研究，忽视理论升华，这些研究热衷于通过调查数据提取几个影响农业保险购买行为的核心因素。因为农户决策是极其复杂的行为，作为指导保险实际工作的理论研究，如果仅止于此显然会以偏概全。换句话说，建立能够反映中国农户保险决策机制的理论需要将当前的简化模型还原到更加接近现实的决策系统性分析思路上，否则学术研究将不能指导未来的保险产业发展。

　　第四，农业保险研究需要关注新的市场需求，利用新的技术方法进行科学研究。近年来涌现的农业新型经营主体对农业保险市场来说是新的需求增长点。尽管一些研究已经开始关注这些新的变化（王洪波，2016），但是目前的理论界仍需要甄别相对应的保险市场供给机制变化，而不仅仅是实证的数量关系。同时，面对日新月异的新科技，如无人机、大数据技术、精确的气象记录以及实验经济学的方法，如何将这些新的技术和研究方法结合，并探索农业保险理论研究是亟待填补的空白，也是理论发展的重要推进方向。

　　第五，明确农业保险制度与其他农业支持政策的边界。过去的20多年里，以美国为主导的西方发达国家的保险制度发展有效地帮助农民应对了种种风险，稳定了农民收入。笔者认为，稳定农民收入是保险制度存在的根本目的，但前提是需要遵守基本的保险原则。在政府不断强化农业支持政策的背景下，国内的一些研究观察到这样的现象后比较激进地提出了直接以保险赔付触发条件为前提的转移支付方式来支持农业。但是，这样的建议并不能从根本上解决当前农业保险的主要问题。首先，以保险赔付为触发条件的转移支付同样面临定损成本高昂的问题，也不能解决逆向选择、道德风险以及基差风险等问题，因为农民可以积极调整策略来提高最大化"风险"带来的预期"收益"。即使通过指数保险的形式，农民也可以通过主动缴费的方式获得保险收益。其次，政府一味追求节约成本，可能会牺牲保险市场对需求的发现功能和风险应对效率，尤其是随着新型经营主体的涌现农业保险需求增加，市场的作用仍是不可忽视的。最后，农业保险政策不能不顾及保险的基本原则而"异化"为收入支持，否则直接采用收入补贴会更加有效。归根到底，农业保险最终目的是应对风险造成的收入波动，而不是增加农民收入，毕竟"收入效应"不能等同于"收入补贴"。在农业支持政策体系中，每项政策都需要按照理论机制实现支农目的，既不能"缺位"也不能"越位"。

第二篇

农业保险需求研究

第五章　信贷约束与农业保险需求

全球自然灾害频率、强度和复杂性的日益提高已成为干扰农业稳定生产的重要挑战。在应对自然风险时，从风险管理经典理论和发达国家实践来看，农业保险具有稳定农民收入、提升社会福利和缓解农村贫困的重要作用。本章将从我国农村地区的信贷约束因素角度出发，分析它对农户农业保险需求的影响。

第一节　信贷约束与农业保险需求分析

自 2012 年以来，我国通过政策引导和增加补贴的形式推动农业保险快速发展。作为农业保险的具体管理者，基层组织为实现政策目标不得不采用"保费整村代付"和"规模户强制投保"的方式来提高农业保险参保率，而这种农户非主动参与的购买行为无疑会高估他们的真实意愿。从某种程度上来说，目前农业保险发展呈现的良好势态多半是由于"高额补贴"的政策拉动以及"半强制投保"的管理方式（庹国柱，2018；张跃华等，2016）。除此之外，近些年政府将农业保险深度与密度纳入农险管理部门考核，这造成农业保险购买行为更加扭曲，也进一步给探寻农户真实保险需求造成了更深层次的障碍。因此，从政府深度介入的农业保险市场中，识别和把握农业保险的真实需求水平，不仅仅是学术上的难题，也是未来激发农业保险有效需求从而优化农业保险产品与制度设计的前提，更是保障农业保险高质量发展的先决条件。

中国农业保险的发展一直存在需求不足的问题。不少研究也从多个角度阐述了我国农业保险需求不足的问题（郭军等，2019；张跃华、顾海英，2004），但往往出于模型设定的考虑，过度抽象我国农户农业保险购买决策的真实过程，导致对农业保险真实需求评判的偏误。结合中国农村普遍存在的信贷约束背景来看，以来自正规渠道的信贷可得性为例，仅有不到 30% 的农户能从正规金融渠道获得贷款。从需求角度来看，超过 40% 的存在金融需求的农户受到不同程度的信贷约束（参见《中国"三农"互联网金融发展报告（2016）》）。从农户现实决策来看，农业保险购买行为是农户综合考虑农业生产、就业和保费补贴强度以福利最大化为目标进行的跨期决策结果，而农户在面临子女教育、医疗、养老压力和非农就业选择等诸多挑战与低收入的矛盾时，极有可能存在不同程度的流动性约束问题。考虑到农村非正规借贷额度有限、金融市场发育相对滞后的现实背景，农户面临的流动性约束会进一步转换成信贷约束，从而降低其对农业保险的购买意愿。因此，忽视农户资金受限有可能导致对农业保险需求的高估。基于此，重新审视农业保险需求水平将为我国农业保险发展提供更为客观的判断，倘若忽视既有的现实情况以及制度障碍，一味追随经典农业保险的研究路径来分析中国农业保险现实问题很可能事倍功半。

本章选择河南、河北两个农业大省，立足农户决策面临的现实场景，将农作物产量作为保险标的①，通过构建信贷约束条件下的农户跨期决策模型，以天气指数保险为例，测度农业保险的真实需求水平。本章可能的边际贡献主要体现在以下几个方面：第一，拓展过度抽象的保险需求分析框架，将研究重点延伸到真实的农户跨期决策视角，为分析农户购买农业保险决策提供了理论依据；第二，首次测度了我国农户对农业保险的真实需求水平，并且提供了农村信贷约束显著抑制我国农业保险有效需求的证据；第三，通过对比补贴前后农业保险需求的差异，率先评估了现有保费补贴政策的实际效果。

第二节　理论模型

一　信贷约束下的农户决策

本章拓展了 Sakurai 和 Reardon（1997）的农户风险管理决策分析架

---

① 正如国际上较为成熟的农业保险计划中绝大多数以农产品产量作为保险标的一样，产量风险相较于价格风险更具有可保性，主要原因是价格风险表现出具有近乎完全的系统性特征。

构，探讨了信贷约束对农业保险需求的影响。理论上，只有农业保险可以提高农户福利时，购买行为才会发生。因此，构建一个能够刻画没有农业保险状态下的农户生产决策基准模型，并且提供相应的最优化条件是本章农业保险购买行为理论分析的前提。为方便起见，在资源禀赋和信贷约束下，没有农业保险可供选择的农户以最大化多期效用为目标，决策过程可用以下模型描述：

$$\max_{J_{i,u}} \sum_{t=0}^{T} \delta^t U(C_t, L_t) \tag{5-1}$$

$$\text{s. t.} \begin{cases} N_t + L_t^h \equiv L_t + L_t^f + L_t^o & (5-2) \\ W_t + a L_t^o = C_t + K_t + a L_t^h + S_t & (5-3) \\ Y_t = F(L_t^f, K_t, D_t, R_t; X_t, P_t) & (5-4) \\ W_{t+1} = (1+r)S_t + Y_t + M_{t+1} & (5-5) \\ S_t > s & (5-6) \end{cases}$$

其中，目标函数（5-1）中 $U(C_t, L_t)$ 表示农户在 $t=0,1,\cdots,T$ 期消费 C_t 和闲暇 L_t 获得的效用，δ 是贴现因子，T 是农户决策时考虑的时期长度，效用函数 $U(\cdot)$ 满足对 C_t 和 L_t 单调递增的凹函数基本假定。

式（5-2）~式（5-6）分别列出了农户在效用最大化过程中面临的约束条件。式（5-2）是农户面临的劳动力约束，其中，农户第 t 期的劳动力禀赋总量为 N_t，来自劳动力市场的劳动力为 L_t^h。这些劳动力主要用于闲暇 L_t、农业生产劳动力投入 L_t^f 和非农就业 L_t^o。式（5-3）是农户面临的预算约束：假定农户在时期 t 的资产为 W_t，并通过非农就业获得收入 $a L_t^o$，其中劳动力市场价格为 a。主要支出用于消费 C_t、农业生产资本投入 K_t、雇佣劳动力支出 $a L_t^h$，以及 S_t（$S_t > 0$ 表示储蓄，$S_t < 0$ 则表示借贷）。式（5-4）中的 Y_t 表示在给定农作物市场价格 P_t 和家庭特征 X_t 的前提下农户第 t 年的农业产出水平，它受到降水量 R_t、生产投入要素劳动力 L_t^f 和资金 K_t、种植多样性 D_t 的影响。需要指出的是，现有研究表明种植多样性 D_t 不仅可以影响农业产出水平，还可作为有限的风险管理工具（Hazell, 1992）。式（5-5）中的 W_{t+1} 为农户 $t+1$ 期的资产状况，来源于第 t 年的存款本息 $(1+r)S_t$、第 t 年的农业产出 Y_t 以及当期接收的转移支付 M_{t+1}，如农业地力补贴、贫困救济金等。式（5-6）表示农户面临的信

贷约束，其中 s 为农户最多可以获得的贷款金额。根据以上 S_t 的定义，当农户借贷时，S_t 是负值，因此技术上需要设定 $s \leqslant 0$。具体来说，当 $s = 0$ 时，农户无法获得信贷；当 $s = -\infty$ 时，农户没有任何信贷约束；当 $s < 0$ 时，农户可以借贷的最大额度为 $|s|$。需要强调的是，加入此信贷约束条件是对 Sakurai 和 Reardon（1997）模型在发展中国家面对不完善信贷市场的重要改进。

进一步来说，以上农户最优化理论模型可以转换成 Bellman 方程：

$$V_t(W_t) = \max_{J_{UR}} U(C_t, L_t) + \delta \int_{-\infty}^{+\infty} V_{t+1}(W_{t+1}) f(R) \mathrm{d}R \qquad (5-7)$$

其中，$V_t(W_t)$ 是在初始资产 W_t 下实现的最大效用，$V(\cdot)$ 是关于 W 的单调递增凹函数。从本质上说，$V_t(W_t)$ 等于未来所有 T 时期效用的贴现值加总，$f(R)$ 是某主要气象条件的密度函数。将约束条件式（5-2）~式（5-6）代入 Bellman 方程，农户效用最大化决策的变量向量包括 $J_{UR} = (L_t^f, K_t, D_t, L_t^h, L_t^o, S_t)$。因此，式（5-7）可以写成：

$$V_t(W_t) = \max_{J_{UR}} U\big[(W_t + a L_t^o - K_t - a L_t^h - S_t), (N_t + L_t^h - L_t^f - L_t^o) \big] +$$
$$\delta \int_{-\infty}^{+\infty} V_{t+1} \big[(1+r) S_t + Y_t + M_{t+1} \big] f(R) \mathrm{d}R \qquad (5-8)$$

在没有农业保险的情况下，求解 J_{UR} 每个决策变量的最优解并得到没有农业保险可供选择下的均衡，本章借用 Sakurai 和 Reardon（1997）的定义，称之为"自我保险下的均衡"，我们将农户效用最大化满足的一阶条件置于本章附录 1 中。[①]

当农业保险进入决策选项时，农户首先需要权衡购买保险前后的收益变化再做出购买的决定。因此，需要对以上无保险可供选择的场景进行适当的调整。在有保险可供选择的情况下，农户的预算约束为：

$$W_t + a L_t^o = C_t + K_t + a L_t^h + S_t + \rho I_t \qquad (5-9)$$

相较于式（5-3），用于购买农业保险的保费支出为 ρI_t。其中，ρ 是保险赔付水平 I_t 对应的保险费率，这里假定保险期望损失为零。与此同时，

---

① 为节约篇幅，本章将理论最优解的求解过程进行省略，其中包含"没有农业保险可供选择自我保险下的均衡"以及"有农业保险可供选择自我保险下的均衡"，如有需要可进行索要，相应的均衡条件请参见本章附录 1 和附录 2。

农户 $t+1$ 期的资产式（5-5）需要用以下两式替代：

$$W_{t+1}^{g} = (1+r) S_{t} + Y_{t} + M_{t+1} \tag{5-10}$$

$$W_{t+1}^{b} = (1+r) S_{t} + Y_{t} + M_{t+1} + I_{t} \tag{5-11}$$

其中，式（5-10）和式（5-11）分别表示农户在 $t+1$ 期"正常年份（g）"和"受灾年份（b）"条件下的资产构成。此外，将 R^{*} 设定为保证正常产量需要的最低降水量，当 $R_{t} < R^{*}$ 时认为面临旱灾，反之则认为正常年份。当然，为了简化模型设定，本章未考虑涝灾的影响。农户在正常年份的资产是 W_{t+1}^{g}；在干旱年份，农户的资产 W_{t+1}^{b} 相较于正常年份会得到保险赔付 I_{t}。因此，农业保险可供选择时的农户跨期决策模型由式（5-1）、式（5-2）、式（5-4）、式（5-6）、式（5-9）、式（5-10）、式（5-11）构成。类似地，购买农业保险后农户效用最大化决策的变量向量包括 $J_{R} = (\tilde{L}_{t}^{f}, \tilde{K}_{t}, \tilde{D}_{t}, \tilde{L}_{t}^{h}, \tilde{L}_{t}^{o}, \tilde{S}_{t}, I_{t})$，农户决策依据的最大化效用函数可以写成：

$$V_{t}(W_{t}) = \max_{J_{R}} U\left[(W_{t} + a \tilde{L}_{t}^{o} - \tilde{K}_{t} - a \tilde{L}_{t}^{h} - \tilde{S}_{t} - \rho I_{t}), (N_{t} + \tilde{L}_{t}^{h} - \tilde{L}_{t}^{f} - \tilde{L}_{t}^{o}) \right] +$$
$$\delta \int_{-\infty}^{R^{*}} V_{t+1}\left[(1+r) \tilde{S}_{t} + \tilde{Y}_{t} + \tilde{M}_{t+1} + I_{t} \right] f^{b}(R) \mathrm{d}R +$$
$$\delta \int_{R^{*}}^{+\infty} V_{t+1}\left[(1+r) \tilde{S}_{t} + \tilde{Y}_{t} + \tilde{M}_{t+1} \right] f^{g}(R) \mathrm{d}R \tag{5-12}$$

相较于无保险选项时，购买农业保险均衡解集 J_{R} 中包含赔付水平（I_{t}）的最优解，并满足：

$$- \rho \frac{\partial U}{\partial C_{t}} + \delta \int_{-\infty}^{R^{*}} \frac{\partial V_{t+1}(\tilde{W}_{t+1}^{b})}{\partial W_{t+1}} f^{b}(R) \mathrm{d}R = 0 \tag{5-13}$$

式（5-13）表示受灾情况下，最优的保费支出满足未来消费的贴现值等于用保险费率调整过的当期消费边际效用。对于农户是否购买农业保险决策而言，在本章附录1求解的自我保险均衡解集 J_{UR} 下，式（5-13）左侧两项的相对大小存在如下两种可能性：

$$\begin{cases} I_{t} > 0 & \text{当 } \delta \int_{-\infty}^{R^{*}} \dfrac{\partial V_{t+1}(W_{t+1}^{b})}{\partial W_{t+1}} f^{b}(R) \mathrm{d}R > \rho \dfrac{\partial U}{\partial C_{t}} \\[4mm] I_{t} = 0 & \text{当 } \delta \int_{-\infty}^{R^{*}} \dfrac{\partial V_{t+1}(W_{t+1}^{b})}{\partial W_{t+1}} f^{b}(R) \mathrm{d}R \leqslant \rho \dfrac{\partial U}{\partial C_{t}} \end{cases} \tag{5-14}$$

换句话说，受灾后保险赔付的贴现值比缴纳保费对消费的负面影响边际上更大，那么农户就应该购买农业保险；反之则不需要购买农业保险。除此之外，购买农业保险均衡解集 J_R 中各变量的均衡条件在本章附录 2 中进行详细介绍。

二 农业保险需求判断

根据本章附录 2，农业保险的实际需求根据自我保险均衡解集 J_{UR} 和农业保险均衡解集 J_R 进行计算，在保险费率 ρ 外生的前提下，事实上我国农业保险保费由多责任主体共同研究"商定"，并无科学机制（庹国柱、朱俊生，2014），进一步简化后得到信贷约束下农户农业保险需求存在的必要条件[①]：

$$
\frac{\dfrac{1}{1+r} \cdot \dfrac{\displaystyle\int_{-\infty}^{R^*} \dfrac{\partial V_{t+1}(W_{t+1}^b)}{\partial W_{t+1}} f^b(R)\mathrm{d}R}{\displaystyle\int_{R^*}^{+\infty} \dfrac{\partial V_{t+1}(W_{t+1}^g)}{\partial W_{t+1}} f^g(R)\mathrm{d}R}}{\left[\dfrac{\displaystyle\int_{-\infty}^{R^*} \dfrac{\partial V_{t+1}(W_{t+1}^b)}{\partial W_{t+1}} f^b(R)\mathrm{d}R}{\displaystyle\int_{R^*}^{+\infty} \dfrac{\partial V_{t+1}(W_{t+1}^g)}{\partial W_{t+1}} f^g(R)\mathrm{d}R} + 1\right] + \dfrac{\lambda_t}{\delta(1+r)} \cdot \dfrac{1}{\displaystyle\int_{R^*}^{+\infty} \dfrac{\partial V_{t+1}(W_{t+1}^g)}{\partial W_{t+1}} f^g(R)\mathrm{d}R}} > \rho
$$

$$(5-15)$$

其中，λ_t 是信贷约束条件对应的影子价格；令 $\varphi_t = \dfrac{\displaystyle\int_{-\infty}^{R^*} \dfrac{\partial V_{t+1}(W_{t+1}^b)}{\partial W_{t+1}} f^b(R)\mathrm{d}R}{\displaystyle\int_{R^*}^{+\infty} \dfrac{\partial V_{t+1}(W_{t+1}^g)}{\partial W_{t+1}} f^g(R)\mathrm{d}R}$，

为干旱年份效用与正常年份效用的边际替代率；令 $\psi_t = \dfrac{\lambda_t}{\delta(1+r)} \cdot$

$\dfrac{1}{\displaystyle\int_{R^*}^{+\infty} \dfrac{\partial V_{t+1}(W_{t+1}^g)}{\partial W_{t+1}} f^g(R)\mathrm{d}R}$，表示信贷约束变化造成农户效用变动的贴现值

与预期正常年份效用的边际替代率。式（5-15）可简化为：

[①] 受限于版面，本章对"农业保险需求存在的必要条件"求解过程进行省略，正文在不影响结论的前提下，只展现了简化版本理论模型，如有需要可进行索要。

$$\frac{1}{1+r} \cdot \frac{\varphi_t}{(1+\varphi_t)+\psi_t} > \rho \tag{5-16}$$

另外，当 $\dfrac{1}{1+r} \cdot \dfrac{\varphi_t}{(1+\varphi_t)+\psi_t} = \rho$ 时，农户对于购买农业保险和不买

没有差异，此时 $\dfrac{1}{1+r} \cdot \dfrac{\varphi_t}{(1+\varphi_t)+\psi_t}$ 也称为自我保险下的均衡保险费率

（ρ_1）。因此，有效保险需求存在的前提条件是自我保险下的均衡保险费率

大于灾害发生的概率（ρ^*），即：

$$\rho_1 > \rho^* = Pr(R \leqslant R^*) \tag{5-17}$$

式（5-16）中农业保险的有效需求受三个因素影响：（1）现金的持有成本 r；（2）预期干旱年份效用与正常年份效用的边际替代率 φ_t；（3）信贷约束对农户效用的影响 ψ_t。具体而言，当利率升高时，现金支付保费的机会成本增加会降低农户参保的积极性；当预期受灾年份效用与正常年份效用的边际替代率提升时，农户的保险支付意愿增强，这个结论与农业保险基本理论一致（Gautam et al.，1994；Sakurai and Reardon，1997）；当信贷约束条件对效用的影响与预期正常年份效用的边际替代率增加时，保险费率将下降。因此，农户面临的信贷约束越强，保险意愿支付水平越低。具体表现为，农户的婚丧嫁娶、子女教育、大额医疗费用等一系列资金需求压力都会导致农业保险需求下降。

当然，如果不存在信贷约束，有效农业保险需求存在的条件是 $\rho_2 = \dfrac{1}{1+r} \cdot \dfrac{\varphi_t}{1+\varphi_t} > \rho^* = Pr(R \leqslant R^*)$，该条件与 Gautam 等（1994）以及 Sakurai 和 Reardon（1997）的理论一致。这个条件主要用来与存在信贷约束情况下的农业保险需求进行对比。

在以上决策模型的基础上，将现行的保费补贴政策纳入分析框架只需对约束条件式（5-9）进行适当修改。假定在政府保费补贴比例为 κ 的水平下，农户只需缴纳的保费支出为 $(1-\kappa)\rho I$，因此直接对式（5-9）的右侧保费支出 ρI 进行替换即可，求模型最优解的过程和相关讨论不变。此时，政府补贴的情况下农户对农业保险有效需求的条件为 $\rho_3 = \dfrac{1}{(1-\kappa)} \cdot$

$\dfrac{1}{1+r} \cdot \dfrac{\varphi_t}{(1+\varphi_t)+\psi_t} > \rho^*$，其中 ρ_3 为政府实施保费补贴后自我保险下的均

衡保险费率。表 5 - 1 汇总了不同约束条件下农业保险有效需求存在的必要条件。

表 5 - 1　不同约束条件下农业保险有效需求存在的必要条件

情景设定	有效需求存在的必要条件
存在信贷约束	$\rho_1 = \dfrac{1}{1+r} \cdot \dfrac{\varphi_t}{(1+\varphi_t)+\psi_t} > \rho^*$
不存在信贷约束	$\rho_2 = \dfrac{1}{1+r} \cdot \dfrac{\varphi_t}{1+\varphi_t} > \rho^*$
存在信贷约束和政府补贴	$\rho_3 = \dfrac{1}{(1-\kappa)} \cdot \dfrac{1}{1+r} \cdot \dfrac{\varphi_t}{(1+\varphi_t)+\psi_t} > \rho^*$

注：公式中 r 表示利率，φ_t 表示农户对风险的态度，ψ_t 表示信贷约束对农户效用的影响，κ 表示政府保费补贴比例。

三　政府补贴下的农业保险需求构成

根据农业保险有效需求存在的必要条件，本章用式（5 - 18）表示保险购买决策过程：

$$D(\rho) = 1(\rho > \rho^*) \tag{5 - 18}$$

其中，$D(\rho)$ 是依据自我保险下的均衡保险费率 ρ 决策是否购买农业保险的变量：当 $\rho > \rho^*$ 时，农户购买农业保险（$D = 1$），相反 $D = 0$ 则表示不购买农业保险。在信贷约束下，本章进一步将农户的保险需求分解成无补贴的农业保险需求域以及政府补贴引致的需求域，具体衡量方式为：

$$\begin{cases} \rho_1 - \rho^* & \text{无补贴的农业保险需求域} \\ \rho_3 - \rho_1 & \text{政府补贴引致的需求域} \end{cases} \tag{5 - 19}$$

根据式（5 - 19）可以看出，除了农户对农业保险的自我需求外，政府补贴在拉动农业保险需求中也可以发挥重要作用。这也意味着尽管农户初始需求不足，但是通过政府手段完全可以达到提升农业保险需求的目的。

第三节 模型构建与数据来源

一 模型构建

估计农户的保险有效需求，本章采用柯布－道格拉斯（C－D）[1] 生产函数估计核心参数 φ_t 和 ψ_t，农业产出估计模型为：

$$\ln Y_{it} = \beta_0 + \beta_1 \ln K_{it} + \beta_2 \ln L_{it}^f + \beta_3 \ln D_{it} + \beta_4 \ln R_{vt} +$$
$$\gamma_1 R_{vt} \ln K_{it} + \gamma_2 R_{vt} \ln L_{it}^f + \gamma_3 R_{vt} \ln D_{it} + e_i + \varepsilon_{it} \qquad (5-20)$$

其中，Y_{it} 表示农户 i 第 t 年的农业产出，K_{it} 为农户 i 第 t 年在农业生产中的资本投入（包括肥料、农药及生产服务购买费用），L_{it}^f 为农户 i 第 t 年农业生产中的劳动力投入（包括自有劳动力和雇佣劳动力），D_{it} 代表农户种植多样性指标，本章将采用 Shannon 指数，计算方法参见数据来源部分的介绍；R_{vt} 表示农户所在 v 县第 t 年的降水量；e_i 为不可观测的个体固定效应；ε_{it} 为误差项。同时，模型还考虑了生产投入与降水量的交互项来估计降水量对要素生产力的影响。

在此基础上，本章得出以下替代率的估计（具体推导过程见本章附录3）：

$$\varphi_t = -\frac{\int_{R^*}^{+\infty} (\beta_3 + \gamma_3 R_t) \frac{Y_t}{D_t} f^g(R) \mathrm{d}R}{\int_{-\infty}^{R^*} (\beta_3 + \gamma_3 R_t) \frac{Y_t}{D_t} f^b(R) \mathrm{d}R} \qquad (5-21)$$

$$\psi_t = \frac{1}{1+r} \cdot \left[\varphi_t (\beta_1 + \gamma_1 R_t) \frac{Y_t}{K_t} + (\beta_1 + \gamma_1 R_t) \frac{Y_t}{K_t} \right] - (1 + \varphi_t) \qquad (5-22)$$

式（5－21）、式（5－22）测度的是以区域为单位的保险需求相关指标，从理论上来说，如果能恰当地估计生产函数，就可以推算出不同气象

---

[1] 本章还选取了包容性更强的超越对数（Translog）生产函数进行估算，其具体形式是 $\ln Y_{it} = \beta_0 + \beta_1 \ln K_{it} + \beta_2 \ln L_{it}^f + \beta_3 \ln R_{vt} + \beta_4 \ln D_{it} + 1/2 \beta_5 (\ln K_{it})^2 + 1/2 \beta_6 (\ln L_{it}^f)^2 + 1/2 \beta_7 (\ln R_{vt})^2 + 1/2 \beta_8 (\ln D_{it})^2 + \beta_9 \ln K_{it} \ln L_{it}^f + \beta_{10} \ln K_{it} \ln R_{vt} + \beta_{11} \ln K_{it} \ln D_{it} + \beta_{12} \ln L_{it}^f \ln R_{vt} + \beta_{13} \ln L_{it}^f \ln D_{it} + \beta_{14} \ln R_{vt} \ln D_{it} + e_i + \varepsilon_{it}$。生产函数形式的改变并未对本书的基础结论造成重大影响，因此，本章仍以 C－D 生产函数为基础，相关结论的稳健性讨论详见附录6。

条件下效用的边际替代率，尽管不同降水量的边际变化有所不同，但是式（5-20）通过系数计算已经将其考虑在内，其中所用变量均以一个区域的平均值来代替。$f^g(R)$ 和 $f^b(R)$ 分别为正常年份与干旱年份的降水截断密度函数，即被干旱与正常年份分界点 R^* 所划分的降水密度函数。本章假设降水量服从独立正态分布，对干旱与正常年份降水量的判断请参见本章实证结果与讨论部分关于降水分布的估计。

二 数据来源

我们选取河南省以及河北省农户进行分析，所需数据包括农户生产投入情况和历年（1981~2019 年）降水情况两个部分。历年降水数据来源于国家气象科学数据中心的中国地面气象资料数据库。农户生产数据来源于北京大学中国水资源管理与制度跟踪调查（CWIM）。需要指出的是，本章涉及样本时间跨度范围为 2001~2015 年，在此时间段内农业保险的覆盖率尚未实现"广覆盖"的目标，根据原保监会披露数据，2011 年河南省和河北省农业保险平均覆盖率刚达到 19%，而截至 2015 年，两省农业保险平均覆盖率也仅为 38%。与此同时，两省保费补贴均为中央政府补贴总保费的 35%，省级财政补贴不低于 25%。[①]

具体来说，本章样本选取了河南省原阳县、获嘉县、延津县、卫辉市、开封县[②]、新乡县和河北省唐县、磁县、元氏县两个农业大省 9 个县（市）的调查农户。根据已有关于干旱的研究，以河南省、河北省为代表的华北平原是全国受灾面积比例较高的地区（中国农业年鉴编辑委员会，2006）。特别是在 20 世纪 90 年代以后，华北地区的干旱情况愈演愈烈，而造成华北地区干旱的主要原因是降水量的减少（魏凤英、曹鸿兴，1998；周丹等，2014）。例如，根据雷宏军等（2015）对干旱频率的研究，样本中河南省除了开封县以外的其他 5 个县（市）均属于干旱中高发生区，而

---

① 《中央财政农业保险保险费补贴管理办法》（财金〔2016〕123 号）第二章第七条规定：种植业农业保险保险费在省级财政至少补贴 25% 的基础上，中央财政对中西部地区和东部地区进行差异化补贴，分别为 40% 和 35%。

② 2014 年 10 月，开封县更名为祥符区。

开封县属于中发生区。[①]

表 5 - 2 展示了 CWIM 在 2001 年、2004 年、2007 年、2011 年、2015 年调查中相关的经济变量描述性统计。其中，农业产出指标为农户种植各种作物的收入；农业生产投入指标包括农户种植多样性、劳动力投入（包含自有劳动力和雇佣劳动力）、资本投入（包括肥料、农药及生产服务购买费用）；气象指标为年度降水量。其中，种植多样性指标利用不同作物种植面积，根据 Shannon 指数公式 $H = -\sum_{i}(P_i \cdot \ln P_i)$ 计算所得，公式中 P_i 是第 i 种作物的播种面积比例，当农户仅种植一种作物时，Shannon 指数绝对值最小值为 0。

表 5 - 2　样本描述性统计

变量	单位	平均值	标准差	最小值	最大值
（a）河北省（样本：294 个）					
农业产出（Y）	元/亩	750.94	435.07	101.34	2317.13
资本投入（K）	元/亩	169.99	175.56	28.94	2597.81
劳动力投入（L）	元/亩	263.78	337.93	3.73	1857.44
种植多样性（D）	—	0.94	0.34	0	2.24
降水量（R）	毫米	490.83	66.63	358.21	608.28
（b）河南省（样本：467 个）					
农业产出（Y）	元/亩	894.34	506.261	209.425	3882.70
资本投入（K）	元/亩	190.65	126.04	17.08	2194.43
劳动力投入（L）	元/亩	219.84	269.59	4.36	3472.41
种植多样性（D）	—	0.85	0.27	0	2.12
降水量（R）	毫米	581.45	92.75	401.77	757.79

据表 5 - 2 展示的样本描述性统计，两省的种植多样性比较接近，意味着农户可能在种植结构上存在一定的可比性。同时可以看出农业生产劳动力投入明显高于资本投入，这也和现阶段农业生产中劳动力投入在总成本中占比最大这一事实一致。除此之外，对于信贷情况，以样本中延津县农

① 根据雷宏军等（2015）的研究，中发生区的干旱频率为 13.05% ~ 16.14%；中高发生区的干旱频率为 16.15% ~ 19.41%。

村金融发展的具体情况为例，根据新乡银保监分局延津监管组调查，2021年上半年全县银行业金融机构余额存贷比约为 51%[1]，远低于国家规定 75% 的要求。

第四节　实证结果与讨论

本节首先报告估计的生产函数、降水量的分布函数以及核心边际替代率 φ_t 和 ψ_t，进而测算不同干旱概率对应的自我保险下的均衡保险费率。在对比存在信贷约束与不存在信贷约束两种条件下的保费水平基础上，模拟农户对农业保险的真实需求水平以及保费补贴对保险需求的影响。

一　参数估计

在分省份对农业产出模型进行估计时，Hausman 检验拒绝了随机效应模型假设。因此，本章的参数估计结果来自固定效应模型，具体结果如表5-3 所示。

表5-3　C-D 生产函数参数估计（固定效应模型）

变量	河北省	河南省
ln（资本投入）	1.07 ** (0.47)	1.66 *** (0.33)
ln（劳动力投入）	0.28 (0.34)	0.39 * (0.21)
ln（种植多样性）	-1.25 (0.81)	-1.40 *** (0.37)
ln（降水量）	3.32 ** (1.33)	4.78 *** (0.91)
降水量×ln（资本投入）	-0.01 (0.01)	-0.02 *** (0.01)
降水量×ln（劳动力投入）	-0.00 (0.00)	-0.01 ** (0.00)

---

① http://xw.sinoins.com/2021-08/05/content_405458.htm.

变量	河北省	河南省
降水量 × ln（种植多样性）	0.02 (0.02)	0.02 *** (0.01)
R^2	0.43	0.55
观测值（个）	294	467

注：括号内为标准误，***、**和*分别表示1%、5%和10%的显著性水平。由于因变量为农业产出，所以此表的估计结果并未考虑播种面积带来的影响。为避免遗漏变量偏误，本章在模型估计中也加入了播种面积，但结果与本表报告的结果差异极小。

总体而言，降水量对两省农户的农业产出提高有显著的正向作用。主要生产要素投入对农业产出有正向影响，可能受限于样本量，部分参数不显著；相反，种植多样性对农业产出有负向影响，这意味着种植种类越多反而越不利于农户增收，这与农业非专业化生产带来的效率损失有关。需要指出的是，河北省参数估计值的方向与河南省完全一致。

二　降水概率分布

根据理论模型，本章需要对降水的分布情况进行估计，从而确定干旱的降水临界点。首先，表5－4列出了各县（市）1981～2019年降水量的平均值和方差统计情况，河南省降水量的整体水平明显高于河北省。值得注意的是，河南省新乡县与开封县的降水变异程度较大，也就是说该地区面临干旱的可能性较高。判断降水概率分布是理论模型中重要的一步，借鉴传统有关降水分布的研究，我们选用正态分布和Beta分布进行拟合，两类分布所得降水分布形态相似；除此之外，通过对各地降水分布进行K－S检验和Shapiro检验，发现其检验结果的P值均大于0.1，因此研究选用了正态分布进行结果分析，具体分析过程及结果均呈现在本章附录4、附录5部分。[1]

---

① 为了确保研究结论可靠，我们做了如下工作：一是对区域内降水利用正态分布和Beta分布分别进行拟合，我们发现两种分布所呈现结果相似，因此正文选择已有研究中较多使用的正态分布进行模拟；二是进行了K－S检验和Shapiro检验，以证明选用正态分布描述降水分布是恰当的；三是受限于篇幅，正文仅呈现了利用正态分布所得到的保费估计结果，但本章也采用Beta分布对保险需求进行模拟，如有需要具体结果可索取。

表 5 - 4　各县（市）1981 ~ 2019 年降水量统计

指标	河北省			河南省					
	磁县	唐县	元氏县	原阳县	获嘉县	延津县	卫辉市	开封县	新乡县
平均值	548.84	489.26	507.75	586.76	573.88	592.04	559.65	608.62	548.50
方差	123.61	100.53	86.77	130.42	131.73	129.19	138.97	160.74	157.64

其次，利用各地降水量的平均值和方差来确定降水量的临界值，具体来说，本章采用传统距平百分比方法判断干旱年份和正常年份降水量临界点（R^*）的具体数值。我们用距各县地理中心点方圆 50 千米以内气象站点的降水量平均值代表本县的降水情况。根据气象学的定义，本章使用距平百分比的降水量临界点（R^*）作为判断是否干旱的依据。距平百分比是指某年降水量与历史平均降水量的差距相对于历史平均降水量的百分比。由于本章仅关注干旱灾害，因此距平百分比为负值。具体步骤如下。第一，将某县降水量序列按从小到大顺序排列，任意年份降水量的距平百分比（PA）计算公式为 $PA = \dfrac{R - \bar{R}}{\bar{R}} \times 100\%$ ，其中，R 为这一年的降水量，$\bar{R}$ 为历史平均降水量。PA 可以衡量当年降水偏离平均值的程度，且距平百分比绝对值（$|PA|$）的变化可以表现出旱灾程度的差异。例如，$PA = -15\%$ 意味着当年降水量处在降水序列中距离平均值左侧 15% 的位置，$PA = -60\%$ 距离平均降水量更远，对应的降水量也比 $PA = -15\%$ 的降水量更低。第二，根据国家现行干旱标准（GB/T 32136—2015），将 $-30\% < PA \leq -15\%$ 定义为轻旱；将 $-40\% < PA \leq -30\%$ 定义为中旱；将 $-45\% < PA \leq -40\%$ 定义为重旱；将 $-50\% \leq PA \leq -45\%$ 定义为特旱。进一步来说，降水量临界点（R^*）是干旱指标值（PA）对应的降水量，同时依据降水分布也可求出干旱指标值（PA）所对应的干旱概率（ρ^*），干旱指标值（PA）绝对值越大，意味着干旱风险发生概率越小，但干旱程度越严重。

三　估计 φ

根据式（5 - 21），本章得到干旱年份与正常年份效用的边际替代率

（φ）（见表 5 – 5）。参数计算的结果显示，不同县（市）总体表现为 $\varphi < -1$，即干旱年份与正常年份的效用边际变动呈相反的变化，同时意味着农户对于干旱所带来的风险是厌恶的。但农户对于干旱风险厌恶程度是不同的，以特旱为例，河北省元氏县对应的 φ 绝对值远远大于其他县（市），此时农户具有更高的干旱风险厌恶程度。相对来说，河南省新乡县的 φ 绝对值较小，即农户对于干旱风险的厌恶程度较小，这或许与农户拥有其他分散风险的方法有关。

表 5 – 5　各县（市）不同干旱水平下的 φ 估计值

地区		PA				
		– 50%	– 45%	– 40%	– 30%	– 15%
河北省	磁县	– 122.12	– 64.91	– 36.97	– 13.84	– 4.02
	唐县	– 87.04	– 41.69	– 21.80	– 7.10	– 1.73
	元氏县	– 3014.77	– 343.48	– 116.29	– 23.86	– 3.98
河南省	原阳县	– 95.80	– 50.60	– 28.62	– 10.55	– 2.99
	获嘉县	– 78.03	– 42.86	– 24.92	– 9.59	– 2.84
	延津县	– 121.83	– 62.06	– 34.14	– 12.10	– 3.30
	开封县	– 34.01	– 21.51	– 14.06	– 6.48	– 2.33
	卫辉市	– 43.53	– 26.15	– 16.34	– 7.02	– 2.33
	新乡县	– 20.69	– 13.81	– 9.45	– 4.69	– 1.82

注：本章选取了不同干旱特征下具有代表性的距平百分比计算 φ。其中，伴随着距平百分比（PA）绝对值的降低，农户面临的干旱概率（ρ^*）增加但严重程度降低。具体来说，$PA \in [-50\%, -45\%]$ 为特旱；$PA \in (-45\%, -40\%]$ 为重旱；$PA \in (-40\%, -30\%]$ 为中旱；$PA \in (-30\%, -15\%]$ 为轻旱。

除此之外，伴随着距平百分比（PA）的绝对值降低，农户面临的干旱概率（ρ^*）增加，各县（市）边际替代率 φ 的绝对值均呈现下降趋势。具体来说，农户对风险的厌恶程度随旱灾程度减轻而削弱、风险概率增加而减小。结合 Bellman 方程解释来看，干旱概率（ρ^*）越大，干旱年份与正常年份的期望财富之间替代性越小，进一步导致农户对干旱的敏感性降低。仍以河北省元氏县为例，正常年份与干旱年份的效用边际替代率在特旱（$PA = -50\%$）时的绝对值明显高于轻旱（$PA = -15\%$）。

四　估计 ψ

表 5 – 6 展示了信贷约束变化造成农户效用变动的贴现值与预期正常年份效用的边际替代率（ψ）的估计值。所有估计值都为负数，意味着缓解信贷约束与正常年份的效用变动存在相互替代关系。同时，伴随干旱概率的增加，各县（市）ψ 的绝对值呈下降趋势，表明信贷约束缓解带来的效用增加与正常年份效用的增加相互之间的替代性在降低。进一步延伸可以理解为，随着受灾害概率可能性增加，缓解信贷约束引起的效用增加在跨期优化决策中的替代作用会被削弱。

表 5 – 6　各县（市）不同干旱水平下的 ψ 估计值

地区		PA				
		− 50%	− 45%	− 40%	− 30%	− 15%
河北省	磁县	− 2018.70	− 1065.17	− 599.55	− 214.00	− 50.27
	唐县	− 1734.01	− 820.02	− 419.14	− 122.89	− 14.70
	元氏县	− 63093.00	− 7169.70	− 2413.45	− 478.56	− 62.47
河南省	原阳县	− 2339.73	− 1224.15	− 681.60	− 235.73	− 49.11
	获嘉县	− 2033.72	− 1105.19	− 631.59	− 226.74	− 48.47
	延津县	− 3792.07	− 1916.35	− 1040.09	− 348.29	− 72.17
	开封县	− 879.58	− 546.55	− 347.94	− 146.11	− 35.32
	卫辉市	− 1573.37	− 930.20	− 567.63	− 222.74	− 49.04
	新乡县	− 610.42	− 397.16	− 261.87	− 114.46	− 25.40

注：本章选取了不同干旱特征下具有代表性的距平百分比计算 ψ。其中，伴随着距平百分比（PA）绝对值的降低，农户面临的干旱概率（ρ^*）增加但严重程度降低。具体来说，$PA \in [-50\%, -45\%]$ 为特旱；$PA \in (-45\%, -40\%]$ 为重旱；$PA \in (-40\%, -30\%]$ 为中旱；$PA \in (-30\%, -15\%]$ 为轻旱。

五　信贷约束对农业保险需求的影响

表 5 – 7 展示了不同干旱水平对应的自我保险下的均衡保险费率，以此判断农业保险的需求状况。不管在何种条件下，估计的均衡保险费率都需要与干旱灾害发生的概率（ρ^*）比较。

表 5 - 7 不同干旱水平下信贷约束对农业保险费率的影响

地区			PA				
			-50%	-45%	-40%	-30%	-15%
河北省	磁县	ρ_1	0.055	0.056	0.056	0.059	0.073
		ρ_2	0.979	0.986	0.998	1.046	1.293
		ρ_3	0.139	0.140	0.141	0.148	0.183
		ρ^*	0.009	0.016	0.028	0.069	0.200
	唐县	ρ_1	0.046	0.047	0.048	0.053	0.109
		ρ_2	0.982	0.995	1.018	1.130	2.302
		ρ_3	0.116	0.118	0.120	0.134	0.272
		ρ^*	0.013	0.025	0.045	0.125	0.367
	元氏县	ρ_1	0.044	0.044	0.045	0.046	0.059
		ρ_2	0.971	0.974	0.979	1.013	1.296
		ρ_3	0.111	0.111	0.112	0.115	0.148
		ρ^*	0.002	0.004	0.010	0.041	0.201
河南省	原阳县	ρ_1	0.038	0.039	0.039	0.042	0.057
		ρ_2	0.981	0.990	1.006	1.073	1.459
		ρ_3	0.096	0.096	0.098	0.104	0.142
		ρ^*	0.012	0.021	0.035	0.088	0.251
	获嘉县	ρ_1	0.036	0.036	0.037	0.040	0.055
		ρ_2	0.983	0.994	1.011	1.084	1.500
		ρ_3	0.090	0.091	0.092	0.099	0.137
		ρ^*	0.014	0.024	0.040	0.096	0.261
	延津县	ρ_1	0.030	0.030	0.031	0.033	0.043
		ρ_2	0.979	0.987	1.000	1.058	1.393
		ρ_3	0.076	0.076	0.077	0.082	0.108
		ρ^*	0.009	0.017	0.030	0.077	0.233
	开封县	ρ_1	0.036	0.037	0.038	0.042	0.062
		ρ_2	1.000	1.018	1.045	1.148	1.703
		ρ_3	0.090	0.092	0.095	0.104	0.154
		ρ^*	0.030	0.046	0.068	0.135	0.301

续表

地区			PA				
			-50%	-45%	-40%	-30%	-15%
河南省	卫辉市	ρ_1	0.026	0.027	0.027	0.030	0.045
		ρ_2	0.994	1.009	1.034	1.132	1.703
		ρ_3	0.065	0.066	0.068	0.074	0.112
		ρ^*	0.024	0.038	0.059	0.126	0.301
	新乡县	ρ_1	0.032	0.033	0.034	0.039	0.067
		ρ_2	1.020	1.047	1.086	1.234	2.156
		ρ_3	0.080	0.082	0.085	0.096	0.168
		ρ^*	0.047	0.069	0.097	0.177	0.355

注：表头中距平百分比（PA）绝对值降低，农户面临的干旱概率（ρ^*）增加但严重程度降低。表中展示的不同类型保费分别指代：ρ_1 为存在信贷约束时自我保险下的均衡保险费率，ρ_2 为不存在信贷约束时自我保险下的均衡保险费率，ρ_3 为存在信贷约束和政府补贴时自我保险下的均衡保险费率，ρ^* 为依据分布设定的干旱概率；下划线标注的数字为大于相应 ρ^* 的情况，即农户在信贷约束下需要农业保险。

通过表 5 - 7 的比较可以发现，在不考虑信贷约束的条件下，自我保险下的均衡保险费率（ρ_2）远大于干旱概率（ρ^*），此时预期农户会购买农业保险来应对旱灾风险；而一旦将信贷约束纳入分析框架，自我保险下的均衡保险费率 ρ_1 相对于 ρ_2 来说，出现了急剧下降，这种大幅度的下降意味着信贷约束在很大程度上削弱了农户对农业保险的有效需求。以磁县特旱 $PA = -50\%$ 为例，存在信贷约束时自我保险下的均衡保险费率 ρ_1 仅是假定不存在信贷约束时的 6% 左右，但是农户此时还是有购买保险意愿的；随着旱情变为中等水平 $PA = -30\%$，农户实际已经对保险没有购买意愿，这意味着如果忽视信贷约束问题，使用 $\rho_2 > \rho^*$ 会误判保险需求的存在。综上，农户在有无信贷约束时对保险的需求有着截然不同的两种反应。

除此之外，本章还考察了政府补贴对于保险需求的提升作用。表 5 - 7 中 ρ_3 表示存在信贷约束和政府补贴时自我保险下的均衡保险费率。尽管政府补贴明显拉高了自我保险下的均衡保险费率，但远不及不存在信贷约束时自我保险下的均衡保险费率（ρ_2）。因此，相较于通过放宽信贷约束来提升保险需求，政府补贴的效果无疑是比较弱的。

第五节　农业保险需求模拟分析

一　无保费补贴情况

为了更清晰地阐述信贷约束对农业保险需求的影响，本章依据表 5 - 7 绘制出农业保险需求图（见图 5 - 1）。根据理论模型中式（5 - 17），判断农户对保险存在有效需求的条件是自我保险下的均衡保险费率是否高于旱灾发生的概率。

图 5 - 1 显示不存在信贷约束时自我保险下的均衡保险费率（ρ_2）远大于干旱概率（ρ^*），即农户存在对保险的有效需求。除此之外，图 5 - 1 还展示了存在信贷约束时自我保险下的均衡保险费率（ρ_1）与不存在信贷约束时自我保险下的均衡保险费率（ρ_2）相比有明显区别：一方面是信贷约束导致均衡保险费率急速下降；另一方面是部分县（市）的旱灾发生概率与保险费率交点的出现，意味着信贷约束不仅降低了农户对保险的有效需求，还直接导致了在某些阶段，农业保险需求从有到无的转变。图 5 - 1 中（a）～（h）均展示了这类转折点。以磁县为例，存在信贷约束时自我保险下的均衡保险费率（ρ_1）和中旱与轻旱的临界值（PA 大约为 - 30%）出现了交点，这意味着：在交点左侧，存在信贷约束时自我保险下的均衡保险费率（ρ_1）曲线显著高于干旱概率（ρ^*）曲线，即农户"存在保险需求"；随着干旱水平的降低，自我保险下的均衡保险费率（ρ_1）曲线降至干旱概率（ρ^*）曲线下方，即农户"无保险需求"。换句话说，农户在轻度干旱时并不需要农业保险来应对旱灾冲击，只有在面临较严重干旱灾害时农户才对农业保险有需求。需要注意的是，图 5 - 1 中（g）和（h）所呈现的转折点出现在干旱风险发生概率极小的时候，这意味着该区域农户在存在信贷约束的情况下，有着极低的保险需求。除此之外，图 5 - 1 中（i）还展现出另一类保险需求的变化：存在信贷约束时自我保险下的均衡保险费率（ρ_1）曲线完全降至干旱概率（ρ^*）曲线以下，即农户在任何干旱水平下都处于"无保险需求"状态。当然，个体农户将根据哪个降水量临界值来判断旱灾是否发生会有一定的差异，但是作为指数保险来说，地区层面降水量低于某一特定值时可以判断旱灾的发生应该是没有异议的。

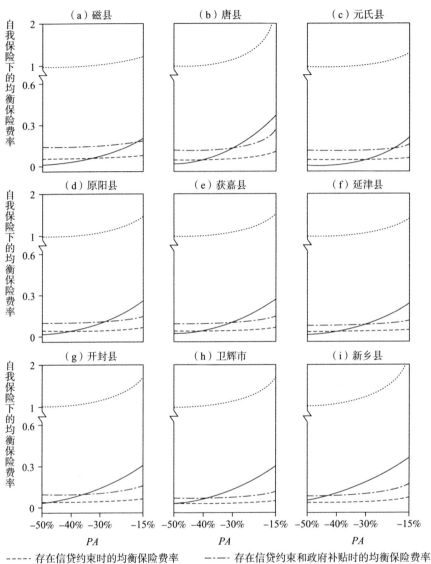

图 5-1 农业保险需求模拟

注：横轴为降水量 $R < R^*$ 的不同干旱水平（距平百分比 PA），从左到右代表干旱水平从高到低但概率增加的连续变化。

二 有财政补贴情况

理论上，政府保费补贴可以拉动农业保险需求。依据《中央财政农业保险保费补贴管理办法》规定的补贴标准，当前河南、河北两省对农户的

保费补贴水平为 $\kappa = 60\%$ ，农户只需要支付 $1 - \kappa = 40\%$ 的保费。如果各方补贴资金都能够到位，按照现有的政府与农户按比例缴付保费的制度安排，本章采用的理论模型只需将式（5 - 9）中的 ρI 改为 $0.4\rho I$ 即可，并不影响决策优化结论，同时农户的保险支付意愿水平会相应提升 2.5 倍。

由于有政府补贴，图 5 - 1 中农户自我保险下的均衡保险费率相较于没有政府补贴时整体向上移动，说明农户可接受的保费水平提高了，保费补贴对农业保险需求有拉动作用，但程度不尽相同。例如，对于磁县来说，无政府补贴但存在信贷约束时自我保险下的均衡保险费率（ρ_1）与干旱灾害发生概率（ρ^*）的交点大约处于 $PA = -30\%$ ；而有政府补贴（$\kappa = 60\%$）且存在信贷约束使得自我保险下的均衡保险费率（ρ_3）与干旱灾害发生概率（ρ^*）的交点右移至 $PA = -15\%$ ，这意味着政府补贴显著扩大了农户对农业保险的需求。然而，对于图 5 - 1 中（d）～（i）来说，政府补贴（$\kappa = 60\%$）提升农户对农业保险的需求是极为有限的。以原阳县为例，无政府补贴但存在信贷约束时自我保险下的均衡保险费率（ρ_1）与干旱灾害发生概率（ρ^*）的交点处于重旱水平；而有政府补贴（$\kappa = 60\%$）且存在信贷约束使得自我保险下的均衡保险费率（ρ_3）与干旱灾害发生概率（ρ^*）的交点移至风险概率较大的轻旱水平。对于新乡县来说，政府补贴对农业保险需求的拉动作用几乎可以忽略不计。

进一步，图 5 - 2 展示了存在保险需求前提下农户无补贴的需求域及补贴引致的需求域。根据图 5 - 2 中（a）～（g）可以看出，在较严重的旱灾情景下，农业保险需求域由无补贴的需求域和补贴引致的需求域两部分构成；随着干旱程度降低（PA 升高），两种需求域都呈现快速减小的趋势；在干旱程度极小的情况下，农业保险需求完全依赖政府补贴的作用。而对于图 5 - 2 中的新乡县，由于信贷约束条件下农户完全无保险需求，所以农户的保险需求均是由政府补贴带来的。

从图 5 - 2 中所绘制的信贷约束下农业保险需求域[1]可知，政府补贴保费政策对农业保险需求存在极大的拉动作用，具体来说，斜线阴影所展示的政府补贴引致的需求域范围明显大于无补贴的需求域。但结合图 5 - 1 所

---

[1]　信贷约束下农业保险需求域可理解为农户无补贴的需求域及补贴引致的需求域之和。

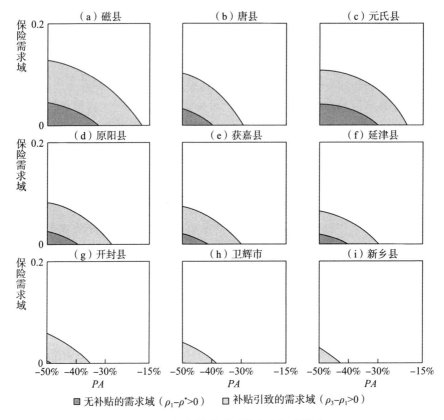

图 5 – 2　保费补贴引致的农业保险需求

注：横轴为降水量 $R < R^*$ 的不同干旱水平（距平百分比 PA），从左到右代表干旱水平从高到低但概率增加的连续变化。阴影部分表示农户对农业保险的需求域。当$\rho_1 - \rho^* > 0$ 时，农户有农业保险需求；当$\rho_3 - \rho_1 > 0$ 时，补贴引致了额外的农业保险需求。

展示的不存在信贷约束时自我保险下的均衡保险费率（ρ_2），补贴后的农户农业保险需求仍然没有达到不存在信贷约束时的需求水平。因此忽视信贷约束这一重要现实问题会极大高估农业保险的实际需求，政府补贴仍处于相对低效的状态。

　　总而言之，信贷约束压缩了农业保险的需求规模，且高补贴政策并不能完全拉动保险需求。尤其需要强调的是，在不考虑农户面临信贷约束的情况下，过于简化的数理推论或未经推敲的简单假设会导致高估农业保险需求。从政策制定者角度来看，对农业保险的少量需求进行政策补贴刺激势必会造成财政资金低效运行。

本章附录

附录 1

在没有农业保险可供选择的情况下，为了求解 J_{UR} 每个决策变量的最优解，各变量对应的一阶条件具体如下：

$$D_t : \delta \int_{-\infty}^{+\infty} \frac{\partial V_{t+1}(W_{t+1})}{\partial W_{t+1}} \cdot \frac{\partial Y_t}{\partial D_t} f(R) \mathrm{d}R = 0 \qquad (\mathrm{A1})$$

$$L_t^f : \frac{\partial U}{\partial L_t} = \delta \int_{-\infty}^{+\infty} \frac{\partial V_{t+1}(W_{t+1})}{\partial W_{t+1}} \cdot \frac{\partial Y_t}{\partial L_t^f} f(R) \mathrm{d}R \qquad (\mathrm{A2})$$

$$L_t^h : -a \frac{\partial U}{\partial C_t} + \frac{\partial U}{\partial L_t} = 0 \qquad (\mathrm{A3})$$

$$L_t^o : a \frac{\partial U}{\partial C_t} - \frac{\partial U}{\partial L_t} = 0 \qquad (\mathrm{A4})$$

$$S_t : \frac{\partial U}{\partial C_t} = \delta(1+r) \int_{-\infty}^{+\infty} \frac{\partial V_{t+1}(W_{t+1})}{\partial W_{t+1}} f(R) \mathrm{d}R + \lambda_t \qquad (\mathrm{A5})$$

$$K_t : \frac{\partial U}{\partial C_t} = \delta \int_{-\infty}^{+\infty} \frac{\partial V_{t+1}(W_{t+1}^b)}{\partial W_{t+1}} \cdot \frac{\partial Y_t}{\partial K_t} f(R) \mathrm{d}R \qquad (\mathrm{A6})$$

本章也将满足以上条件的均衡状态称为"自我保险下的均衡"，相应地，J_{UR} 称为自我保险均衡解集。

附录 2

当有农业保险可供选择时，即 $I_t > 0$，为了表示各变量的均衡条件，本章对该模型在 $J_R = (\tilde{L}_t^f, \tilde{K}_t, \tilde{D}_t, \tilde{L}_t^h, \tilde{L}_t^o, \tilde{S}_t, I_t)$ 上求解各变量一阶导数，具体形式如下：

$$D_t : \delta \int_{-\infty}^{R^*} \frac{\partial V_{t+1}(\tilde{W}_{t+1}^b)}{\partial W_{t+1}} \cdot \frac{\partial Y_t}{\partial D_t} f^b(R) \mathrm{d}R + \delta \int_{R^*}^{+\infty} \frac{\partial V_{t+1}(\tilde{W}_{t+1}^g)}{\partial W_{t+1}} \cdot \frac{\partial Y_t}{\partial D_t} f^g(R) \mathrm{d}R = 0 \quad (\mathrm{A7})$$

$$L_t^f : \frac{\partial U}{\partial L_t} = \delta \int_{-\infty}^{R^*} \frac{\partial V_{t+1}(\tilde{W}_{t+1}^b)}{\partial W_{t+1}} \cdot \frac{\partial Y_t}{\partial L_t^f} f^b(R) \mathrm{d}R +$$

$$\delta \int_{R^*}^{+\infty} \frac{\partial V_{t+1}(\tilde{W}_{t+1}^g)}{\partial W_{t+1}} \cdot \frac{\partial Y_t}{\partial L_t^f} f^g(R) \mathrm{d}R \qquad (\mathrm{A8})$$

$$L_t^h : -a \frac{\partial U}{\partial C_t} + \frac{\partial U}{\partial L_t} = 0 \qquad (\mathrm{A9})$$

$$L_t^\circ : a\frac{\partial U}{\partial C_t} - \frac{\partial U}{\partial L_t} = 0 \tag{A10}$$

$$S_t : \frac{\partial U}{\partial C_t} = \delta(1+r)\int_{-\infty}^{R^\cdot}\frac{\partial V_{t+1}(\widetilde{W}_{t+1}^b)}{\partial W_{t+1}}f^b(R)\mathrm{d}R +$$

$$\delta(1+r)\int_{R^\cdot}^{+\infty}\frac{\partial V_{t+1}(\widetilde{W}_{t+1}^g)}{\partial W_{t+1}}f^g(R)\mathrm{d}R + \lambda_t \tag{A11}$$

$$K_t : \frac{\partial U}{\partial C_t} = \delta\int_{-\infty}^{R^\cdot}\frac{\partial V_{t+1}(\widetilde{W}_{t+1}^b)}{\partial W_{t+1}}\cdot\frac{\partial Y_t}{\partial K_t}f^b(R)\mathrm{d}R +$$

$$\delta\int_{R^\cdot}^{+\infty}\frac{\partial V_{t+1}(\widetilde{W}_{t+1}^g)}{\partial W_{t+1}}\cdot\frac{\partial Y_t}{\partial K_t}f^g(R)\mathrm{d}R \tag{A12}$$

$$I_t : -\rho\frac{\partial U}{\partial C_t} + \delta\int_{-\infty}^{R^\cdot}\frac{\partial V_{t+1}(\widetilde{W}_{t+1}^b)}{\partial W_{t+1}}f^b(R)\mathrm{d}R = 0 \tag{A13}$$

理论上，正常年份的种植多样性将导致农业产出水平较专业化生产更低。因而，式（A7）表示受灾时采用种植多样性应对风险的边际收益等于正常年份的种植多样性导致的收益减少。式（A8）~式（A10）表示劳动力用于工作对效用的负面边际影响等于务工收入在效用上带来的边际提升。式（A11）~式（A12）是指当期消费的边际效用等于未来消费的边际效用贴现值。类似地，式（A13）表示受灾情况下，未来消费的贴现值等于用保险费率调整过的当期消费边际效用。

但是，在附录1求解的自我保险均衡解集 J_{UR} 下，式（A13）左侧两项的相对大小存在如下两种可能性：

$$\begin{cases} I_t > 0 & 当\ \delta\int_{-\infty}^{R^\cdot}\frac{\partial V_{t+1}(W_{t+1}^b)}{\partial W_{t+1}}f^b(R)\mathrm{d}R > \rho\frac{\partial U}{\partial C_t} \\[2mm] I_t = 0 & 当\ \delta\int_{-\infty}^{R^\cdot}\frac{\partial V_{t+1}(W_{t+1}^b)}{\partial W_{t+1}}f^b(R)\mathrm{d}R \leqslant \rho\frac{\partial U}{\partial C_t} \end{cases} \tag{A14}$$

换句话说，如果受灾后保险赔付的贴现值比缴纳保费对消费的负面影响边际上更大，那么农户就应该购买农业保险；反之则不需要购买农业保险。为判断农业保险的实际需求，式（A7）~式（A12）以及式（A14）需要根据自我保险均衡解集 J_{UR} 计算。在保险费率 ρ 外生的前提下，结合式（A11），农业保险的潜在需求（$I_t > 0$）满足：

$$\cfrac{\delta \displaystyle\int_{-\infty}^{R^*} \frac{\partial V_{t+1}(W_{t+1}^b)}{\partial W_{t+1}} f^b(R)\,\mathrm{d}R}{\delta(1+r)\left[\displaystyle\int_{-\infty}^{R^*} \frac{\partial V_{t+1}(W_{t+1}^b)}{\partial W_{t+1}} f^b(R)\,\mathrm{d}R + \int_{R^*}^{+\infty} \frac{\partial V_{t+1}(W_{t+1}^g)}{\partial W_{t+1}} f^g(R)\,\mathrm{d}R\right] + \lambda_t} > \rho \quad (A15)$$

分别对式（A15）左边的分子和分母同时除以 $\delta(1+r)\displaystyle\int_{R^*}^{+\infty} \frac{\partial V_{t+1}(W_{t+1}^g)}{\partial W_{t+1}} \cdot$ $f^g(R)\mathrm{d}R$，可以得到下式：

$$\cfrac{\cfrac{1}{1+r} \cdot \cfrac{\displaystyle\int_{-\infty}^{R^*} \frac{\partial V_{t+1}(W_{t+1}^b)}{\partial W_{t+1}} f^b(R)\,\mathrm{d}R}{\displaystyle\int_{R^*}^{+\infty} \frac{\partial V_{t+1}(W_{t+1}^g)}{\partial W_{t+1}} f^g(R)\,\mathrm{d}R}}{\left[\cfrac{\displaystyle\int_{-\infty}^{R^*} \frac{\partial V_{t+1}(W_{t+1}^b)}{\partial W_{t+1}} f^b(R)\,\mathrm{d}R}{\displaystyle\int_{R^*}^{+\infty} \frac{\partial V_{t+1}(W_{t+1}^g)}{\partial W_{t+1}} f^g(R)\,\mathrm{d}R} + 1\right] + \cfrac{\lambda_t}{\delta(1+r)} \cdot \cfrac{1}{\displaystyle\int_{R^*}^{+\infty} \frac{\partial V_{t+1}(W_{t+1}^g)}{\partial W_{t+1}} f^g(R)\,\mathrm{d}R}} > \rho \quad (A16)$$

为简化表达式，令：

$$\varphi_t = \frac{\displaystyle\int_{-\infty}^{R^*} \frac{\partial V_{t+1}(W_{t+1}^b)}{\partial W_{t+1}} f^b(R)\,\mathrm{d}R}{\displaystyle\int_{R^*}^{+\infty} \frac{\partial V_{t+1}(W_{t+1}^g)}{\partial W_{t+1}} f^g(R)\,\mathrm{d}R} \quad (A17)$$

其中，φ_t 反映了农户对风险的态度。同时，假定：

$$\psi_t = \frac{\lambda_t}{\delta(1+r)} \cdot \frac{1}{\displaystyle\int_{R^*}^{+\infty} \frac{\partial V_{t+1}(W_{t+1}^g)}{\partial W_{t+1}} f^g(R)\,\mathrm{d}R} \quad (A18)$$

参数 ψ_t 表示信贷约束变化造成农户效用变动的贴现值与预期正常年份效用的边际替代率。

最终，信贷约束下农户农业保险需求存在的必要条件为：

$$\frac{1}{1+r} \cdot \frac{\varphi_t}{(1+\varphi_t) + \psi_t} > \rho \quad (A19)$$

附录3

基于理论模型，参数 φ_t 与 ψ_t 是判断农业保险有效需求存在的关键变量，因此这里将介绍估计的基本思路。首先对 φ_t 的计算，利用农户自我保险均衡条件下的解集 J_{UR}，在式（A7）两边同时除以 $\displaystyle\int_{R^*}^{+\infty} \frac{\partial V_{t+1}(W_{t+1}^g)}{\partial W_{t+1}}$

$f^g(R)\mathrm{d}R$，得到：

$$\varphi_t \int_{-\infty}^{R^*} \frac{\partial Y_t}{\partial D_t} f^b(R)\,\mathrm{d}R + \int_{R^*}^{+\infty} \frac{\partial Y_t}{\partial D_t} f^g(R)\,\mathrm{d}R = 0 \tag{A20}$$

根据式（A20）进一步解出 φ_t：

$$\varphi_t = -\frac{\int_{R^*}^{+\infty} \dfrac{\partial Y_t}{\partial D_t} f^g(R)\,\mathrm{d}R}{\int_{-\infty}^{R^*} \dfrac{\partial Y_t}{\partial D_t} f^b(R)\,\mathrm{d}R} \tag{A21}$$

根据式（A21），φ_t 可以看作农户自我保险行为在不同气象条件下效用变动的边际替代率。从理论上来说，如果能恰当地估计生产函数，就可以推算出不同气象条件下效用的边际替代率 φ_t。根据本章设定的 C – D 生产函数，φ_t 值为：

$$\varphi_t = -\frac{\int_{R^*}^{+\infty} (\beta_3 + \gamma_3 R_t) \dfrac{Y_t}{D_t} f^g(R)\,\mathrm{d}R}{\int_{-\infty}^{R^*} (\beta_3 + \gamma_3 R_t) \dfrac{Y_t}{D_t} f^b(R)\,\mathrm{d}R} \tag{A22}$$

同样，基于农户自我保险均衡的解集 J_{UR}，ψ_t 表示信贷约束变化造成农户效用变动的贴现值与预期正常年份效用的边际替代率，可得：

$$\psi_t = \frac{\lambda_t}{\delta(1+r)} \cdot \frac{1}{\int_{R^*}^{+\infty} \dfrac{\partial V_{t+1}(W_{t+1}^g)}{\partial W_{t+1}} f^g(R)\,\mathrm{d}R} \tag{A23}$$

具体 ψ_t 值的计算，将式（A11）代入式（A12），可得：

$$\delta(1+r)\int_{-\infty}^{R^*} \frac{\partial V_{t+1}(W_{t+1}^b)}{\partial W_{t+1}} f^b(R)\,\mathrm{d}R + \delta(1+r)\int_{R^*}^{+\infty} \frac{\partial V_{t+1}(W_{t+1}^g)}{\partial W_{t+1}} f^g(R)\,\mathrm{d}R + \lambda_t$$

$$= \delta\int_{-\infty}^{R^*} \frac{\partial V_{t+1}(W_{t+1}^b)}{\partial W_{t+1}} \cdot \frac{\partial Y_t}{\partial K_t} f^b(R)\,\mathrm{d}R + \delta\int_{R^*}^{+\infty} \frac{\partial V_{t+1}(W_{t+1}^g)}{\partial W_{t+1}} \cdot \frac{\partial Y_t}{\partial K_t} f^g(R)\,\mathrm{d}R \tag{A24}$$

对等式两边同时除以 $\delta(1+r)\int_{R^*}^{+\infty} \dfrac{\partial V_{t+1}(W_{t+1}^g)}{\partial W_{t+1}} f^g(R)\,\mathrm{d}R$，经过重新整理得到 ψ_t 的表达式：

$$\psi_t = \frac{1}{1+r} \cdot \left[\varphi_t \frac{\partial Y_t}{\partial K_t} + \frac{\partial Y_t}{\partial K_t} \right] - (1 + \varphi_t) \tag{A25}$$

将生产函数估计的参数值代入式（A18），可得：

$$\psi_t = \frac{1}{1+r} \cdot \left[\varphi_t \left(\beta_1 + \gamma_1 R_t \right) \frac{Y_t}{K_t} + \left(\beta_1 + \gamma_1 R_t \right) \frac{Y_t}{K_t} \right] - (1 + \varphi_t) \qquad (\text{A26})$$

因此，式（A23）给出了通过农业资本投入对产出边际影响来估计 ψ_t 的方法。最终，得到如下几种情况的自我保险下的均衡保险费率。

1. 存在信贷约束时自我保险下的均衡保险费率

$$\rho_1 = \frac{1}{1+r} \cdot \frac{\varphi_t}{(1+\varphi_t) + \psi_t} \qquad (\text{A27})$$

将式（A21）和式（A25）代入式（A27），可得：

$$\rho_1 = \frac{\displaystyle\int_{R^{\cdot}}^{+\infty} \frac{\partial Y_t}{\partial D_t} f^g(R)\,\mathrm{d}R}{\dfrac{\partial Y_t}{\partial K_t} \cdot \left[\displaystyle\int_{R^{\cdot}}^{+\infty} \frac{\partial Y_t}{\partial D_t} f^g(R)\,\mathrm{d}R - \int_{-\infty}^{R^{\cdot}} \frac{\partial Y_t}{\partial D_t} f^h(R)\,\mathrm{d}R \right]} \qquad (\text{A28})$$

根据式（A28），存在信贷约束时，农业保险费率取决于预期不同气象年份资本投入和种植多样性效用的边际替代率的大小、预期干旱年份种植多样性影响效用变动的程度。

2. 不存在信贷约束时自我保险下的均衡保险费率

$$\rho_2 = \frac{1}{1+r} \cdot \frac{\varphi_t}{1+\varphi_t} \qquad (\text{A29})$$

将其展开，可得：

$$\rho_2 = \frac{1}{1+r} \cdot \frac{\displaystyle\int_{R^{\cdot}}^{+\infty} \frac{\partial Y_t}{\partial D_t} f^g(R)\,\mathrm{d}R}{\displaystyle\int_{R^{\cdot}}^{+\infty} \frac{\partial Y_t}{\partial D_t} f^g(R)\,\mathrm{d}R - \int_{-\infty}^{R^{\cdot}} \frac{\partial Y_t}{\partial D_t} f^h(R)\,\mathrm{d}R} \qquad (\text{A30})$$

3. 存在信贷约束和政府补贴时自我保险下的均衡保险费率

$$\rho_3 = \frac{1}{(1-\kappa)} \cdot \frac{1}{1+r} \cdot \frac{\varphi_t}{(1+\varphi_t) + \psi_t} \qquad (\text{A31})$$

将其展开，可得：

$$\rho_3 = \frac{1}{(1-\kappa)} \cdot \frac{\displaystyle\int_{R^{\cdot}}^{+\infty} \frac{\partial Y_t}{\partial D_t} f^g(R)\,\mathrm{d}R}{\dfrac{\partial Y_t}{\partial K_t} \cdot \left[\displaystyle\int_{R^{\cdot}}^{+\infty} \frac{\partial Y_t}{\partial D_t} f^g(R)\,\mathrm{d}R - \int_{-\infty}^{R^{\cdot}} \frac{\partial Y_t}{\partial D_t} f^h(R)\,\mathrm{d}R \right]} \qquad (\text{A32})$$

其中，κ 为政府保费补贴比例。

附录4

本章对各县（市）1981～2019 年降水分布进行了正态分布检验，即 K - S 检验和 Shapiro 检验（见附表1）。两种检验判定标准的 P 值均大于 0.1，因此各县（市）降水符合正态分布。

附表1　各县（市）降水正态分布检验 P 值

检验	河北省			河南省					
	唐县	磁县	元氏县	原阳县	获嘉县	新乡县	延津县	卫辉市	开封县
K - S	0.56	0.75	0.91	0.56	0.15	0.91	0.39	0.39	0.15
Shapiro	0.39	0.56	0.10	0.84	0.57	0.24	0.89	0.40	0.24

为更准确地判断各县（市）降水分布范围，本章利用各县（市）的平均降水量加减三倍标准差来估计 99% 降水分布情况，并计算相应降水量的密度函数：

$$R \sim \mathrm{N}(\mu, \sigma^2) \tag{A33}$$

$$R \in [\mu - 3\sigma, \mu + 3\sigma] \tag{A34}$$

$$f(R) = \frac{1}{\sigma\sqrt{2\pi}} \exp\left[-\frac{(x-\mu)^2}{2\sigma^2}\right] \tag{A35}$$

根据设定的距平百分比（PA）数值，本章可以计算与之对应的降水量临界点（R^*）。进一步可以通过 R^* 求出不同干旱指标值（PA）对应的干旱概率（ρ^*），具体公式如下：

$$PA = \frac{R - \bar{R}}{\bar{R}} \times 100\% \tag{A36}$$

$$R^* = PA \cdot \bar{R} + \bar{R} \quad PA \in [-50\%, -15\%] \tag{A37}$$

$$\rho^* = Pr(R \leqslant R^*) = \frac{\int_{-\infty}^{R^*} f(R)\,dR}{\int_{-\infty}^{+\infty} f(R)\,dR} \tag{A38}$$

以附图1（a）河南省原阳县降水分布为例，阴影部分表示原阳县降水量低于平均水平 15% 的概率，即干旱指标值 $PA = -15\%$。除此之外，为确保研究结果的可靠性，本章还使用 Beta 分布对各县（市）历史降水量进行拟合，附图1（b）展示了依据 Beta 分布拟合的原阳县降水分布。

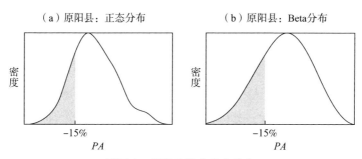

附图 1　原阳县降水拟合分布

注：图中纵轴表示降水分布的密度函数值，横轴为干旱指标值（距平百分比 PA），阴影部分表示原阳县在面临轻度干旱 $PA = -15\%$ 时的降水概率。

附录 5

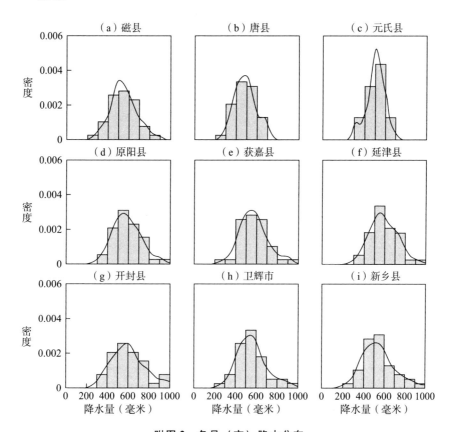

附图 2　各县（市）降水分布

注：图中纵轴表示不同降水量对应的密度函数值，横轴表示降水量。

附录 6

首先，在使用 C – D 生产函数的基础上，本章进一步采用了包容性更强、形式更灵活的超越对数生产函数，其突出优点是考虑到不同投入要素之间的替代性，具体实证模型为：

$$\ln Y_{it} = \beta_0 + \beta_1 \ln K_{it} + \beta_2 \ln L_{it}^f + \beta_3 \ln R_{vt} + \beta_4 \ln D_{it} + 1/2\,\beta_5\,(\ln K_{it})^2 +$$
$$1/2\,\beta_6\,(\ln L_{it}^f)^2 + 1/2\,\beta_7\,(\ln R_{vt})^2 + 1/2\,\beta_8\,(\ln D_{it})^2 + \beta_9 \ln K_{it} \ln L_{it}^f +$$
$$\beta_{10} \ln K_{it} \ln R_{vt} + \beta_{11} \ln K_{it} \ln D_{it} + \beta_{12} \ln L_{it}^f \ln R_{vt} + \beta_{13} \ln L_{it}^f \ln D_{it} +$$
$$\beta_{14} \ln R_{vt} \ln D_{it} + e_i + \varepsilon_{it} \tag{A39}$$

其中，Y_{it} 表示农户 i 第 t 年的农业产出，L_{it}^f 为农户 i 第 t 年农业生产中的劳动力投入（包括自有劳动力、雇佣劳动力），K_{it} 为农户 i 第 t 年在农业生产中的资本投入（包括肥料、农药及生产服务购买费用），D_{it} 代表农户种植多样性指标，仍采用 Shannon 指数；R_{vt} 表示农户所在 v 县第 t 年的降水量；e_i 为不可观测的个体固定效应；ε_{it} 为误差项。附表 2 报告了超越对数生产函数的估计情况。

附表 2　超越对数生产函数估计结果

变量	河南省	河北省
ln（资本投入）	− 1.630 （1.583）	1.392 （2.354）
ln（劳动力投入）	4.378 *** （0.995）	0.001 （1.759）
ln（种植多样性）	− 5.015 ** （2.162）	0.732 （3.748）
ln（降水量）	66.060 *** （6.516）	21.762 ** （10.491）
1/2 ln（资本投入）^{2}	− 0.090 （0.0880）	− 0.0433 （0.104）
1/2 ln（劳动力投入）^{2}	− 0.039 （0.073）	0.058 （0.068）
1/2 ln（种植多样性）^{2}	− 0.056 （0.125）	0.100 （0.927）

续表

变量	河南省	河北省
$1/2 \ln$（降水量）^{2}	-15.660^{***} （1.530）	-5.201^{*} （2.695）
$\ln$（资本投入）$\times \ln$（劳动力投入）	0.093 （0.077）	-0.004 （0.061）
$\ln$（资本投入）$\times \ln$（种植多样性）	0.083 （0.250）	0.191 （0.269）
$\ln$（资本投入）$\times \ln$（降水量）	0.462 （0.375）	-0.249 （0.592）
$\ln$（劳动力投入）$\times \ln$（种植多样性）	0.218 （0.191）	-0.409^{**} （0.173）
$\ln$（劳动力投入）$\times \ln$（降水量）	-1.094^{***} （0.241）	-0.032 （0.444）
$\ln$（降水量）$\times \ln$（种植多样性）	0.884^{*} （0.531）	-0.067 （0.940）
R^2	0.601	0.458
观测值（个）	467	294

注：括号内为标准误，$***$、$**$ 和 $*$ 分别表示 1%、5% 和 10% 的显著性水平。

本章利用上述结果估计两个重要参数 φ_t 与 ψ_t，并计算自我保险下的均衡保险费率，具体计算公式为：

$$\varphi_t = -\frac{\int_{R^*}^{+\infty} (\beta_4 + \beta_8 \ln K_{it} + \beta_{11} \ln K_{it} + \beta_{13} \ln L_{it}^f + \beta_{14} \ln R_{it}) \frac{Y_t}{D_t} f^g(R)\, dR}{\int_{-\infty}^{R^*} (\beta_4 + \beta_8 \ln K_{it} + \beta_{11} \ln K_{it} + \beta_{13} \ln L_{it}^f + \beta_{14} \ln R_{it}) \frac{Y_t}{D_t} f^b(R)\, dR} \quad (A40)$$

$$\psi_t = \frac{1}{1+r} \cdot \left[\varphi_t \left(\beta_1 + \beta_5 \ln K_{it} + \beta_9 \ln L_{it}^f + \beta_{10} \ln R_{it} + \beta_{11} \ln D_{it} \right) \frac{Y_t}{K_t} + \left(\beta_1 + \right.\right.$$
$$\left.\left. \beta_5 \ln K_{it} + \beta_9 \ln L_{it}^f + \beta_{10} \ln R_{it} + \beta_{11} \ln D_{it} \right) \frac{Y_t}{K_t} \right] - (1 + \varphi_t) \quad (A41)$$

在此基础上，附图 3 展示了根据超越对数生产函数测算的农业保险需求情况。与正文图 5-1 相比较，存在信贷约束时的农业保险需求水平总体仍大幅低于不存在信贷约束时的农业保险需求水平，并且政府补贴对农业保险需求的拉动作用也十分有限。对比两组图，只有原阳县、卫辉市和新乡县在干旱保险需求的拐点上有较小区别。

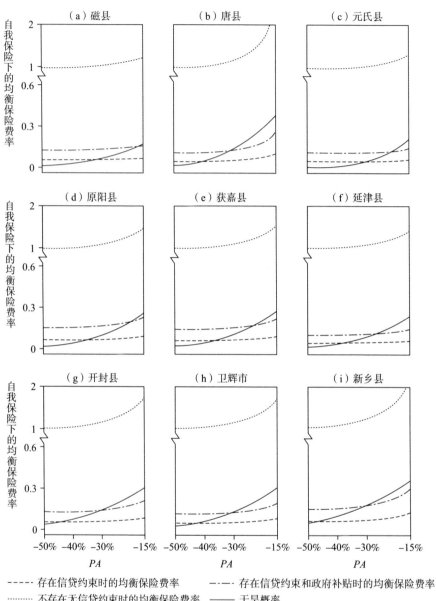

附图 3　基于 Translog 生产函数的农业保险需求模拟

注：横轴为降水量 $R < R^*$ 的不同干旱水平（PA），随着干旱水平的下降，干旱概率增加。

　　此外，利用超越对数生产函数估计提高了模型的复杂度，可能出现过度拟合的情况，因此根据 AIC 以及 BIC 信息准则，对 C－D 生产函数与超越对数生产函数进行了统计模型拟合优良性检验，结果如附表3所示。从检验结果来看，C－D生产函数是相对比较好的选择，因此，本章的主体仍沿用该生产函数进行数理分析。同时，受篇幅限制，本书仅在附录中对超越对数生产函数的估计结果进行了说明。

附表3 统计模型拟合优良性检验

指标	C－D生产函数		Translog生产函数	
	河南省	河北省	河南省	河北省
AIC	333.4291	216.6281	370.1777	225.6628
BIC	366.5825	246.0967	432.3405	280.9165

第六章　农户农业保险认知与需求

农业保险是乡村振兴中金融服务领域的重要组成部分,农业保险的发展必然要求农业保险有效需求的提高。作为农户有效分散风险的方式,政策性农业保险逐渐向普惠、高保障进一步发展。为实现农业保险高覆盖的目标,农业保险基层工作包括从宣传到理赔各个环节,然而不规范行为有可能扭曲了农户对农业保险的正确认知,进而导致农户农业保险需求不足。基于此,本章将从农业保险认知角度出发,分析其对农业保险需求的影响。

第一节　保险认知和农业保险需求

农业保险在过去十几年间得到快速发展,同时种种问题也通过农业保险实践而逐步浮现出来。购买意愿不强、保险操作不规范等,已成为损害农业保险补贴效率的重要阻碍。近些年保额较高的险种随着政策不断普及,但由于传统政策性保险需求低迷,创新险种普及的效果可能面临很大的不确定性。徐斌和孙蓉(2016)研究发现,农户对农业保险的认知并没有随农业保险的迅速推广而变得更理性和正确,对农业保险的购买倾向也并不是很强,对农业保险普遍持"不排斥但不积极"的态度。在农户自愿参保的情况下,农户表明的购买意愿可能强于实际购买情况,其需求仅仅是潜在需求而非有效需求(Wang,2010),农户对农业保险的需求实际上可能并不高。

与此同时,对农业保险理解不清、对农业保险的定位出现偏差等问题仍然存在于农户农业保险认知中。于鑫鑫等(2021)利用近年的调研数据通过李克特量表得出,农户的农业保险认知仍然不高,以满分为5分来计算,农户得分均值仅为1.15分,甚至无法达到认知均值,可见农户对农业保险的了解程度极低。尽管近年的农业保险普及导致75%的农户知道"种植业保险"这一名词，但关于保险品种、保费补贴、理赔等方面的知识仍不了解，甚至有部分农户将政府的保费补贴和保险赔款相混淆，认为赔款就是补贴（赵翠萍等，2022），由此对农业保险定位出现错误认识。保险认知出现问题，主要是由于受过去实际赔付经历的影响（于鑫鑫等，2021）。在过往的农业保险赔付实际操作中，保费返还的情况也屡见不鲜，这也意味着农业保险除了有着分散风险的作用，还出现了一种"间接转移支付"的功能。在这种功能下，农户缴纳的保险相当于一种储蓄。同时，错误赔付经历的出现使农户认为对农业保险投入的保费与赔付获得的收益之间存在必然联系，农户在类似的赔付模式下形成了当期进行投保、当期农业种植结束后应该拿到理赔的认知。然而，这种对农业保险的认知与保险的本质是相违背的。

农业保险认知的正确性对于提高农业保险需求具有重要意义。目前农业保险高覆盖来源于财政高额补贴，意味着农户对农业保险是储蓄还是保险的定位势必会影响政府补贴的效率。进一步来说，农户的农业保险认知对农业保险需求产生的影响是农业保险高质量发展过程中难以绕开的话题。因此，本章从农户对农业保险认知正确与否出发，研究保险认知、过去赔付经历对农业保险需求的影响，期望通过揭示影响农户参保积极性的因素及其作用机制，提高农户对农业保险的真实需求，推动农业保险的持续、稳健发展。

第二节 理论框架与实证策略

本节首先通过计划行为理论框架搭建理论基础，讨论关键影响因素保险认知和赔付经历如何对农业保险需求产生影响，以及两者对农业保险需求的共同作用机制，进而提出研究假说。其次，提出对农业保险需求影响的实证策略。

一 理论框架

Ajzen 和 Fishbein（1977）提出计划行为理论（TRA），分析人的态度如何有意识地影响个体行为。根据计划行为理论，个人的基本特征、后天所受的教育、文化背景以及社会经验等均会对主体信念产生影响，从而在其行为态度、知觉行为和主观规范方面产生间接的影响，最终引发对主体行为的影响。因此，农户农业保险认知受自身学习能力和受教育程度等影响，进而会对农业保险的需求产生影响，即农户的农业保险认知会深刻影响农业保险需求。农业保险认知是农业保险购买决策的前提和农业保险购买行为的先行指标（Sherrick et al.，2004a；程静等，2018），以保险认知展开分析很有必要。当农户农业保险认知正确，即能够正确理解农业保险的作用是预防风险以减少生产损失时，农户会增加对农业保险的需求；当农户错误地把农业保险定位为提高收益的储蓄产品时，农户则会减少对农业保险的需求。农户在过去农业生产中遇到过灾害，由此增加了一定经验，在计划行为理论中经验会影响主体行为，所以这些经验的增加会改变农户对农业保险的需求。在受灾次数增加的同时，由于获得的赔付金额没有达到预期或者没有完全弥补灾害造成的农业生产损失，农户可能会降低对农业保险的需求程度。农户在过去三年[①]获得的赔付也是其农业生产经验的一种，也会对其农业保险需求产生影响。具体来看，不考虑农户是否受灾，只要获得赔付次数越多也就意味着农户获得收益次数增加，由此可知赔付次数越多农户对农业保险需求越高。由此，本书提出假说1。

假说1：保险认知正确可以提高农业保险需求，受灾越多农业保险需求越低，只有赔付次数越多农户对农业保险需求才越高。

不同的农户对农业保险的认知不同，经历过的赔付也是不同的。农户的农业保险认知可以分为正确认知和错误认知。农户的赔付经历具体来看包括农户获得正确赔付（受灾获得赔付、没受灾没赔付）和错误赔付（没受灾赔付、受灾没赔付）。当农户在不同的农业保险认知水平下时，不同的赔付经历对农户农业保险需求的影响是不同的。

（一）正确赔付经历

正确赔付是指受灾获得赔付、没受灾没赔付两种情况，具体逻辑如图

---

① 本书指 2019～2021 年。

6-1所示。当农户具备正确农业保险认知时，正确的赔付经历是合理的、符合农户预期的，因此，农户正确的保险认知和正确的赔付经历的共同作用对农户农业保险的需求不产生影响。当农户具备错误的农业保险认知时，正确的赔付经历对其也不产生影响。受灾获得赔付对于认知错误的农户而言也是理所当然的，因此对农业保险需求无影响；没受灾没赔付这种情况在实际操作中出现的频率较低，因此也不会对购买意愿产生影响。由此，本书提出假说2。

假说2：无论保险认知正确与否，正确的赔付经历对农业保险需求不产生影响。

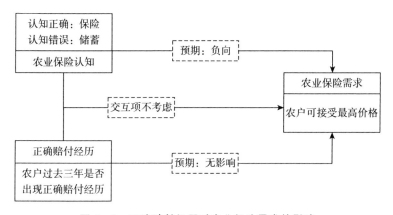

图6-1 正确赔付经历对农业保险需求的影响

（二）错误赔付经历

错误赔付是指赔付与受灾情况发生错位，农户没受灾却得到了赔付或者受灾了没有得到赔付，具体逻辑如图6-2所示。没受灾赔付情景下，由于农户的保险认知错误，他们认为农业保险的赔付是合理的，符合他们的预期，这也会加重他们的错误认知，对农业保险的需求会显得更加"可有可无"，从而导致农业保险需求不高甚至降低。受灾没赔付的情况在实际中发生的可能性较低。对于农业保险认知错误的农户而言，返还保费是理所当然的，返还保费部分不属于赔付，只有获得高于保费的赔付额才算获得赔偿。因此，综上所述，农户错误赔付经历对农业保险需求会产生负向影响。由此本书提出假说3。

假说3：保险认知错误的农户，在错误赔付经历下，农业保险需求会降低。

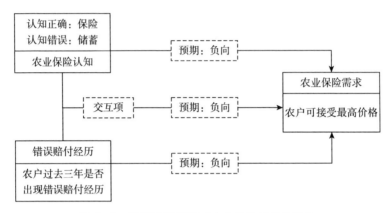

图6-2 错误赔付经历对农业保险需求的影响

二 实证策略

本章旨在探究不同保险认知情况下，不同赔付经历对农业保险需求的影响，具体采用如下模型：

$$Y_i = \beta_0 + \beta_1 X_{cognitive_i} + \beta_2 X_{disaster_i} + \beta_3 X_{compensate_i} + \beta_4 Z_i + \mu_{1i} \qquad (6-1)$$

首先，验证保险认知、受灾和赔付是否会对农业保险需求产生影响。其中，Y_i 代表第 i 个农户的农业保险需求，$X_{cognitive_i}$ 代表第 i 个农户的保险认知，$X_{disaster_i}$ 代表第 i 个农户过去三年农业生产受灾次数，$X_{compensate_i}$ 代表第 i 个农户过去三年保险赔付次数。β_1 表示保险认知对农业保险需求的边际影响，β_2 和 β_3 分别表示受灾次数和赔付次数对农业保险需求的边际影响。

$$Y_i = \beta_0 + \beta_1 X_{exp_i} + \beta_2 X_{cognitive_i} + \beta_3 Z_i + \mu_{2i} \qquad (6-2)$$

其次，验证农户赔付经历和保险认知是否会对农业保险需求产生影响。Y_i 代表第 i 个农户的农业保险需求。X_{exp_i} 代表第 i 个农户正确与否的赔付经历，用农户是否获得保险赔付和是否受灾构建赔付经历的虚拟变量：农户获得正确赔付（受灾获得赔付、没受灾没赔付）以及农户获得错误赔付

（没受灾赔付、受灾没赔付）。β_1 表示赔付经历对农业保险需求的边际影响。

$$Y_i = \beta_0 + \beta_1 X_{cognitive_i} + \beta_2 X_{exp_i} + \beta_3 X_{cognitive_i} \times X_{exp_i} + \beta_4 Z_i + \mu_{3i} \qquad (6-3)$$

最后，验证不同保险认知以及不同赔付经历是否会对农业保险需求共同产生影响。Y_i 代表第 i 个农户的农业保险需求，用 β_3 表示保险认知和赔付经历对农业保险需求的共同影响。

以上三个公式中，Z_i 表示控制变量，包括五类因素：农户个体特征（性别、受教育程度、是不是村干部、家庭健康人口和家庭总收入）、农户保险知识了解程度（基础保险认知和完全成本保险认知）、政府的信任（政府信任程度和政府保险购买干预）、风险（资金风险、风险态度、是否加入合作社）以及过去保费支付情况。μ_i 为随机误差项。

第三节　数据来源、变量选择和样本特征

一　数据来源

江苏省作为农业先进示范大省，在农业保险方面一直处于领先地位。2007 年，江苏省被选为政策性农业保险试点，自此之后农业保险快速发展；2020 年，江苏省保险深度达到 1.21%，水稻、小麦、玉米三大主粮作物农业保险覆盖率达到总种植面积的 84%。为了进一步扩大农业保险成长空间、推动农业保险高质量发展，近些年江苏省农业保险产品逐渐开始朝广覆盖、高保障、多品种方向发展。江苏省财政厅于 2021 年印发《关于开展三大粮食作物完全成本保险和种植收入保险的通知》，提出保障小麦种植过程中的完全成本。在此背景下，本书调研组 2021 年在江苏省淮安市、宿迁市以及盐城市的 7 个县区 28 个村开展了关于农户农业保险、农业生产情况的实地调研。调查员随机抽取到的种植户均满足以下条件，以确保调研能获得可靠的数据：（1）近些年从事种植小麦和水稻等主粮作物；（2）参与家庭中生产决策。本次调研共获有效问卷 443 份。

二　变量选择

（一）被解释变量

本章的被解释变量是农户对小麦完全成本保险的可接受最高价格。在调

研中首先提问农户初始愿意支付的价格，然后在此基础上通过依次提高区间价格逐步询问农户"是否愿意接受此区间价格的农业保险"以获得其最高支付意愿（陈东景等，2003）。问卷中设置了 8 个价格区间，同时将农户不想支付任何金额设定为"0"。本章采用农户可接受最高价格区间的中值来表示农户对农业保险的需求，农户可接受的价格越高，其农业保险需求越高。

（二）解释变量

本章的核心解释变量是保险认知和赔付经历。

一方面，对保险认知的衡量采用农户对"保费返还"这一现象的态度。其中，保险正确认知是认为农业保险是用来减少农业生产的损失，问卷中用"农户不需要保费返还"来衡量；保险错误认知是认为农业保险是用来提高农业生产收入，认为投入的基础保费必须得到返还，此时农户把农业保险看作储蓄，问卷中用"农户需要保费返还"来衡量。

另一方面，用"是否经历过受灾获得赔付"、"是否经历过没受灾没赔付"、"是否经历过没受灾赔付"和"是否经历过受灾没赔付"四个虚拟变量表示不同的保险赔付经历。其中，前两者表示正确保险赔付经历，后两者为不正确保险赔付经历。同时，选用错误赔付经历次数、正确赔付经历次数进行稳健性检验。

根据表 6-1 可以看出，农户的保险认知均值为 0.557，也意味着保险认知错误的农户相对多一些；多数农户有过错误赔付经历，特别是"没受灾赔付"经历。

表 6-1 变量赋值及描述性统计

变量	含义	均值	标准差	最小值	最大值
被解释变量					
农业保险需求	农户接受最高保险分区支付意愿中值（元/亩）	35.460	24.160	0	75
解释变量					
保险认知	是否需要保费返还：0 = 否，1 = 是	0.557	0.667	0	1
受灾	过去三年受灾次数（次）	2.724	2.441	0	9
赔付	过去三年获得赔付次数（次）	3.682	2.733	0	6
错误赔付经历	农户是否存在没受灾赔付或者受灾没赔付情况：0 = 否，1 = 是	0.808	0.394	0	1

续表

变量	含义	均值	标准差	最小值	最大值
正确赔付经历	农户是否存在没受灾没赔付或者受灾获得赔付情况：0＝否，1＝是	0.810	0.392	0	1
没受灾赔付	农户是否没受灾赔付：0＝否，1＝是	0.688	0.464	0	1
受灾没赔付	农户是否受灾没赔付：0＝否，1＝是	0.182	0.387	0	1
错误赔付经历次数	农户过去三年错误赔付经历次数（次）	2.759	2.115	0	6
正确赔付经历次数	农户过去三年正确赔付经历次数（次）	0.912	1.694	0	6
控制变量					
性别	0＝男性，1＝女性	0.066	0.255	0	1
受教育程度	受访者受教育年限（年）	8.531	3.524	0	20
村干部	农户是不是村干部：0＝否，1＝是	0.193	0.395	0	1
家庭健康人口	家庭身体健康人口（个）	3.206	1.673	0	9
家庭总收入	农户家庭收入（百万元）	0.041	0.083	0.004	1.400
基础保险认知	保险保障的是什么？（回答错误＝0，回答正确＝1）	0.898	0.303	0	1
完全成本保险认知	完全成本保险是否得到政府补贴：0＝否，1＝是	0.223	0.416	0	1
政府保险购买干预	农业保险支付是不是村代缴：0＝否，1＝是	0.433	0.496	0	1
政府信任程度	通过借钱衡量对政府的信任（打分0～5）	2.157	1.616	0	5
资金风险	过去三年是否缺钱：0＝否，1＝是	0.321	0.467	0	1
风险态度	农户风险偏好情况（0～8）	2.816	2.823	0	8
合作社	农户过去三年是否加入过合作社：0＝否，1＝是	0.330	0.471	0	1
保费	农户过去三年小麦保险支付金额（元/亩）	29.710	31.390	0	514.800

（三）控制变量

本章借鉴前人关于农业保险需求相关文献中控制变量的选择（杜鹏，2011；Cai et al.，2015a；Hill et al.，2016），考虑农户个体特征、农业风险情况、农户对农业保险（先前购买过的保险和小麦完全成本保险）的了解程度。在本次调研中，我们设定了关于农业保险的知识问题和完全成本保险的知识问题，通过农户回答来判断农户对保险基础知识的了解程度，该测算也是过往研究中对保险认知的主要评估定义方法。另外，农户对政府的信任程度也是农户对农业保险需求的影响因素之一（孙香玉、钟甫宁，2009b）。在村集体中，农户更偏向于相信村干部，村干部对农户购买农业保险的影响也较为明显。综上所述，本章首先在模型中控制了受访者的性别、受教育程度、是不是村干部、家庭健康人口、家庭总收入、政府信任程度、政府保险购买干预、基础保险认知、完全成本保险认知。其次，本章用农户是否有过资金风险（农户过去三年是否缺钱）、自身风险态度和是否加入可以进行风险分散以稳定农业生产的合作社来控制风险。最后，本章控制了农户过去保费支付情况。

三　样本特征

图 6 - 3 展示了农户对小麦完全成本保险保费的支付意愿。可以看出农户对农业保险的需求并不是完全随着保险价格提高而降低，保险支付意愿有两个峰值，分别是高价格 75 元/亩和低价格 15 元/亩。当保费价格为 15 元/亩时，农户的接受度是最高的，可能的原因在于上一期农业保险保费为 12 元/亩①。

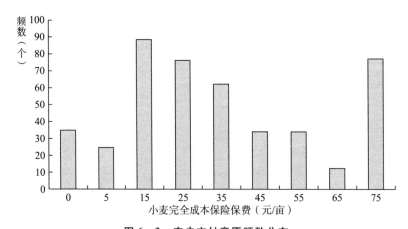

图 6 - 3　农户支付意愿频数分布

---

① 上一期实施农业大灾保险保费为 12 元/亩，这对农户保费接受价格产生了一定的先入影响。

图 6 - 4（a）描述了农户对农业保险认知的情况。半数农户对农业保险认知出现了错误，这一数据占比是较高的。如果农户展现的需求也是在较多农户农业保险认知错误的基础上，那么农户真实的支付意愿可能没有数据展示得这么乐观。过往也有研究证明农户参保率不是真实参保意愿的体现，农业保险参与意愿是低于实际参与率的（晁娜娜、杨汭华，2019）。图 6 - 4（b）列出了农户在过去农业生产中是否出现错误赔付经历，可以看出 443 个农户中超过八成出现错误赔付经历，这意味着农业保险在实际赔付中是存在不规范问题的。

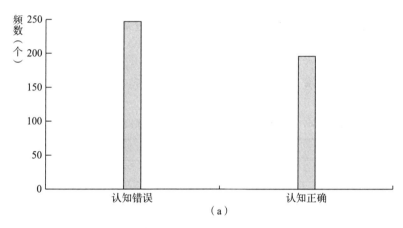

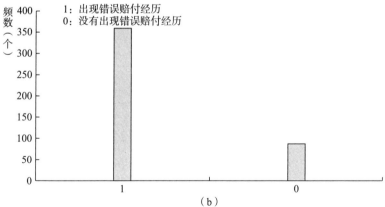

图 6 - 4 农户农业保险认知、错误赔付经历频数分布

注：图 6 - 4（a）为农户对农业保险认知的频数分布，图 6 - 4（b）为农户出现错误赔付经历的频数分布。

第四节 实证结果分析

本节围绕前文 3 个研究假说，对影响农业保险需求的因素进行分析。首先，验证保险认知、赔付与受灾对农业保险需求产生的影响；其次，检验保险认知和赔付经历对农业保险需求的共同作用；再次，详细区分何种赔付经历和保险认知在对农业保险需求的共同影响中起更大作用；最后，通过稳健性检验进一步验证赔付经历对农业保险需求的影响。

一 保险认知、赔付与受灾对农业保险需求的影响

研究关注保险认知、农户过去三年获得赔付的次数以及受灾的次数对农业保险需求的影响，具体实证结果如表 6 - 2 所示。

表 6 - 2 保险认知、赔付与受灾对农业保险需求的影响

变量	被解释变量：农业保险需求			
	（1）	（2）	（3）	（4）
保险认知	- 4. 850 ***	- 5. 784 ***	- 6. 142 ***	- 6. 067 ***
	（1. 662）	（1. 677）	（1. 690）	（1. 698）
受灾	- 0. 884 *	- 0. 987 **	- 0. 999 **	- 0. 974 **
	（0. 465）	（0. 463）	（0. 462）	（0. 476）
赔付	1. 133 ***	1. 192 ***	1. 233 ***	1. 222 ***
	（0. 426）	（0. 425）	（0. 428）	（0. 432）
保费	- 0. 022	- 0. 024	- 0. 018	- 0. 016
	（0. 036）	（0. 036）	（0. 036）	（0. 036）
性别	4. 283	3. 360	3. 631	3. 997
	（4. 348）	（4. 342）	（4. 344）	（4. 364）
受教育程度	1. 025 ***	1. 208 ***	1. 183 ***	1. 144 ***
	（0. 350）	（0. 352）	（0. 352）	（0. 355）
村干部	3. 613	3. 354	2. 624	1. 877
	（3. 009）	（2. 990）	（3. 014）	（3. 085）
家庭健康人口	1. 122	1. 228 *	1. 240 *	1. 241 *
	（0. 695）	（0. 692）	（0. 691）	（0. 693）
家庭总收入	- 17. 474	- 16. 828	- 16. 535	- 18. 725
	（13. 261）	（13. 163）	（13. 155）	（13. 571）

续表

变量	被解释变量：农业保险需求			
	（1）	（2）	（3）	（4）
基础保险认知		−7.205* （3.676）	−7.271** （3.672）	−7.757** （3.701）
完全成本保险认知		−6.181** （2.726）	−6.474** （2.728）	−6.232** （2.740）
政府信任程度			1.123 （0.706）	1.184* （0.713）
政府保险购买干预			−2.204 （2.271）	−2.169 （2.275）
资金风险				0.290 （2.541）
风险态度				−0.005 （0.406）
合作社				3.258 （2.491）
常数项	24.027*** （4.395）	30.700*** （5.445）	29.655*** （5.690）	29.117*** （5.756）
观测值（个）	443	443	443	443
R^2	0.080	0.100	0.100	0.110

注：括号内为标准误；***、**和*分别表示1%、5%和10%的显著性水平。

首先，表6-2中的实证结果展示了保险认知对农业保险需求的影响在1%的水平下显著为负。以列（1）为例，相较于持有正确保险认知的农户，持有错误保险认知的农户农业保险最高支付意愿中值显著降低49元①。这意味正确的保险认知对于提高农业保险需求具有极大意义，这一结果也符合假说1。可能的原因在于保险认知正确的农户能够正确认定农业保险的作用是在发生风险时降低生产损失，是一种有效的农业生产保障手段，因此对农业保险的需求会更高。然而错误的保险认知将农业保险看作储蓄产品，对这部分认知错误的农户而言获得更高的收益才是主要目的，因此对于提高收益不大的农业保险需求并不是非常高。综合来看，正

---

① 农户价格支付意愿区间为10元一个档次，此处农业保险需求单位变化为10元，由此降低了 $4.9 \times 10 = 49$ 元。

确的保险认知可以提高农业保险需求，保险认知错误可以降低农业保险需求。

其次，受灾次数的增多显著降低了农业保险需求。列（4）结果显示，每当受灾次数增加 1 次，农户农业保险接受最高价格中值降低 10 元。农户受灾次数越多，对农业保险需求越低。可能的原因是，农户受灾获得的赔付金额没有达到预期或者没有完全弥补农户受灾造成的农业生产损失。在实际保险理赔操作中，存在部分农户，不论是否受灾都能获得一定的赔偿金额，尽管赔付的总金额可能并不高。如果出现农户农业生产受灾严重需要保费来弥补损失，但是获得了与之前没受灾一致的赔付金额或者略高的赔付金额，农户获得的赔偿额可能不能弥补其损失，这一情况导致农户受灾后反而对农业保险需求降低。综合来看，受灾次数越多，农业保险需求越低。

最后，赔付次数对农业保险需求产生显著正向影响。列（4）显示，每当赔付次数增加 1 次，农户接受的农业保险最高价格中值提高 12 元。在实际农业生产中，农户获得赔付与农户当期农业生产是否受灾并不是一一对应的，因此获得赔付的次数越多，农户对农业保险的需求会越高。

通过前面的分析可以看出，农户对农业保险的认知正确与否，受灾次数以及赔付次数都会影响其需求。以上结果揭示了农户正确认知农业保险以及获得正确赔付，对农业保险规范化发展会产生重要影响。通过数据发现约半数农户存在错误认知，这已经对农业保险需求产生了极大的负面影响。同时，可以看出错误的保险赔付方式对农业保险的可持续稳定发展产生了阻力，因此对于逐步提高农业保险真实需求产生了更高的要求。在后续发展中，需要进一步纠正农户错误认知。

二　保险认知、赔付经历对农业保险需求的影响

表 6-3 展示了保险认知与赔付经历对农业保险需求的共同影响。回归结果表明，农户的错误赔付经历和保险认知基本会显著影响农业保险需求，正确赔付经历没有对农业保险需求产生显著影响。列（1）中保险认知对农业保险需求的影响在 1% 的水平下显著为负，意味着保险认知错误的农户对农业保险需求会更低，保险认知正确的农户对农业保险需求会更高。列（3）展示了错误赔付经历和保险认知对农业保险需求产生的影响，

尤其是错误赔付经历对农业保险需求的影响在 10% 的水平下显著为正。出现过错误赔付经历的农户，相较于没有出现过错误赔付经历的农户而言，对农业保险的最高支付意愿中值高出 49 元。同时从前文对变量的基础描述可以看到超过八成的农户存在错误赔付经历，这一现象给完成纠正农户错误保险认知的目标增加了更大的难度。这可能是由于出现的错误赔付经历中"没受灾赔付"占比更大起到主要的作用，农户没受灾依旧获得赔付大大提高了农业保险需求，因此错误赔付经历反而提高了农业保险需求。

表 6 – 3 保险认知与赔付经历对农业保险需求的影响

变量	被解释变量：农业保险需求			
	（1）	（2）	（3）	（4）
保险认知	– 5.363 *** (1.700)	– 5.540 *** (1.704)	– 5.693 *** (1.708)	0.114 (3.856)
正确赔付经历		– 3.856 (2.950)		
错误赔付经历			4.868 * (2.921)	8.135 ** (3.504)
保险认知 × 错误赔付经历				– 7.172 * (4.271)
性别	2.807 (4.392)	3.142 (4.396)	3.421 (4.399)	3.660 (4.392)
受教育程度	1.033 *** (0.354)	1.050 *** (0.354)	1.040 *** (0.353)	1.074 *** (0.353)
村干部	2.616 (3.078)	2.441 (3.078)	2.81 (3.074)	2.808 (3.067)
家庭健康人口	1.251 * (0.699)	1.304 * (0.699)	1.374 * (0.701)	1.372 * (0.700)
家庭总收入	– 21.278 (13.683)	– 21.447 (13.672)	– 22.141 (13.665)	– 22.045 (13.636)
基础保险认知	– 7.855 ** (3.725)	– 7.627 ** (3.726)	– 7.572 ** (3.721)	– 7.514 ** (3.714)
完全成本保险认知	– 5.335 * (2.753)	– 5.758 ** (2.770)	– 5.539 ** (2.750)	– 5.571 ** (2.744)
政府信任程度	1.242 * (0.719)	1.196 * (0.720)	1.227 * (0.718)	1.285 * (0.717)

续表

变量	被解释变量：农业保险需求			
	（1）	（2）	（3）	（4）
政府保险购买干预	－1.283 （2.278）	－1.711 （2.300）	－1.423 （2.275）	－1.590 （2.272）
资金风险	0.067 （2.522）	0.182 （2.522）	0.253 （2.520）	－0.304 （2.536）
风险态度	－0.206 （0.404）	－0.173 （0.404）	－0.168 （0.404）	－0.175 （0.403）
合作社	3.624 （2.509）	3.596 （2.507）	3.765 （2.506）	4.002 （2.504）
保费	－0.011 （0.036）	－0.009 （0.036）	－0.009 （0.036）	－0.008 （0.036）
常数项	31.221*** （5.415）	34.161*** （5.860）	26.593*** （6.076）	23.871*** （6.276）
观测值（个）	443	443	443	443
R^2	0.080	0.009	0.090	0.100

注：括号内为标准误；***、**和*分别表示1%、5%和10%的显著性水平。

表6-3中的列（4）展示了保险认知和错误赔付经历两者共同对农业保险需求产生的影响。可以看出，保险认知显著削弱了错误赔付经历对农业保险需求的正向影响。这意味着在农户保险认知错误的前提下，进一步出现错误赔付经历，农户会降低对农业保险的需求。这一结果可能是由于农户在错误的认知下理解的"没有赔付"是指返还的保费不属于赔付，只有获得高于保费的部分才能算作赔付。由此进行分析，在农户存在保险是储蓄产品错误认知下，农户没有拿到把农业保险看作储蓄产品的期望收益，因而其对农业保险的需求会下降。同时，农户拿到了比支付保费更高的赔付金额，但对于存在错误认知的农户而言这是理所当然的保险赔付水平，因此他们对农业保险的需求更加可有可无。由此验证了假说3。

表6-3中的列（2）展示了正确赔付经历、保险认知对农业保险需求的影响。由列（2）可知，正确赔付经历对农业保险需求的影响不显著，符合假说2。综合来看，正确赔付经历对农户农业生产来说是理所当然的，因此影响情况无法识别。大多数农户在农业生产中会受灾，例如倒伏在农

户眼中也是受灾的一种也需要获得赔付，因此很少存在"没受灾没赔付"的现象，由此对农户农业保险需求基本上不产生影响。"受灾获得赔付"对农户而言同样是理所当然的，尽管半数农户对农业保险存在错误认知，但这不妨碍其理解"受灾获得赔付"这一内容。因此，"受灾获得赔付"这一正确赔付经历对农户农业保险需求产生的影响很小。综上所述，正确赔付经历对农业保险需求不产生影响，假说 2 得以验证。

表 6-4 展示的结果详细区分错误赔付经历即"没受灾赔付"和保险认知、"受灾没赔付"和保险认知分别对农业保险需求的影响。

表 6-4　保险认知和错误赔付经历对农业保险需求的影响

变量	被解释变量：农业保险需求				
	（1）	（2）	（3）	（4）	（5）
保险认知	-5.363*** (1.700)	-6.211*** (1.706)	-1.630 (3.147)	-5.714*** (1.698)	-5.753*** (1.815)
没受灾赔付		7.581*** (2.467)	10.775*** (3.077)		
保险认知×没受灾赔付			-6.414* (3.706)		
受灾没赔付				-6.974** (2.986)	-7.131* (3.931)
保险认知×受灾没赔付					0.311 (5.059)
性别	2.807 (4.392)	4.130 (4.371)	4.432 (4.364)	3.400 (4.377)	3.414 (4.388)
受教育程度	1.033*** (0.354)	1.040*** (0.350)	1.064*** (0.350)	1.077*** (0.353)	1.077*** (0.353)
村干部	2.616 (3.078)	2.479 (3.048)	2.383 (3.042)	2.235 (3.066)	2.221 (3.079)
家庭健康人口	1.251* (0.699)	1.374** (0.693)	1.367** (0.691)	1.114 (0.698)	1.114 (0.698)
家庭总收入	-21.278 (13.683)	-20.035 (13.556)	-18.673 (13.548)	-19.419 (13.636)	-19.372 (13.673)
基础保险认知	-7.855** (3.725)	-7.615** (3.690)	-6.909* (3.704)	-8.012** (3.707)	-7.983** (3.739)
完全成本保险认知	-5.335* (2.753)	-5.900** (2.732)	-6.130** (2.729)	-5.803** (2.746)	-5.812** (2.753)

续表

变量	被解释变量：农业保险需求				
	（1）	（2）	（3）	（4）	（5）
政府信任程度	1.242 *	1.151	1.237 *	1.178	1.181
	(0.719)	(0.713)	(0.713)	(0.716)	(0.719)
政府保险 购买干预	-1.283	-1.905	-2.128	-1.903	-1.912
	(2.278)	(2.265)	(2.263)	(2.282)	(2.289)
资金风险	0.067	0.197	-0.254	-0.082	-0.074
	(2.522)	(2.498)	(2.506)	(2.510)	(2.517)
风险态度	-0.206	-0.064	-0.083	-0.133	-0.134
	(0.404)	(0.403)	(0.402)	(0.403)	(0.404)
合作社	3.624	3.630	3.869	3.502	3.499
	(2.509)	(2.485)	(2.483)	(2.497)	(2.500)
保费	-0.011	-0.012	-0.013	-0.015	-0.015
	(0.036)	(0.036)	(0.036)	(0.036)	(0.036)
常数项	31.221 ***	25.921 ***	23.189 ***	33.354 ***	33.355 ***
	(5.415)	(5.633)	(5.838)	(5.464)	(5.4710)
观测值（个）	443	443	443	443	443
R^2	0.080	0.100	0.110	0.100	0.100

注：括号内为标准误；***、** 和 * 分别表示 1%、5% 和 10% 的显著性水平。

首先，表6-4中列（2）、列（3）展示了"没受灾赔付"和保险认知对农业保险需求的影响。列（1）是保险认知对农业保险需求影响的单独回归，结果与前文一致。列（2）在列（1）的基础上增加了"没受灾赔付"这一变量。回归结果显示，"没受灾赔付"这一变量对农业保险需求的影响在 1% 的水平下显著为正。可以看出，农业生产经营中出现"没受灾赔付"的农户对农业保险需求会提高，这与表6-2中赔付次数对农业保险需求的影响是一致的。通过比较表6-4中列（1）和列（2）可以看出，加入"没受灾赔付"的回归结果中保险认知对农业保险需求的负向影响加强；同时"没受灾赔付"对农业保险需求的影响是显著为正的，增加了保险认知正确的农户对农业保险的需求。列（3）分析了保险认知和"没受灾赔付"对农业保险需求的共同作用。从结果看出保险认知受到错误保险赔付经历的影响，最终降低了对农业保险的需求。可能的原因是农户保险认知存在偏误，对农业保险机制理解不准确，农户没有受灾但仍然获得了更高的赔付符合其对农业保险的不准确定位，没有与其初始保险认知相悖，但同时也造成了其对农业保险"可有可无"的态度。最终，造成的结果是，保险认知存在偏误的农户在出现了"没受灾赔付"这一错误赔付经历后，降低了可接受的农业保险最高价格，对农业保险的需求产生负向影响。

其次，表6-4中列（4）、列（5）展示了"受灾没赔付"、保险认知对农业保险需求的影响。列（4）中"受灾没赔付"对农业保险需求的影响在5%的水平下显著为负，出现过"受灾没赔付"的农户降低了对农业保险的需求。这种情况农户受灾然而没有获得赔付，不仅是错误的赔付经历也损害了农户权益，因此是农户不能接受的行为。这种"受灾没赔付"的错误赔付经历降低了农户对农业保险的需求。列（5）详细分析了保险认知与该种错误赔付经历的共同作用，但是交互项的系数在统计上并不显著。通过表6-1的描述性统计可以看出，仅有18%的农户出现过受灾没赔付，出现概率较低，因此无法识别出它的影响。

表6-5展示了保险认知和正确赔付经历对农业保险需求的共同影响。根据列（2）可知，保险认知对农业保险需求的影响在1%的水平下显著为负；"没受灾没赔付"对农业保险需求的影响在5%的水平下显著为负。可以看到，出现过"没受灾没赔付"的农户相较于没有出现过的农户最高支付意愿中值降低了55元。这意味着受限于过去错误赔付经历以及错误保险认知，没赔付对于农户来说是不太能接受的，因此产生了明显的负向影响。同时，列（3）纳入两者交互项后影响不显著，说明"没受灾没赔付"和保险认知并不会产生加强效应。列（4）显示"受灾获得赔付"对农业保险需求不产生影响，这与表6-3中正确赔付经历、保险认知对农业保险需求产生的影响是一致的。

表6-5　保险认知和正确赔付经历对农业保险需求的影响

变量	被解释变量：农业保险需求			
	（1）	（2）	（3）	（4）
保险认知	-5.363 ***	-6.055 ***	-5.948 ***	-5.408 ***
	(1.700)	(1.727)	(2.001)	(1.702)
没受灾没赔付		-5.532 **	-5.350 *	
		(2.676)	(3.182)	

续表

变量	被解释变量：农业保险需求			
	（1）	（2）	（3）	（4）
保险认知×没受灾没赔付			－0.410 （3.848）	
受灾获得赔付				1.967 （2.401）
性别	2.807 （4.392）	3.198 （4.380）	3.170 （4.393）	2.813 （4.394）
受教育程度	1.033*** （0.354）	1.088*** （0.354）	1.088*** （0.354）	1.029*** （0.354）
村干部	2.616 （3.078）	1.897 （3.086）	1.909 （3.092）	2.648 （3.079）
家庭健康人口	1.251* （0.699）	1.274* （0.696）	1.273* （0.697）	1.234* （0.699）
家庭总收入	－21.278 （13.683）	－21.451 （13.631）	－21.483 （13.650）	－21.463 （13.690）
基础保险认知	－7.855** （3.725）	－7.446** （3.716）	－7.442** （3.721）	－7.768** （3.728）
完全成本保险认知	－5.335* （2.753）	－5.769** （2.750）	－5.771** （2.754）	－5.267* （2.755）
政府信任程度	1.242* （0.719）	1.172 （0.717）	1.170 （0.719）	1.210* （0.721）
政府保险购买干预	－1.283 （2.278）	－1.931 （2.291）	－1.923 （2.295）	－1.191 （2.282）
资金风险	0.067 （2.522）	－0.862 （2.553）	－0.862 （2.556）	－0.196 （2.544）
风险态度	－0.206 （0.404）	－0.208 （0.402）	－0.204 （0.404）	－0.229 （0.405）
合作社	3.624 （2.509）	3.882 （2.503）	3.882 （2.506）	3.696 （2.512）
保费	－0.011 （0.036）	－0.008 （0.036）	－0.008 （0.036）	－0.011 （0.036）
常数项	31.221*** （5.415）	32.970*** （5.461）	32.891*** （5.517）	30.104*** （5.586）
观测值（个）	443	443	443	443
R^2	0.080	0.090	0.090	0.090

注：括号内为标准误；***、**和*分别表示1%、5%和10%的显著性水平。

三　稳健性检验

考虑到保险赔付实施中的行为特征差异，本章采用农户过去三年（2019～2021 年）正确与否的赔付经历次数进行稳健性检验。本部分主要包括过去三年错误赔付经历次数、正确赔付经历次数和保险认知对农业保险需求的影响。表 6 - 6 展示了农户不同赔付经历次数和保险认知对农业保险需求的影响，进而讨论其对农业保险需求的影响与前文分析是否一致。

表 6 - 6　农户不同赔付经历次数和保险认知对农业保险需求的影响

变量	被解释变量：农业保险需求			
	（1）	（2）	（3）	（4）
保险认知	- 5.490 *** (1.624)	- 6.088 *** (1.615)	0.859 (2.664)	- 5.315 *** (1.641)
错误赔付经历次数		1.740 *** (0.541)	3.334 *** (0.725)	
错误赔付经历次数 × 保险认知			- 2.576 *** (0.791)	
性别	2.419 (4.204)	2.845 (4.154)	3.161 (4.101)	2.641 (4.217)
受教育程度	0.799 ** (0.346)	0.837 ** (0.342)	0.902 *** (0.338)	0.777 ** (0.348)
村干部	0.847 (2.961)	0.219 (2.930)	- 0.126 (2.894)	0.854 (2.963)
家庭健康人口	1.283 * (0.686)	1.369 ** (0.678)	1.239 * (0.670)	1.300 * (0.687)
家庭总收入	- 16.059 (20.124)	- 16.411 (19.872)	- 14.446 (19.625)	- 14.878 (20.195)
基础保险认知	- 7.651 ** (3.597)	- 7.355 ** (3.553)	- 7.803 ** (3.510)	- 7.475 ** (3.606)
完全成本保险认知	- 7.791 *** (2.622)	- 7.834 *** (2.589)	- 7.890 *** (2.556)	- 7.908 *** (2.628)
政府信任程度	1.182 * (0.701)	1.096 (0.692)	1.071 (0.683)	1.172 * (0.701)
政府保险购买干预	- 0.342 (2.215)	- 0.927 (2.195)	- 1.307 (2.169)	- 0.365 (2.216)

续表

变量	被解释变量：农业保险需求			
	（1）	（2）	（3）	（4）
资金风险	−1.548	−0.495	−1.111	−1.657
	（2.508）	（2.498）	（2.473）	（2.514）
风险态度	0.023	0.158	0.204	0.000
	（0.397）	（0.394）	（0.389）	（0.398）
合作社	−0.013	−0.015	−0.012	−0.012
	（0.034）	（0.034）	（0.033）	（0.034）
正确赔付经历次数				0.518
				（0.678）
常数项	35.307 ***	29.738 ***	26.199 ***	34.861 ***
	（5.166）	（5.388）	（5.428）	（5.202）
观测值（个）	443	443	443	443
R^2	0.090	0.120	0.140	0.100

注：括号内为标准误；＊＊＊、＊＊和＊分别表示1%、5%和10%的显著性水平。

表6-6中列（2）、列（3）展示了错误赔付经历次数对农业保险需求的影响。列（2）显示错误赔付经历次数对农业保险需求产生正向影响，保险认知对农业保险需求产生负向影响，这与表6-3中列（3）的结果是一致的。列（3）同样展示了错误赔付经历次数和保险认知共同对农业保险需求的影响，可以看出，在错误的保险认知下，农户经历了错误的赔付经历后对农业保险的需求是降低的，这与表6-3中列（4）的回归结果是一致的。表6-6的结果与前文的结论一致，证实了本章的结果是稳健的。

第七章　非线性农业保险需求函数
与福利效应分析

农业保险有效需求是政府通过保费补贴提高社会福利的基础。以往研究多基于农业保险产品价格与需求间线性关系假设来考量补贴对农户的效用提升效果。但是，农户异质性、地区资源禀赋差异、自然风险多样性等问题造成农业保险的边际需求并不满足随价格下降匀速上升的规律。如果忽视这种非线性的需求关系，仍以线性需求函数为基础，衡量保费补贴的福利效应就会导致估计的偏差。因此，本章试图在现实观测到的非线性农业保险需求关系下，重新探讨农业保险保费补贴的福利效应。本章基于农业保险真实需求的幂律分布从理论上论证了当补贴超过一定水平时，额外补贴带来的农户福利提升难以完全覆盖财政支出产生的社会福利损失。

第一节　农业保险需求与福利效应

农业保险作为一项帮助农户分散风险的工具，已经成为农业生产保障体系中极为重要的一部分。伴随农业保险推广与发展的是各国农业保险保费补贴力度的持续加大。其中，对农业保险实行保费补贴政策的主要原因是，在缺乏政府财政支持的情况下，农业保险难以实现市场化，正因如此，为农业保险提供财政补贴成为世界各国的通行做法。与此同时，政府的农业保险保费补贴越来越多地被认为是一种对农业的支持补贴工具。自2007 年开始，中国正式实行农业保险保费补贴政策。经过十多年的发展，中央财政对农业保险的补贴已覆盖全国所有省份，撬动了各级地方政府对政策性农业保险的巨量财政支持（见图 7－1）。虽然农业保险保费补贴政策日趋完善，但农业保险产品种类单一，难以适应农户差异化需求，补贴有效性不断受到质疑。自中国于 2014 年进入经济新常态后，如何在有限的财政支出下实现农业保险效率最大化是必须回答的问题。

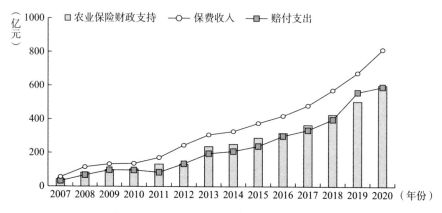

图 7 - 1　2007 ~ 2020 年农业保险发展情况

注：农业保险财政支持包括中央、省级以及地方全部财政支持。

资料来源：《中国财政年鉴》、中国银行保险监督管理委员会网站等。

2020 年，我国农业保险保费收入突破 800 亿元，约为 2007 年的 15 倍，一跃成为全球范围内农业保险保费收入规模最大的国家。农业保险保费收入规模不断扩大的同时，保费补贴规模也在大幅提升，全国各级财政对农业保险的补贴总额 2020 年达到了 603 亿元，每年可为农户提供将近 4 万亿元的风险保障。在《对十三届全国人大二次会议第 3486 号建议的答复》中，各级财政对农业保险的保费补贴比例总体上已接近 80%，在世界上处于较高水平。在 2022 年修订的《中央财政农业保险保费补贴管理办法》中，政府建设性地提出"以奖代补"政策，即地方政府增加补贴，中央财政也会配套增加补贴，地方政府减少补贴，中央财政也相应减少补贴。① 中央政府希望借此激励地方政府加大对当地农业保险保费的补贴力度。但伴随着补贴比例的不断提高，各级财政负担也在逐年增加。尤其是在中央财政与地方财政"联动补贴保费"机制下，全国省级单位补贴比例

---

① 2022 年修订的《中央财政农业保险保费补贴管理办法》中，政府设计中央保费补贴政策为省级财政补贴比例为 25% + a% 。当 $a \geq 0$ 时，中央财政对中西部地区和东北地区（不含大连市）补贴 45%，对东部地区补贴 35%；当 $a < 0$ 时，中央财政对中西部地区和东北地区（不含大连市）补贴（45% + a% ×1.8），对东部地区补贴（35% + a% ×1.4）。

一致，中央财政也仅以东部、中部、西部来区分补贴比例。① 固定比例分摊模式要求发达地区与欠发达地区或贫困地区地方政府提供相同水平补贴，导致欠发达地区政府财政预算愈加紧张（肖卫东等，2013）。

农业保险保费补贴除了对财政造成压力以外，现有的补贴模式能否有效提高农户福利水平也值得高度关注。一些地区将保费补贴当成转移支付的方式，用以提高农户福利，尤其是保费补贴方式简单、易操作，它是政府容易接受的农业支持方式。但不可忽视的是，随着补贴水平的不断提高，农业保险保费补贴能否有效激发农户潜在需求并实现农户潜在福利增长，在理论上存在一定的不确定性。从福利经济学角度来说，保费补贴对社会福利的提升效果需要建立在对农业保险的有效需求基础上（孙香玉、钟甫宁，2008）。

如何准确测度农户对农业保险的有效需求是衡量保费补贴社会福利效果的前提条件。在多数研究中，农户的农业保险需求函数以经典的线性假设为主。但由于个人禀赋、风险态度、风险敞口等方面的异质性，农户对农业保险价格敏感性不同，进而导致农户个体对农业保险边际需求的变化，很有可能使得农业保险需求不再符合线性基本假设。进一步来说，在度量财政补贴带来的福利提升时，如果采用了和实际不符的需求曲线假设，可能导致福利效应的偏差，进而为财政补贴政策的必要性提供不适合的依据。本章将主要探究农业保险保费补贴比例处于何种水平会使社会福利水平提升，并研判未来保费补贴比例的进一步上升是否会导致社会福利水平的下降。为回答以上问题，笔者所在团队 2021 年于江苏省各级政府推广小麦完全成本保险之际，在粮食主产县开展了农业保险支付意愿的抽样调查；利用条件价值评估法获取农户真实农业保险支付意愿后，结合不同需求函数估计保险需求的真实状况；在不同需求模型下，评估保费补贴增加对社会福利变化的影响。

目前，相关研究在农业保险保费补贴能够降低农业风险、稳定农户收入等结论上已形成一致，但对于现行农业保险保费补贴政策是否有效率，现有研究并未达成统一。部分学者认为目前农业保险保费补贴总体有效，

---

① 2022 年财政部发布的《中央财政农业保险保费补贴管理办法》中，对种植业保险保费依旧沿用全国各省份统一不低于 25% 的补贴比例，中央对中西部、东北地区补贴 45%，东部地区 35% 的补贴办法。

并呈现地区异质性，中西部地区与东部地区补贴效率差异明显。也有研究认为保费补贴存在整体效率低下、使用效率不高、差异化补贴形式不明显等问题。总体来说，现有研究并未从需求端的真实表现出发，考虑农户需求水平对农业保险保费补贴所带来的社会福利影响。

虽然农业保险保费补贴效率可以从多角度衡量，但其中多数研究基于线性需求模型假设。这个基本假设只是出于简化分析的考虑，农业保险需求是否满足线性假设仍需和实际情况比较，以及对相应的福利分析进行对比。已有研究发现，许多社会、经济、教育等方面的人类行为具有明显的幂律分布特征（Barabasi, 2005）。大量研究证实，城市分布、人口分布、论文被引次数等都表现出幂律分布特征。幂律需求相关研究中，最经典的是美国学者克里斯·安德森发现沃尔玛、亚马逊等大型零售商的产品销售呈幂律分布，并由此建立起长尾理论。邱甲贤等（2016）发现网络借贷市场中借入者的借款需求与注册天数之间呈幂律分布。叶作亮等（2011）利用C2C交易记录，发现顾客存在购买强化效应，使得顾客购买次数形成幂律分布。在农业保险实践中，农户支付意愿普遍偏低，仅有少部分农户愿意为农业保险支付较高保费，因此农业保险购买行为中同样可能存在幂律分布。

综上所述，现有农业保险研究已从多角度利用多种方法衡量农业保险保费补贴效率，但并未深入讨论衡量保费补贴效率时采用线性需求模型设定的合理性。多数研究直接假定价格与农业保险需求之间为线性相关，但这可能导致效率或福利测算的偏差。为此，本章从福利经济学角度出发，探索何种需求模型设定更符合农户真实农业保险购买行为，并在此基础上弥补以往福利分析研究的不足。

第二节 问卷设计、数据来源与特征变量

有效的农业保险需求模型检验，需要获得真实的保险需求数据支撑，为此本章选取江苏省产粮大县进行问卷调查，并分析农业保险的需求水平。江苏省作为最早进行政策性农业保险试点的省份，其农业保险发展已处于较高水平，2014年保险覆盖率均值已达74.02%（杨军等，2016）。本地区农户基本有农业保险购买经历或使用经历，对农业保险有一定认知，较容易理解农业保险相关信息。本节主要包含两方面内容：一是调研

问卷内容设计和介绍支付意愿获取方式；二是介绍调研数据来源，以及分析样本分布特征。

一　问卷设计

对于获得农户支付意愿的方式，借鉴环境经济学中关于非市场产品的福利测度方式——条件价值评估法。条件价值评估法（Contingent Valuation Method，CVM）是目前较为流行的对个人陈述偏好的评估方法，主要利用问卷调查的形式获取调查对象在假想市场中，对某一商品或服务的价值进行考量并收集受访者的支付意愿（Willingness to Pay，WTP）或者接受补偿意愿（Willingness to Accept，WTA）。

本章根据江苏省颁布的《关于印发水稻小麦玉米完全成本保险和玉米大蒜收入保险条款、费率的通知》，在产粮大县采用随机访谈的方法调查了农户对小麦完全成本保险的支付意愿。根据该文件的要求，江苏省 2022 年将推广由中央和省市级财政共同补贴的小麦完全成本保险，小麦保险金额为 1000 元/亩，保险费率为 4%，即政府未进行补贴时的价格为 40 元/亩。在调研中，调查队员首先对农户进行小麦完全成本保险的内容介绍，确保农户在了解该保险产品的具体细节后，再对农户进行支付意愿的询问。当农户可以自主提供其对此产品的价值判断时，则记录其提供的最终保费价格并将之认定为个人支付意愿。考虑到部分农户对农业保险价值判断或评估有一定困难，直接询问其对农业保险支付意愿会有随意报价行为出现。实际调研中，首先询问受访者对农业保险的具体支付意愿，当农户无法清晰给出具体价格时，询问农户在一定价格区间内是否愿意支付，确定消费者支付意愿的价格范围（宁满秀等，2006），此方法被称为开放式二分选择法（孙香玉、钟甫宁，2009a）。因此当农户难以提供准确价格或者在其表达愿意购买此产品却无法描述其愿意支付的价格时，调查员使用支付卡进行询问，起点区间为 0~10 元，每次上涨 10 元为一个区间，在每个区间询问农户是否可以接受建议的价格，以此引导农户表达个人的支付意愿。

除了对于农户支付意愿的实验部分外，与本章研究相关的调研内容还包括调查对象家庭特征，主要包括受访者年龄、性别、受教育程度等；调查对象生产投入情况，主要包括种植面积、种植作物情况、生产组织参与情况等；受访者风险态度与保险购买情况，主要包括个人风险认知与风险态度、保险购买经历与保险理赔经历等。

二 数据来源与特征变量

本书于 2021 年 12 月选取江苏省淮安市洪泽区、盱眙县，宿迁市泗洪县、宿豫区，盐城市建湖县、滨海县、盐都区共计 3 个市的 7 个粮食主产区进行调研，最终获得包含 36 个村庄的 420 份问卷。在剔除无效问卷、异常值问卷后，共获得有效问卷 386 份。问卷中相关变量可分为三类，分别为家庭特征变量、保险特征变量以及风险特征变量（见表 7 - 1）。

表 7 - 1 变量说明及描述性统计

	变量名称	变量说明	均值	标准差
家庭特征变量	受访者年龄	年龄（周岁）	56.35	10.50
	受访者性别	0 = 男性；1 = 女性	0.08	0.25
	受访者受教育程度	受教育年限（年）	8.57	3.48
	受访者健康状况	1 = 不健康；2 = 一般；3 = 健康	2.74	0.57
	生产规模	1 = 种植面积小于 50 亩；2 = 种植面积大于等于 50 亩	1.56	0.50
	近三年是否种植小麦	0 = 否；1 = 是	0.98	0.15
保险特征变量	政策性农业保险购买经历	最早购买农业保险距 2021 年时间（年）	7.54	4.82
	不规范保费缴付经历	过去三年存在村集体保费代付代缴经历：0 = 否；1 = 是	0.81	0.39
	不规范保险赔付经历	过去三年曾经历不规范赔付：0 = 否；1 = 是	0.73	0.45
	保险公司信任程度	在没有村委会介绍的情况下是否愿意购买保险公司产品：0 = 否；1 = 是	0.20	0.40
	保险认知程度	保险相关知识认知得分（0 ~ 9 分）	4.88	1.76
	购买保险满意度	对保险公司的满意度：过往购买保险满意度（0 ~ 10 分）	7.89	2.38
风险特征变量	农业风险感知情况	感知未来发生农业自然风险的可能性：0 = 不清楚；1 = 减少；2 = 没变化；3 = 增多	1.52	1.28
	农业生产受灾频率	过去三年农业生产中遭遇灾情的次数（次）	2.70	2.46
	风险态度	农户风险偏好情况（0 ~ 8，数值由小到大代表农户由风险偏好转向风险厌恶）	2.65	2.82

注：本部分使用数据为筛选后的调研微观数据。

（一）家庭特征变量

按照国际通用的年龄段划分标准①，被调查农户中，15～64 岁劳动人口共有 286 人，占样本量的 74.1%。调研样本主要由地区正在从事农业生产的劳动力组成。男性为 357 人，占样本量的 92.5%，鉴于农业生产仍旧对体力劳动要求较高，调研地区农业生产活动依然以男性为主，家庭决策者一般也为男性。在被调查农户中，未完成初中学业的农户占比为 30.1%，样本中绝大部分农户的受教育程度为初中，有 169 人，占样本量的 43.8%。②被调查农户基本可以自主阅读与理解调研内容，在一定程度上减小了调研误差。以种植面积是否超过 50 亩为标准③，样本中小农户共有 163 人，占比为 42.2%，与大农户数量相近。

（二）保险特征变量

调研样本中，仅有 9 人认为自己未曾购买过任何农业保险，大多数被调查农户购买与使用过农业保险，最早购买经历均值为 7.54 年，表明受调研地区保险覆盖率较高，地区农户对农业保险理解程度较高。从调研中对农户进行的保险认知程度测试也可以看出，在 9 分制测试中④，得分均值达到 4.88 分，说明被调查农户有一定的农业保险知识，可以完成调研内容。购买保险满意度以 10 分制衡量，均值达 7.89 分，绝大多数农户对已有农业保险保持较高满意度。但多数农户购买农业保险过程中有过不规范的保险经历，包括保费缴付以及保险赔付不规范。也由此导致农户对保险公司信任程度较低，若没有村委会的介入，自愿购买农业保险的农户仅占20%，多数农户购买农业保险依赖村委会的宣传指导。

（三）风险特征变量

被调查农户中，过去三年大多遭受过自然灾害，均值达 2.70 次，说明调研地区农业生产受灾可能性并不低，需要农业保险为农户提供风险分

---

①　国际通用的年龄段划分标准：0～14 岁为少儿，15～64 岁为劳动人口，65 岁及以上为老年人。

②　考虑到部分农户年龄较大，其所处时代小学加初中教育为 8 年制，因此认为受教育年限低于 8 年的为未完成初中教育，8～10 年的为完成了初中教育。

③　根据江苏省稻谷规模种植补贴标准，本书将种植面积 50 亩作为区分小农户与大农户的临界标准。

④　调研问卷中保险认知程度测试共有 9 题，每题 1 分，测试内容包括对基础农业保险认知测试以及农业保险机制认知测试。

担。而农户对于未来自然风险发生可能性的感知中，均值为 1.52，表明虽然农户基本有受灾经历，但对未来自然风险加重的可能性并不太认同，多认为地区自然风险较为稳定。同时，调研地区农户风险态度为风险偏好，以 0~8 来衡量农户风险偏好情况[①]，数值越小代表农户是风险偏好的，数值越大代表农户是风险厌恶的，样本农户风险态度均值为 2.65，处于风险偏好取值范围。

图 7-2 展示了调研地区农业保险需求分布情况，即农户对小麦完全成本保险的支付意愿。可以看出农户支付意愿分布呈现离散的阶梯形式，而非平滑的曲线。价格较低时，同一阶梯的农户数量较多，尤其是在支付意愿为 20 元/亩与 12 元/亩时，农户需求较多，可能的原因是农户基于自己过去的农业保险购买经历，给出了他们愿意支付的价格。同时，在调查的 386 个农户中，仍有 76 人不愿意为农业保险支付成本，占到调研样本的 20%，说明农业保险并不是农户分散风险的首选。在普遍"整村代付代缴"的强制购买情况下，农业保险难以为这部分农户带来效用提升。从分布来看，相比于线性需求模型，图 7-2 中的需求线更接近幂律分布，即更多的农户支付意愿较低，只有小部分农户愿意为农业保险支付较高价格。具体来看，支付意愿超过保险公司精算价格 40 元/亩的农户只有 74 人，占比 19%。

第三节　农业保险的福利经济学分析

在构建理论分析框架前，本书需要对农业保险的市场需求边界进行设定。为简化分析，对于农户的农业保险需求，本章只考虑农业保险需求对价格的反应。关于影响农户对农业保险需求的因素，如过往受灾经历、个人生产收入限制、自身灾害风险分散手段、个人风险偏好以及政府对农业

[①] 被调查农户受邀参与游戏，游戏共分为两类：第一类游戏直接给予 5 元到 40 元不等的奖励；第二类游戏为掷硬币游戏，仅在掷得正面时农户可获得 40 元奖励，反面时农户不能获得任何奖励。当农户选择第一类游戏时，将每次减少第一类游戏奖励金额 5 元，让农户再次选择。通过不断减少第一类游戏的奖励金额，直到农户改变选择去进行第二类游戏时结束，越晚选择第二类游戏，说明农户对不确定性的接受程度越低，越不喜欢冒险。其中，0~3 代表风险态度为风险偏好，4 代表风险中性，5~8 代表风险厌恶。

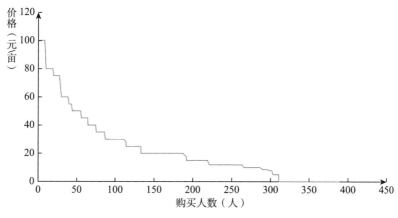

图 7 - 2　调研地区农业保险需求分布情况

保险推广程度等因素（郭军等，2019；谢谦、罗健，2019），本章假设它们会影响保险的支付意愿或者需求曲线的相对位置。在农业保险市场中，保险产品价格一般由政府统一制定，同一地区的农户购买相同农业保险产品时，保费水平相同，也不会由于农户的种植规模、理赔经历以及个人禀赋等原因有所差别。本章构建农业保险需求模型时，价格代表个人购买农业保险时，每亩所要支付的保险单价。需求代表同一价格水平下，愿意购买此农业保险的总人数。模型中，不同农户均有购买本章所提供农业保险产品的资格，不同农户之间对保险需求的异质性主要通过农户间的支付意愿不同来体现。在此基础上，本章构建价格与需求的农业保险需求模型，使用生产者剩余和消费者剩余之和来描述不同保费补贴比例下的社会福利水平。

一　线性需求模型下的社会福利水平变动

现有研究多将农业保险的需求描述为价格的线性函数形式（刘璐等，2016；孙香玉、钟甫宁，2009a），重要的原因是这个假设方便数理分析。尽管如前文所述，线性需求模型假设可能未必符合农户需求的真实情况，同时，错误的模型假设可能会误导补贴带来的福利效果评估，但是，为方便与农业保险真实需求假设下的社会福利比较，本书首先在线性需求的基础上对农业保险保费补贴的社会福利进行分析。

依靠政府大量保费补贴的政策性农业保险在实际执行中需要遵循"应

保尽保"和统一保费水平的原则。保险公司一方面不能对保险价格进行调整，另一方面不能拒绝任何愿意投保的农户。因此，农业保险的供给线实际上可以用一条水平直线表示。没有政府补贴时，其价格往往由于交易成本而处于较高的状态，此时的供给线由图 7 - 3 中 *BI* 所在的水平线表示。伴随政府补贴的增加，农户面对的农业保险价格将会按比例下降，此时从需求端考虑，愿意购买农业保险的农户数量也随农业保险价格的下降而上升。在线性需求模型中，假设农业保险的需求线为一条向右下方倾斜的直线。因此农业保险价格越高，总需求量越低，两者之间呈负相关关系，图 7 - 3 中的直线 *AH* 表示农户对农业保险的需求线。基于以上假设，设定需求函数方程为：

$$Q = a - bP$$

其中，*P* 为农业保险价格，*Q* 代表在保险价格为 *P* 时愿意购买农业保险的总需求量，*a* 为需求线与 *Y* 轴的截距项，*b* 为价格 *P* 的系数。当然，*a* > 0，*b* > 0。

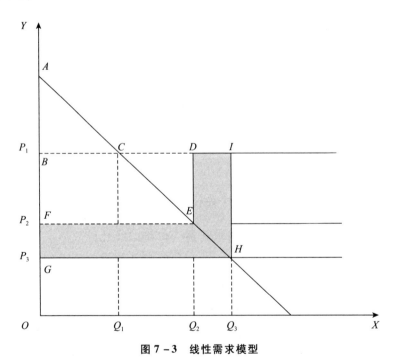

图 7 - 3 线性需求模型

假设没有保费补贴的农业保险的市场价格为 P_1，市场供给线为 BI，此时价格水平较高，农业保险需求较少。保险公司经营农业保险时，考虑到成本、利润等因素，会有最低投保率限制（王根芳、陶建平，2012）。而价格为 P_1 时的需求量远低于保险公司的最低投保率要求。图 7-3 中的 Q_2 为满足保险公司最低投保率时的投保量，而 Q_1 是无补贴时的农业保险需求，因此农业保险市场无法形成。只有当政府补贴农业保险保费使得价格下降到 P_2 时，供给线向下移动到 FE 位置，农户投保比例才能实现保险公司风险分散要求的最低投保率，此时保险需求为 Q_2，农业保险市场初步形成。假设政府进一步对农业保险进行补贴，保险购买价格 P_2 降为更低的 P_3，下降价格为一定值 $\Delta P = P_2 - P_3$。当农户以 P_3 价格购买农业保险时，政府总补贴为 $BIHG$ 代表的面积。相较于 P_2，政府新增补贴为图 7-3 中阴影部分，引起的新增消费者剩余 ΔCS_1 为面积 $FEHG$：

$$\Delta CS_1 = \frac{(Q_2 + Q_3)\Delta P}{2} \tag{7-1}$$

继而，政府补贴导致的新增社会福利损失 ΔDWL_1 为面积 $DEHI$：

$$\Delta DWL_1 = \frac{(2P_1 - P_2 - P_3)(Q_3 - Q_2)}{2} \tag{7-2}$$

为了衡量保险补贴效率变化，本书将这两部分进行比较得到新增消费者剩余与新增社会福利损失的比值 g，g 越大代表补贴效率越高：

$$g = \frac{2a + b(\Delta P - 2P_2)}{2bP_1 + b(\Delta P - 2P_2)}$$

两者比值可以判断新增社会福利损失是否会超过新增社会福利。比值 g 中，分子与分母唯一的区别即是 a 与 bP_1，对于需求函数 $Q = a - bP$，$Q \geq 0$，所以 $a \geq bP$。而在本部分设定的线性需求模型中，需求 $Q_1 > 0$，因此可得 $a > bP_1$，进而可得比值 g 恒大于1。这代表线性需求模型假设下，随着补贴比例的不断提高，补贴所造成的社会福利损失不会高于其所拉动的社会福利增量。因此在线性需求模型假设下，政府财政补贴只会带来社会总福利的增加。此时农业保险保费补贴政策不存在财政浪费问题，因为即使免费为农户提供农业保险，补贴的增加只会带来社会整体福利水平的提升，得出政府对农户的补贴应该越多越好的结论。

如何判断补贴效率随着补贴增加的变化趋势需要进一步对 g 在价格上求导：

$$\frac{\mathrm{d}g}{\mathrm{d}P_2} = \frac{4b(a - bP_1)}{(2bP_1 - 2bP_2 + b\Delta P)^2}$$

该式分母恒大于 0，分子中 b 为正数，$a - bP_1 = Q_1$ 也为大于 0 的数，因此两者比值 g 随着价格的升高单调递增。这意味着，随着政府财政补贴的增加，保险价格下降，补贴带来的新增消费者剩余与新增社会福利损失之比在不断减小。如果认为比值 g 代表政府对农业保险保费补贴的效率，由此可得在线性需求模型假设下，随着补贴比例的不断提高，农户得到福利增加的速度小于社会福利损失增加的速度，导致补贴的效率不断降低。再对 g 在 P_2 上进行二阶求导，判断随着补贴比例的提高，补贴效率变化的速度：

$$\frac{\mathrm{d}^2 g}{\mathrm{d}P_2^2} = \frac{16 b^2(a - bP_1)}{(2bP_1 - 2bP_2 + b\Delta P)^3}$$

该式中，分子与分母基于前文假设条件均可判断它们恒大于 0，因此补贴效率是关于保险价格的单调递增凹函数。由此可以得出结论，随着补贴比例的提高，补贴效率下滑速度加快，相较于低补贴比例，高补贴比例对剩余农户福利增长的拉动作用逐渐减弱。

二 非线性需求模型下的社会福利水平变动

本小节基于实地调研数据，以观察到的农户真实农业保险需求线为基础，在下面构建了基于幂律分布的非线性需求模型，并探究此模型下农业保险补贴福利与基于线性需求模型的福利差别。当农业保险需求为幂律分布时，可以用图 7 - 4 来表示非线性需求模型，其需求方程为：

$$Q = aP^{-b}$$

其中，P 为农业保险价格，Q 代表在保险价格为 P 时愿意购买此农业保险的总需求量。现实生活中，价格与需求不可能出现负数，因此 a 和 b 均为大于零的常数。

当保险价格为 P_1 时，需求 Q_1 仍旧无法满足保险公司最低投保率的要求，农业保险市场也不存在。假设补贴达到一定强度后，使得农户购

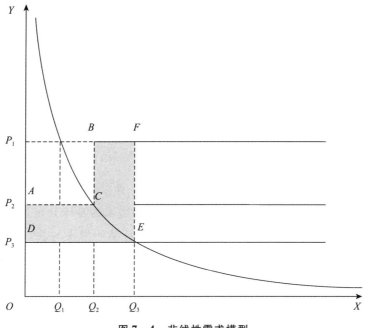

图 7 - 4 非线性需求模型

买量满足最低投保率并形成农业保险市场，此时农业保险的价格为 P_2，相应的需求为 Q_2。本书需要关心的仍旧是在政府财政补贴进一步增加的情况下，消费者剩余的增加与社会福利损失增加之间的关系。假设政府补贴进一步增加，使得农业保险价格 P_2 下降 ΔP 到 P_3，此时的需求量达到 Q_3。从图 7 - 4 可以得到，新增消费者剩余 ΔCS_2 为 $ACED$ 构成的面积，其表达式为：

$$\Delta CS_2 = Q_2 \Delta P + \int_{P_3}^{P_2} (a P^{-b} - Q_2) \, \mathrm{d}P \qquad (7-3)$$

新增社会福利损失 ΔDWL_2 为 $BCEF$ 构成的面积，其表达式为：

$$\Delta DWL_2 = (Q_3 - Q_2)(P_1 - P_3) - \int_{P_3}^{P_1} (a P^{-b} - Q_2) \, \mathrm{d}P \qquad (7-4)$$

基于两部分面积公式，得到非线性需求模型中，新增消费者剩余与新增社会福利损失之差，并化简可得：

$$\Delta DWL_2 - \Delta CS_2 = \left(\frac{1+b}{1-b} a P_3^{1-b} + a P_3^{-b} P_1 \right) - \left(\frac{1+b}{1-b} a P_2^{1-b} + a P_2^{-b} P_1 \right)$$

化简所得两者之差前后两部分的函数形式相同，基于此设定一个新的函数形式：

$$f(x) = \frac{1+b}{1-b} a\, x^{1-b} + a\, P_1\, x^{-b}$$

为判断新增消费者剩余与新增社会福利损失两者之差的正负，需要明确 $f(x)$ 的单调性。令 $x > 0$，对 $f(x)$ 进行求导并令 $f'(x)$ 等于 0，得到临界点 $x^* = \frac{bP_1}{1+b}$，当 $x > \frac{bP_1}{1+b}$ 时，$f(x)$ 为单调递增函数；当 $x < \frac{bP_1}{1+b}$ 时，$f(x)$ 为单调递减函数。基于此得到式（7-4）存在临界值，当超过临界值时，两者之差将会小于 0，说明若农业保险的需求为幂律分布，农业保险保费的大量补贴将会导致社会福利损失超过补贴所带来的农户福利增加值。随着补贴比例的进一步提高，大量的财政支持仅能拉动少量的社会福利增加，更多的财政支持以社会福利损失的形式被浪费，造成了社会总福利的净损失。与非线性需求模型所得结论相反的是，在线性需求模型假设下，政府补贴比例的高低并不会导致社会福利损失，补贴比例越高，社会总福利水平越高。

根据以上分析，以幂律分布函数的需求模型假设为依据时，政府需要明确农民农业保险真实需求，并明确政策导向，即以社会福利最大化为目标还是以农民福利最大化为目标。若政府以社会福利最大化为目标，则应将财政补贴控制在临界值附近。若政府以不损失社会福利的同时提高农户福利水平，其补贴比例可以进一步提高。区别于线性需求模型的是，在真实的农业保险需求下，政府不能无限制增加补贴，过度的补贴会导致社会福利的净损失。

第四节 实证结果分析

本节基于理论分析，利用调研数据验证农业保险真实需求分布猜想，并衡量不同需求模型假设下，社会福利的变化情况。首先，利用普通最小二乘法与非线性迭代法对数据进行拟合，比较不同模型对农户农业保险需求数据的拟合优度，验证何种模型更符合农业保险购买真实情况。其次，依据实证模型对需求函数的估计，按照不同补贴水平测算社会总福利变化、农户福利变化、社会福利损失变化等，以检验不同需求模型所引致的福利变化差异。

一　需求函数的实证估计

本部分利用普通最小二乘法与非线性迭代法，先后采用 3 种模型对数据进行拟合与比较。第一种使用原始数据并利用普通最小二乘法进行线性拟合，第二种利用普通最小二乘法对价格与需求的对数形式进行拟合，第三种利用非线性迭代法在幂律分布函数的假设下对价格与需求进行非线性拟合。[①]

模型Ⅰ：首先利用普通最小二乘法对数据进行线性需求模型拟合。模型调整后拟合优度 $R^2 = 0.801$。

模型Ⅱ：为判断幂律分布函数是否更符合需求与价格的关系，首先基于幂律分布函数的性质，当 x、y 两者之间呈幂律分布时，对变量 x、y 分别取对数变换，则两者之间的对数将呈线性相关关系（高凌云等，2014）。因此，对需求与价格变量取对数后，再利用普通最小二乘法进行线性回归拟合，其公式为：$\ln Q = a + b\ln P$。数据表明模型Ⅱ中的参数同样在 1% 的水平下显著（P 值 = 0.000），其调整后 $R^2 = 0.888$，高于模型Ⅰ，表明原始数据的特征更符合幂律分布的性质特征，非线性的幂律分布函数更能解释其相关性。

模型Ⅲ：通过模型Ⅱ的判断，在验证原始数据的特征符合幂律分布的性质特征后，用非线性迭代法对方程 $Q = aP^b$ 进行非线性回归拟合。此时，模型Ⅲ调整后 $R^2 = 0.963$，明显高于模型Ⅰ和模型Ⅱ。

从图 7 – 5 中也可以看出，幂律模型拟合效果更佳。

二　农业保险保费补贴的福利水平变化

本章研究是在小麦完全成本保险价格为 40 元/亩的基础上设定的情景模拟。中央财政补贴保费的 35%，省级财政补贴保费的 40%，农户最多每亩缴纳 12 元，如有剩余缺口由地市财政自行决定补贴幅度。根据保险产品的设定，本书将在线性需求模型假设与非线性需求模型假设下，针对不同补贴水平下的社会福利损失变化进行分析。

---

① 具体拟合模型所得参数放于本章附表 1 中。

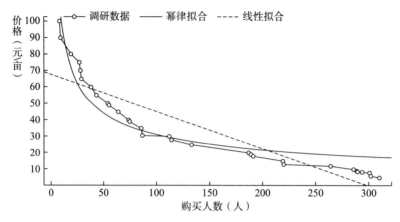

图 7-5　线性模型与幂律模型拟合

基于上文，小麦完全成本保险的基础市场价格 P_1 = 40 元/亩为没有补贴的价格，以下模拟分析假设政府的总补贴比例以 10 个百分点为间隔依次递增，即每次每亩保费降低 4 元，并依次计算福利的变化。其中线性需求模型中的福利变化量根据线性需求模型假设中 ΔCS_1 所得，补贴损失变化量根据 ΔDWL_1 所得，社会总福利变化量的公式为 $\Delta CS_1 - \Delta DWL_1$，社会总增加福利为社会总福利变化量的累加。非线性需求模型中的福利变化量根据 ΔCS_2 所得，补贴损失变化量根据 ΔDWL_2 所得，社会总福利变化量、社会总增加福利与线性需求模型中的计算方法相同。具体结果如表 7-2 所示。

表 7-2　不同需求模型下福利变化

(a) 线性需求模型				
补贴比例（%）	福利变化量	补贴损失变化量	社会总增加福利	社会总福利变化量
10	531	29	502	502
20	588	86	1004	502
30	645	143	1507	502
40	703	200	2009	502
50	760	258	2511	502
60	817	315	3013	502
70	874	372	3515	502
80	932	429	4018	502

续表

补贴比例（%）	福利变化量	补贴损失变化量	社会总增加福利	社会总福利变化量
90	989	487	4520	502
100	1046	544	5022	502

（b）非线性需求模型

补贴比例（%）	福利变化量	补贴损失变化量	社会总增加福利	社会总福利变化量
10	366	14	352	352
20	397	51	698	346
30	434	106	1026	328
40	482	190	1318	292
50	544	326	1536	218
60	630	564	1602	66
70	757	1035	1324	−278
80	969	2170	123	−1201
90	1425	6324	−4776	−4899
100	—	—	—	—

注：鉴于幂律分布函数特征，其函数图像与 Y 轴、X 轴均无交点，因此以函数图像无法计算当补贴比例达到 100% 时价格为 0 的需求量，无法计算出新增消费者剩余与新增社会福利损失。福利计算没有单位，只以数值的大小进行对比。

在线性需求假设下，小麦完全成本保险保费补贴每增加 10 个百分点，会为社会带来持续的福利增加，并且补贴带来的新增消费者剩余一直多于所造成的社会福利损失。这意味着额外财政补贴只会对社会总福利起到提升作用，原因是补贴造成的社会福利损失不会超过农户福利的增加水平。若以线性需求模型假设为基础制定补贴政策，则会得出只要尽可能提高农户补贴比例即可提升社会整体福利水平的误导性结论。

本书进一步将补贴效率定义为农户福利增加水平与补贴造成的社会福利损失之比。从表 7 - 2（a）中可以看出，补贴效率在初始补贴比例为 10% 时，农户新增福利与新增补贴损失之比达 18.31，有接近 95% 的补贴所能带来的福利会转移到农户手中；而当补贴比例达到 100% 时，两者之比仅为 1.92，仅有 65.8% 的补贴所能带来的福利会转移到农户手中。以上结论说明在线性需求模型下，政府财政补贴对农户福利水平的提升程度大于补贴所导致的社会福利损失程度。虽然效率随着补贴比例的提高而降低，但至少有50%以上的补贴会转移到农户手中，因此在线性需求模型假设下，增加补贴强度仍是一个可行的手段，在增加农户福利的同时带来社会总福利的增加。

在满足幂律分布的农业保险需求中，社会总福利的变化趋势有了明显的改变。根据图7-6，社会总福利不再随着价格的降低平稳递增，而是在低补贴比例阶段增长，当补贴达到一定水平时，社会总福利达到最大值，之后开始呈现快速下滑的趋势。具体从表7-2中可以看出，补贴确实对农户的福利增长起到推动效果，但是财政补贴所带来的社会福利损失也在随补贴比例的提高而加速增加，并且其增长速度明显快于农户福利增长速度。

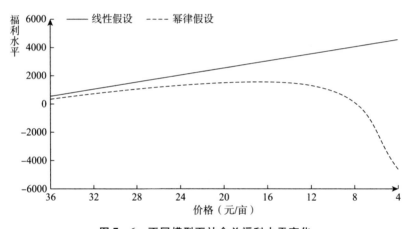

图7-6 不同模型下社会总福利水平变化

根据本书调查的样本，在幂律分布形式的需求函数下，农户福利增加总量与财政补贴造成的社会福利损失总量在补贴比例达到80%的时候基本持平，当进一步补贴农户时，将不能再增加社会总福利，反而会减少原有社会福利。目前中国各级财政对农业保险保费补贴比例总体已接近80%，与本章研究未造成社会福利损失时的补贴最大比例一致。从福利经济学角度来看，中国农业保险保费补贴可能还未对社会总福利水平造成损害，有些地区可能还处于补贴所能带来的社会福利水平的最高位附近。现阶段中国农业保险保费补贴政策较为合理，但同时也要慎重继续提高农业保险保费补贴水平，避免由此导致的社会福利净损失。

本章附录

附录 1

本书线性需求模型中消费者剩余与社会福利损失之比的具体推导过程如下：

$$
\begin{aligned}
g &= \frac{(Q_3 + Q_2)\Delta P}{(2P_1 - P_2 - P_3)(Q_3 - Q_2)} \\
&= \frac{(a - bP_3 + a - bP_2)\Delta P}{(2P_1 - P_2 - P_3)(a - bP_3 - a + bP_2)} \\
&= \frac{2a + b(\Delta P - 2P_2)}{2bP_1 + b(\Delta P - 2P_2)}
\end{aligned}
$$

考虑到在简化后的 g 中，仅有 P_2 为未知数，因此对 P_2 求导并简化，具体过程为：

$$
\begin{aligned}
\frac{\mathrm{d}g}{\mathrm{d}P_2} &= \frac{(2a - 2bP_2 + b\Delta P)'(2bP_1 - 2bP_2 + b\Delta P) - (2a - 2bP_2 + b\Delta P)(2bP_1 - 2bP_2 + b\Delta P)'}{(2bP_1 - 2bP_2 + b\Delta P)^2} \\
&= \frac{4b(a - bP_1)}{(2bP_1 - 2bP_2 + b\Delta P)^2}
\end{aligned}
$$

附录 2

本书非线性需求模型中，新增消费者剩余公式可以简化为：

$$
\begin{aligned}
\Delta CS_2 &= Q_2\Delta P + \int_{P_3}^{P_2}(aP^{-b} - Q_2)\mathrm{d}P \\
&= \frac{aP_2^{1-b} - aP_3^{1-b}}{1 - b}
\end{aligned}
$$

新增社会福利损失公式可以简化为：

$$
\begin{aligned}
\Delta DWL_2 &= (Q_3 - Q_2)(P_1 - P_3) - \int_{P_3}^{P_2}(aP^{-b} - Q_2)\mathrm{d}P \\
&= (aP_3^{-b} - aP_2^{-b})(P_1 - P_3) - \frac{aP_2^{1-b} - aP_3^{1-b}}{1 - b} + aP_2^{-b}\Delta P
\end{aligned}
$$

基于以上两式，可以得到新增社会福利损失与新增消费者剩余之差的公式并进行简化：

$$\Delta DWL_2 - \Delta CS_2 = (aP_3^{-b} - aP_2^{-b})(P_1 - P_3) - \frac{aP_2^{1-b} - aP_3^{1-b}}{1-b} + aP_2^{-b}\Delta P - \frac{aP_2^{1-b} - a(P_2 - \Delta P)^{1-b}}{1-b}$$

$$= \left(\frac{1+b}{1-b}aP_3^{1-b} + aP_3^{-b}P_1\right) - \left(\frac{1+b}{1-b}aP_2^{1-b} + aP_2^{-b}P_1\right)$$

附录 3

附表 1   不同模型拟合参数结果

参数	线性需求模型 $Q = a + bP$	对数线性需求模型 $\ln Q = a + b\ln P$	非线性需求模型 $Q = aP^b$
a	268. 682 *** (14. 140)	8. 296 *** (0. 245)	1271. 159 *** (159. 030)
b	− 3. 578 *** (0. 314)	− 1. 150 *** (0. 072)	− 0. 724 *** (0. 051)
R^2	0. 807	0. 892	0. 965
调整后 R^2	0. 801	0. 888	0. 963

注：括号内为标准误；＊＊＊表示 1% 的显著性水平。

第八章　不规范实施行为与农业保险认知

依靠财政大规模补贴以及各级政府的强力宣传，政策性农业保险在中国落地生根的十余年内取得了飞跃式的发展。农业保险有效需求是农业保险高质量发展的前提，而对保险的正确认知是增加农业保险有效需求的基础。但是，在农业保险实施过程中长期存在的不规范实施行为扭曲了农户对农业保险的认知，进一步减少了农业保险的有效需求，形成了农户的"错误保险认知"到"需求低迷"的恶性循环。本章将基于保险不规范实施行为，分析其对农业保险认知的影响。

第一节　保险不规范实施行为和保险认知困境

中国农业保险发展面临着农户保险认知不足的问题。《中国农业保险市场需求调查报告》[①] 显示，仅有 14.6% 的农户能看懂保险条款。事实上，保险认知不足问题与政策性农业保险推广实施方式有着密不可分的关系。一方面，保险宣传不足是农户保险认知程度不高的重要原因。现实中，基层政府为完成保险参保率的考核目标广泛采用了"保费整村代付代缴""保费捆绑缴纳"等不规范保费缴纳形式（庹国柱、李志刚，2020），这在一定程度上剥夺了农户了解农业保险产品的权利。另一方面，农业保险不规范赔付行为错误引导了农户对农业保险机制的认知。农业保险承保单位为实现财政部要求的"保本微利"而采用的"平均赔付""保费返还"等不规范赔付方式，实则背离了保险赔付规则。特别是，在政府的高额财政补贴下，农业保险赔付与实际损失长期的偏离导致农户极易对农业保险产生误解，甚至误将保险当"补贴"或"投资理财"。因此，无论是

---

① 由中国保险学会于 2014 年发布。

投保执行方式，还是赔付形式的不规范，都给参保农户清晰认识农业保险政策及保险机制构成了极大的障碍。换句话说，看似发达的农业保险市场同时隐藏着农户保险基础知识不足以及保险机制认知不清的双重认知问题。

另外，诸多研究已经探讨了宣传教育在提升农业保险认知以及保险购买决策上的重要性。但是，现阶段农业保险宣传教育还需要同时考虑农户由保险购买经历形成的主观保险认知基础，特别是保险不规范实施行为对保险认知的扭曲。通常，基层农业保险宣传工作往往采用保险公司协同村干部的形式，双方在宣传上并无明确职责分工，因此也无法判断两者在保险政策宣传中的作用。除此之外，由于村干部具有国家代理人的身份特征（吴毅，2002），他们深度参与保险宣传教育工作给农业保险产品附上了行政命令的色彩，造成农户对保险政策支持属性认知的加深和保险市场机制理解的削弱。同时，作为村级协保员的主要群体，村干部长期参与"承保到理赔"的保险工作也在一定程度上使农户形成"保险类似直接补贴"的刻板印象。这也意味着现阶段农业保险宣传教育需要以纠正农户保险错误认知为前提。当然，考虑到中国农业保险的政策属性，以及政府主导农村工作的特点，脱离政府进行保险宣传教育的效果可能是微弱的，这也意味着保险宣传教育方式需要更加明确教育责任主体这一重要问题。

综上所述，基于农业保险发展中的不规范实施行为视角，本章将重新审视农业保险宣传教育的效果，为提升保险认知，进而提振农业保险需求提供可靠的依据。基于此，在2021年底江苏省小麦完全成本保险推广之际，笔者所在团队对产粮大县的农户农业保险认知及保险购买经历进行调查，以期通过随机干预实验方法检验宣传教育对纠正和提升农业保险认知的效果。本章可能的边际贡献主要体现在以下几个方面：第一，揭示农业保险不规范实施行为对农户保险认知的影响，探寻现阶段农户保险认知疏漏，阐明未来提升保险认知的方向及重点；第二，采用随机干预实验方法验证宣传教育在纠正和提升保险认知的效果，明确宣传教育对保险多类别认知的作用差异；第三，丰富农业保险教育主体效果研究，分析政府教育与保险公司教育对保险认知提升效果的差异性，为明确保险教育主体责任提供依据。

第二节　理论分析与研究假说

一般来说，对农业保险购买决策分析隐含的是决策者满足"理性人"假设，但是这个假设在现实经济生活中存在明显的局限性。Tversky 和 Kahneman（1974）的研究认为，引起人们背离"理性人"假设的原因来源于锚定效应，具体是指由于对先验知识的依赖引起了个体认知和决策的偏差。依据知识来源不同，锚定效应可进一步分为内在锚定机制以及外在锚定机制。具体来说，外在锚定机制来源于他人提供的参照值，内在锚定机制来源于自身经历（Epley and Gilovich，2001）。反映在农业保险推广中，宣传教育作为外在锚定机制，宣传教育范围和内容的相对有限使得农户难以从其中获得完备的保险知识；而保险实施过程中的不规范行为通过内在锚定机制进一步扭曲农户对保险的认知。

同时，根据认知种类不同，农户保险认知可以进一步分解为"保险基础知识认知"和"保险机制认知"。具体而言，保险基础知识直接来源于农业保险合同内容[①]，诸如保额、保险标的以及补贴情况等，这些保险基本要素是农户购买农业保险最直接的信息。保险机制认知表现在农户对保险的自我理解，涵盖了对农业保险机制的自我理解，如农户可能将农业保险视作投资理财产品。需要强调的是，面对不规范的保险实施行为，农户的保险机制认知往往更容易偏离正确轨道，而这也是以往保险认知研究中并未探究的理论问题。

具体而言，基层农业保险实践中存在着扭曲农户保险认知的两类不规范实施行为。从政策性农业保险采用"政府依托保险公司的市场化经营运作"模式出发（施红，2010），不同参与主体为实现政府设定的刚性目标在农业保险实施中可能出现不规范行为。一方面，为追求高覆盖率，村干部代收保费"巧作为"行为屡见不鲜（庹国柱、李志刚，2020），诸如保费代收代缴、刻意隐瞒保险机制等。另一方面，保险赔付的"灵活变通"

---

① 参考《江苏省政策性农业保险小麦种植保险条款、费率》的内容，保险合同由保险条款、投保单、保险单、保险凭证以及批单组成。其中，保险条款中明确列出保险金额、保险标的、赔偿处理等内容；保险凭证需明确填写参保险种中央和地方财政补贴比例。

也是保险不规范实施行为的重要体现。具体来说，保险赔付中既存在农户受灾时未获得足额赔付（林乐芬、陈燕，2017），也存在未受灾时农户反而得到了保费返还式的"赔付"。究其根源，这类问题主要是由于承保人片面坚持财政部要求的"保本微利"原则，并以此来稳定未来农户保险购买规模。而这两类不规范赔付行为对农户保险认知产生了不同的负面影响：（1）"受灾但未获得足额赔付"经历降低了农户保险满意度，影响了农户对保险条款中赔付信息的认知；（2）"未受灾但获得赔付"经历则有悖于保险机制而误导农户将保险当作补贴或理财投资工具，进而扭曲农户对保险机制的认知。总体上，这些不规范的实施行为都会通过内在锚定机制使农户形成不正确的农业保险认知，如图 8 - 1 的机制一所示。本章由此也提出第一个研究假说。

假说1：农业保险不规范实施行为误导农户保险认知，即不规范保费缴付方式及理赔经历会给农户保险认知带来负面影响。

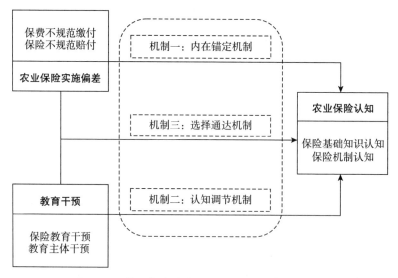

图 8 - 1　基于锚定效应的农业保险认知影响因素

从农业保险认知偏差的纠正来说，根据外在锚定机制，外界可以通过干预调整锚定点来纠正认知偏差。一般来说，对农户进行农业保险知识方面的宣传教育是潜在的突破口，如图 8 - 1 的机制二所示。尽管在农业保推广过程中已经采用了"保险公司委托基层村干部进行培训"的方式，但存在三种障碍性因素导致目前宣传培训方式未能有效发挥作用：一是，尽管村干部是农村政策推行的关键（卢冲、庄天慧，2016），但村干部群体自身对保险的认知也非常有限；二是，基层保险宣传实践中采用"选择性宣传"，导致相当一部分农户对农业保险信息来源获取极为有限；三是，农户对政府的信任偏好决定了在无政府参与下，保险公司的宣传教育难以提升农户的保险认知。由此，本章提出第二个关于农业保险宣传教育效果的研究假说。

　　假说2：保险宣传教育对提升农户保险认知有显著促进作用，尤其是以政府名义进行宣传教育的效果会优于保险公司。

利用锚定效应进行干预时，农业保险的宣传教育效果可能存在其他因素的影响（Jacowitz and Kahneman，1995）。在锚定效应调整过程中，Tversky和Kahneman（1974）提出了不充分调整理论，试图说明个体的锚定点可以根据个人反思自发进行调整。但是，Strack和Mussweiler（1997）提出个人对认知调整难以对锚定点产生影响，因而他们提出了选择通达机制，即通过获取多种信息调节个人主观认知，并改变锚定点。针对农业保险认知，教育影响锚定点的效果可能受保险购买经历的影响，如图8-1的机制三所示。在长期农业保险购买经历下形成的内在锚定机制可能对教育效果产生更大的影响（李斌等，2012）。换句话说，不规范的农业保险购买经历对于保险的宣传教育效果有潜在的负向影响，由此，本章提出第三个研究假说。

　　假说3：农业保险不规范实施行为会削弱教育对农业保险认知的提升效果。

第三节　实验设计与实证策略

为检验以上研究假说，本节将首先介绍调查背景、实验设计，并在此基础上提出用于实证检验的模型以及介绍变量设定等。

一 调查背景

作为率先进行政策性农业保险试点的省份，江苏省农业保险发展一直走在全国前列。根据 2020 年农业保险数据，江苏省保险深度达到 1.21%，超过了全国 1.1% 的平均水平。此外，水稻、小麦、玉米三大主粮作物农业保险覆盖率也达到 84%。为了进一步扩大农业保险发展空间、推动农业保险高质量发展，江苏省财政厅、省农业农村厅、银保监会江苏监管局于 2021 年印发《关于开展三大粮食作物完全成本保险和种植收入保险的通知》（苏财金〔2021〕96 号）。在此背景下，我们在江苏省粮食主产区开展了有关农户 2019~2021 年农业保险购买、农业风险认知和农业生产的调查，在调查过程中设计了有关农业保险宣传教育的随机干预实验，具体下文将进行详细介绍。

该调研于 2021 年 12 月末至 2022 年 1 月初，在江苏省淮安市、宿迁市以及盐城市的 7 个粮食主产区进行了两次调查。最终调查样本中共包含 28 个村 550 户。为了方便实验进行，调查员通过村委会联系从事主粮生产的不同规模种植户，且随机抽取的种植户均需满足近些年种植小麦、水稻等主粮作物和参与农业生产决策的基本要求，确保调查实验最大限度地反映真实情况。

二 实验设计

实验在减少伦理问题的前提下进行了一系列差异化随机干预。一些学者质疑随机干预实验中可能存在伦理问题（Duflo et al., 2007；Pearce and Raman，2014），如干预措施剥夺了控制组同干预组获得相似好处的权力。本章在随机干预中选择了激励方式（Holland，1988），即对干预组透露额外信息而没有错误的信息干预。除此之外，干预时间点选择在传统政策性农业保险向完全成本保险转换之际[①]，保险的宣传教育整体上提升了农户

---

① 我国政策性农业保险是由国家财政承担的一类保险，此时正处于政策性农业保险保障水平从产量到完全成本提升阶段，这也意味着下一政策性农业保险将不会选择售卖产量型农业保险。

保险认知。另外，实验完全遵从随机性的原则。具体来说，参考 Angrist 和 Keueger（1991）的研究思路确定农业保险教育干预组和控制组，并将外生的干预作为后续实证研究中的工具变量。① 由于调查员个体特征与农户不存在相关性，本章利用调查员出生年份、月份的奇偶性标准来划分干预组与控制组。

本章实验由"保险教育干预"和"保险教育主体干预"两个随机干预实验组成（见图 8-2）。首先，样本农户整体被分为进行农业保险知识教育的干预组和不进行农业保险知识教育的控制组。干预组农户通过调查员了解到准确的农业保险保费补贴、保险机制、投保农业保险产品内容等保险知识，而控制组没有主动介绍这类信息。其次，针对干预组的农户，调查员使用的宣传手册信息分成印有"保险公司宣传栏"以及"实施农业保险的红头文件"两类，以此区分保险信息的来源是来自保险公司还是政府，并在对农户的保险教育中强调自己代表保险公司或政府的身份。这种教育主体的差异化设置有助于进一步识别不同教育主体属性对农业保险教育效果的影响。

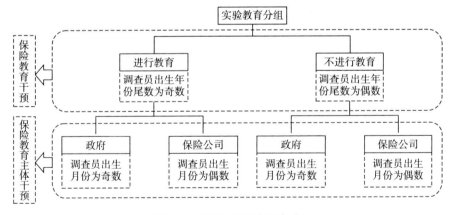

图 8-2　随机干预实验实施过程

同时，不同于 Cai 等（2015b）对指数保险普及阶段的研究，政策性农业保险已在长期发展中具备广泛的群众基础，所以要求此次调查研究需要

---

① Angrist 和 Keueger（1991）在研究学校教育回报的异质性问题时，选用了个人出生季节作为工具变量，研究者认为出生季节与教育高度相关而与收入无关。当然，使用工具变量是随机干预实验无法进行时准随机化的做法（Imbens and Angrist，1994），因此本章在进行随机化干预时选择不与农户个体特征有关的调查员出生年份、月份作为标准。

设定合理的干预顺序和时间间隔。具体来说，农户保险认知测度和外部教育干预被穿插安排在调查研究过程中的不同时间点上。在调查研究开始前，调查员首先对农户已有的保险认知基础进行测试；随后调查安排了诸多有关农户家庭情况、农业生产以及购买农业保险经历等问题，大约时长为1小时；在调查结束前，调查员对不同组的农户进行了相应的农业保险教育干预，并重新测试农户对农业保险的认知。这种实验安排顺序一方面最大限度地避免短期记忆对教育效果评价产生的影响；另一方面降低了受试农户对于实验的感知，尽可能保障结果的外部有效性[①]（Zizzo，2010）。

三　实证策略

在随机干预的基础上，本章采用了普通最小二乘法分别对保险不规范实施行为和保险教育对农户保险认知的影响进行估计，并且检验了农业保险实施偏差是否会影响教育对保险认知的提升效果。实证估计之前，我们需要对实验干预进行随机性检验。

（一）随机性检验

本章采用回归方式进行随机性检验。在完全随机干预下，理论上个体特征变量对于农户是否进入教育干预组应该没有解释力，模型设定如下：

$$edu_i = \alpha_0 + \alpha_1 X_i + \epsilon_{1i} \qquad (8-1)$$

式（8-1）中，被解释变量 edu_i 表示第 i 个农户进行随机干预（宣传教育）的情况；X_i 代表农户 i 的特征变量向量，包括保险购买经历、性别、年龄、受教育程度等个体特征；ϵ_{1i} 是无法观察的随机误差项。由于本章对农户进行了两类随机干预，edu_i 代表两个虚拟变量，即农户是否接受保险教育随机干预以及农户是否接受政府名义的宣传教育。附表1报告了随机性检验的估计结果，且关键变量并无统计上的显著性。因此，认为此次随机干预实验满足随机性原则。

（二）实证分析

本章旨在探究保险不规范实施行为以及教育对农户保险认知的影响，

---

① 当受试者感受到自己身处实验中，可能趋向采取满足实验者所期望结果的行为，所以得出的结果具有局限性，因此不具备外部推广的意义。

具体模型如下所示：

$$Knowledge_i = \beta_0 + \beta_1\,exp_i + \beta_2\,X_i + \epsilon_{2i} \tag{8-2}$$

$$Knowledge_i = \gamma_0 + \gamma_1\,edu_i + \gamma_2\,exp_i + \gamma_3\,X_i + \epsilon_{3i} \tag{8-3}$$

$$Knowledge_i = \theta_0 + \theta_1\,edu_i + \theta_2\,exp_i + \theta_3\,exp_i \times edu_i + \theta_4\,X_i + \epsilon_{4i} \tag{8-4}$$

其中，被解释变量 $Knowledge_i$ 为第 i 个农户的保险认知。具体来说，式（8-2）可以验证假说1中农业保险不规范实施行为（exp_i）对保险认知的影响，β_1 表示保险不规范实施行为对保险认知的影响；式（8-3）在式（8-2）的基础上，加入宣传教育（edu_i）这一关键解释变量以验证假说2中宣传教育对保险认知的影响，γ_1 表示保险教育以及保险教育主体对保险认知的影响；式（8-4）可以验证假说3中农业保险不规范实施行为对保险教育对农业保险认知提升作用的影响。同时，为避免特征变量对保险认知的影响，本章还控制了农户的个体特征 X_i，ϵ_{2i}、ϵ_{2i}、ϵ_{3i} 是无法观察的随机误差项。

四　变量设定

（一）被解释变量

我们关注的被解释变量包含保险总体认知、保险基础知识认知以及保险机制认知。借鉴 Cai 等（2015b）的方法，本章通过多个题目测试农户保险认知得分来衡量保险认知。具体来说，调查研究中共设计 8 个保险问题，其中 5 个问题考察农户对保险基础知识的了解程度，3 个问题考察农户对保险机制的理解程度。保险基础知识题目涵盖了保险产品名称、保费、保额等农业保险宣传及签订的合同中明确列出的信息，分别为"生产受损时保险赔付由政府还是保险公司支付"、"购买农业保险是否有保费补贴"、"农业保险产品由哪家保险公司提供"、"保险保障对象是农作物还是农户"以及"本村是否实行过农业大灾保险"。保险机制认知主要是指农户对"保费返还"的态度以及对受灾触发赔付机制的理解，题目分别为"农业保险赔付方式是受灾赔付还是每年赔付"、"农业生产未受灾时保险赔付是否正常"以及"生产没有受灾时，缴纳保费是否需要返还"。在中国政策性农业保险多年发展历程的背景下，农户已形成主观保险认知，因此，本章调查研究在教育干预前后都对农户保险认知进行相同题目的测试。

同时，鉴于不同类别认知指标原始数据的量纲差异，对各认知指标进行了标准化处理：各类保险认知实际得分除以该类保险认知总分的理论最大值。[①] 表 8 – 1 展示了教育干预前后农户保险认知情况。首先，教育干预前保险总体认知得分标准化后，均值为 0.61，即在 8 分的保险总体认知中农户平均得分为 4.88 分，未达到保险总体认知得分的 75%。其中，保险基础知识认知和保险机制认知得分均值分别为 0.63 分和 0.57 分，可以看出农户对保险机制的认知更低，这与汪桂霞（2019）的发现一致。其次，教育干预后保险总体认知得分均值有了 10% 的提升。

表 8 – 1　变量说明及描述性统计

变量名称		变量说明	均值	标准差
被解释变量	教育干预前农户保险认知	教育干预前保险总体认知得分（0~1）	0.610	0.217
		教育干预前保险基础知识认知得分（0~1）	0.634	0.244
		教育干预前保险机制认知得分（0~1）	0.570	0.379
	教育干预后农户保险认知	教育干预后保险总体认知得分（0~1）	0.672	0.201
		教育干预后保险基础知识认知得分（0~1）	0.667	0.215
		教育干预后保险机制认知得分（0~1）	0.681	0.373
解释变量	保险教育干预	是否进行农业保险教育干预：0 = 否；1 = 是	0.475	0.500
	保险教育主体干预	农业保险教育干预主体：0 = 保险公司；1 = 政府	0.513	0.500
	保费不规范缴付方式	过去三年内村集体保费代付代缴经历：0 = 否；1 = 是	0.813	0.390
	保险不规范赔付经历	过去三年内保险不规范赔付经历：0 = 否；1 = 是	0.835	0.372
	保险未受灾但获得赔付经历	过去三年内保险未受灾但获得赔付经历：0 = 否；1 = 是	0.184	0.388
	保险受灾但未获得足额赔付经历	过去三年内保险受灾但未获得足额赔付经历：0 = 否；1 = 是	0.727	0.446
	保险未受灾但获得赔付频率	过去三年内经历未受灾但获得赔付次数（次）	2.776	2.243

---

① 标准化方法为 $Knowledge_i = \dfrac{K_i}{K}$，其中，$K_i$ 为农户 i 的保险认知得分；K 为保险认知总分。因此，$Knowledge_i$ 为农户 i 的农业保险认知得分在农业保险认知总分中的相对水平，对应的实证结果也解释为农户保险认知在总分中相对水平的变化。

续表

	变量名称	变量说明	均值	标准差
解释 变量	保险未受灾但获得赔付 经历发生时间距离	过去三年内最近一次未受灾但获得赔付经 历与2021年的时间距离：0 = 无经历；1 = 两年前；2 = 一年前；3 = 本年度	1.664	1.334
控制 变量	受访者年龄	年龄（周岁）	56.420	9.968
	受访者受教育程度	受教育年限（年）	8.538	3.521
	受访者性别	0 = 女性，1 = 男性	0.933	0.251
	生产规模	0 = 种植面积小于50亩的小农户；1 = 种植 面积大于等于50亩的大农户	0.556	0.497
	农业生产受灾频率	过去三年农业生产中遭遇灾情的次数（次）	2.702	2.456
	政策性农业保险 购买经历	最早购买农业保险距2021年时间（年）	7.636	4.784
	政府信任程度	医疗报销是否有该报销但未能报销经历： 0 = 无报销经历；1 = 否；2 = 是	0.824	0.486
	保险公司信任程度	在没有村委会介绍的情况下是否愿意购买 保险公司产品：0 = 否，1 = 是	0.233	0.423
	风险态度	农户风险偏好情况（0~8）	5.175	2.826
	农业风险感知情况	感知未来发生农业自然风险的可能性：0 = 不清楚；1 = 减少；2 = 没变化；3 = 增多	1.491	1.334

注：在分析宣传教育对保险认知的影响时，教育干预前农户保险认知作为控制变量，具体包括在实证策略部分式（8-3）和式（8-4）中。

（二）解释变量

核心解释变量分别为保险实施中的不规范行为和教育随机干预。我们采用过去三年（2019~2021年）是否出现过保费代付代缴来衡量保费不规范缴付方式。本章选用过去三年内保险是否有过"受灾但未获得足额赔付"或"未受灾但获得赔付"经历表示保险不规范赔付经历。同时，还选用不规范赔付经历发生时间距离及频率作为稳健性检验的解释变量。根据表8-1，多数农户有过保费代付代缴经历以及保险不规范赔付经历，特别是受灾但未获得足额赔付经历。

针对教育随机干预影响农业保险认知，我们利用两个虚拟变量表示：（1）有无接受农业保险宣传教育；（2）在接受农业保险宣传教育的农户群体中，有无接受政府名义的宣传教育，与之相对的是有无接受保险公司的宣传教育。这两个虚拟变量在表8-1中的均值均位于0.5左右，可以看出不同教育类型的样本是比较均衡的。

（三）控制变量

农业保险认知与个体特征、生产规模以及农业风险情况有着密不可分的关系（Cai et al.，2015b；Hill et al.，2016），所以在模型中控制了受访者性别、年龄、受教育程度、生产规模①以及过去三年内农业生产的受灾情况。同时，还纳入以下变量。（1）农户原有的农业保险认知。因为近10年来的保险实施已带给农户一定的保险认知基础，所以控制了保险购买时长（张燕媛等，2017）。（2）农户对政府和保险公司的信任程度。我们设置两个虚拟变量作为信任的代理变量，分别是以"医疗报销是否有该报销但未能报销的经历"代理农户对政府的信任，以"在没有村委会介绍的情况下是否愿意购买保险公司产品"代理农户对保险公司的信任。（3）农户风险感知，选用农户风险偏好以及感知未来发生农业自然风险的可能性进行衡量。借鉴 Brick 和 Visser（2015）测度风险偏好的方法，本章在调查问卷中通过询问农户获得固定收益和抛硬币获得不确定收益的偏好进行测度②，风险偏好数值在0~8，数值越大农户风险厌恶程度越高。具体控制变量特征如表8-1所示。

五 样本特征描述

表8-2展示了两类保险不规范实施行为下农户保险认知的均值特征，可以用来对两组农户之间是否存在系统性差异做出初步判断。总体来看，相对于未经历过保险不规范实施行为的农户来说，有过保险不规范实施行为的农户对保险总体认知和保险机制认知均偏低。首先，表8-2展示了有无保费不规范缴付经历的农户对保险认知的差异，但均值检验后发现三种保险认知均未存在显著差异，当然，这种差异不能排除其他因素的干扰。

---

① 根据江苏省稻谷规模种植补贴标准，本书将种植面积50亩作为区分小农户与大农户的临界标准。

② 农户参加一个有两种选择的彩票游戏：选项一是直接获得数额从5元到40元不等的奖励；选项二是金额不确定的掷硬币游戏，掷得硬币正面收益为40元，掷得硬币反面收益为0元。当农户选择选项一时，则依次减少选项一的金额，农户继续选择。通过不断减少选项一的金额进行反复测试，直至农户选择选项二时游戏结束。选择选项一的次数越多，说明该农户对确定性收益的接受程度越高，越不喜欢冒险。

其次，表8-2展示了有无保险不规范赔付经历的农户对保险认知的差异，可以看出有保险不规范赔付经历的农户，保险总体认知显著低于有正常赔付经历的农户，特别是在保险机制认知上，这种差异所产生的影响需要在实证分析中予以进一步检验。

表8-2　变量赋值及描述性统计

变量	过去三年内村集体保费代付代缴经历			
	（1）无	（2）有	（3）组间差异	（4）均值检验 P 值
保险总体认知	0.618	0.608	0.010	0.681
保险基础知识认知	0.623	0.636	-0.013	0.628
保险机制认知	0.608	0.561	0.048	0.251
变量	过去三年内保险不规范赔付经历			
	（1）无	（2）有	（3）组间差异	（4）均值检验 P 值
保险总体认知	0.650	0.602	0.048	0.055 *
保险基础知识认知	0.640	0.633	0.007	0.806
保险机制认知	0.667	0.550	0.116	0.008 ***

注：（1）和（2）为各类指标的平均值；（3）是两组观测样本（1）和（2）的组间差异；*** 、* 分别表示1% 、10%的显著性水平。

第四节　实证结果分析

本节围绕着前文的3个研究假说，对影响保险认知的因素进行实证分析。首先，检验农业保险不规范赔付经历及保费不规范缴付方式对保险认知的影响；其次，验证保险宣传教育和教育者身份特征对保险认知的影响；最后，评估保险不规范实施行为对宣传教育对保险认知提升作用的影响。除此之外，本章针对农业保险不规范赔付经历对保险认知的影响进行稳健性检验，即选用不规范赔付经历发生时间距离及频率进一步分析不规范赔付经历对保险认知的影响。

一　农业保险不规范实施行为对保险认知的影响

我们首先关注农业保险实施过程中的不规范实施行为对保险认知的影响，包括保险不规范赔付经历及保费不规范缴付方式（见表8-3）。根据

表 8-3 农业保险不规范实施行为对保险认知的影响

变量	被解释变量：保险总体认知			被解释变量：保险基础知识认知			被解释变量：保险机制认知		
	(1)	(2)	(3)	(4)	(5)	(6)	(7)	(8)	(9)
保险不规范赔付经历（以否为参照）	-0.060** (0.025)			-0.022 (0.027)			-0.124*** (0.045)		
保险未受灾但获得赔付经历（以否为参照）		-0.072*** (0.023)			-0.021 (0.025)			-0.156*** (0.041)	
保险受灾但未获足额赔付经历（以否为参照）		0.046* (0.024)			0.034 (0.026)			0.065 (0.044)	
保费不规范缴付方式（以否为参照）			-0.006 (0.024)			0.047* (0.025)			-0.094** (0.042)
控制变量	已控制	已控制	已控制	已控制	已控制	已控制	已控制	已控制	已控制
常数项	0.518*** (0.082)	0.532*** (0.080)	0.465*** (0.081)	0.508*** (0.089)	0.509*** (0.088)	0.448*** (0.087)	0.535*** (0.148)	0.569*** (0.145)	0.494*** (0.146)
观测值（个）	550	550	550	550	550	550	550	550	550
R^2	0.13	0.14	0.12	0.19	0.19	0.19	0.07	0.09	0.06

注：括号内为标准误；***、**和*分别表示1%、5%和10%的显著性水平。列（6）和列（9）探讨了保险不规范缴付方式对保险认知的差异影响。可能的原因是保费缴付方式有着显著负向影响，但对保险机制认知有着显著正向影响，承包公司等只是缺少的信息，在村干部干预下可能强化了农户保险基础知识认知，这与盖豪等（2021）发现村干部可以提升政策宣传的宣传效果结论一致；另一方面，保费缴纳行为不规范也隐含了村干部为提高农业保险覆盖率而扭曲农业保险机制的认知。因而，保险不规范缴付方式的确对保险机制认知产生负面影响。具体来说，保险不规范缴付方式对保险基础知识认知取农业保险保费、保额、保险公司等必不可少的信息。受限于篇幅，将包含具体控制变量的实证结果放置于附表2。

列（1）的结果，相较于没有保险不规范赔付经历的农户，有过保险不规范赔付经历的农户保险总体认知下降6%[①]；列（7）也显示保险不规范赔付经历对保险机制认知具有负向显著影响。列（2）、列（5）、列（8）分别讨论了保险不规范赔付经历中"保险未受灾但获得赔付经历"和"保险受灾但未获得足额赔付经历"两类不同的情况，结果发现仅有"保险未受灾但获得赔付经历"对农户保险认知产生负向影响，显著降低了农户7.2%的保险总体认知和15.6%的保险机制认知。除此之外，研究并未发现保险不规范赔付经历对保险基础知识认知有显著的影响［见列（4）和列（5）］。综上，针对保险不规范赔付经历削弱了农户保险认知的结论，根源主要是"保险未受灾但获得赔付经历"对保险机制认知产生负向影响。

影响农户保险认知的控制变量估计结果报告在附表2中。一方面，当农户感知未来发生农业自然风险的可能性没变化或增多时，农户的保险总体认知和保险基础知识认知是显著提高的。因此，农户会由于担心未来的生产风险而增加对农业保险基础知识的了解（叶明华等，2014）。另一方面，各类农户保险认知基本随农业生产受灾频率提高而显著降低，可能的原因是受灾频率的提高加深了农户保险不规范实施行为的体验，进而降低了农户保险认知，这也为农业保险实施并没有向农户传递正确保险认知提供了间接证据。

二　宣传教育对保险认知的影响

表8-4展示了宣传教育对保险认知的影响，其中包含保险教育干预以及保险教育主体干预的影响。总体来说，农业保险教育能够显著提高农户的保险认知。列（1）和列（2）显示，宣传教育，即保险教育干预对保险总体认知的影响均在1%的水平下显著为正，该结果与Cai等（2015b）的研究结论一致。相较于列（1），列（2）纳入保险不规范实施行为变量后，宣传教育对保险总体认知的提升效果从7.7%下降到4.6%，因此加入这些变量对于准确估计宣传教育的效果是必要的。进一步考察不同保险认知类

---

① 本章被解释变量为标准化处理后的数据，因此实证结果中系数解释为被解释变量的相对变动，即百分制的变动；换算成绝对数则为系数和不同类别保险认知总得分的乘积。此处，保险不规范赔付经历造成了保险总体认知下降约0.48分，即6%×8＝0.48。

表 8-4　宣传教育对保险认知的影响

变量	被解释变量：保险总体认知			被解释变量：保险基础知识认知			被解释变量：保险机制认知		
	(1)	(2)	(3)	(4)	(5)	(6)	(7)	(8)	(9)
保险教育干预（以否为参照）	0.077*** (0.017)	0.046*** (0.013)		0.031* (0.018)	0.006 (0.016)		0.155*** (0.031)	0.112*** (0.029)	
保险教育主体干预（以无保险教育为参照）									
保险公司教育干预			0.022 (0.017)			-0.017 (0.020)			0.085** (0.036)
政府教育干预			0.068*** (0.016)			0.026 (0.020)			0.138*** (0.035)
保险未受灾但获得赔付经历（以否为参照）		-0.030* (0.017)	-0.030* (0.017)		0.010 (0.021)	0.009 (0.021)		-0.095** (0.037)	-0.096*** (0.037)
保险受灾未获得足额赔付经历（以否为参照）		-0.001 (0.019)	-0.003 (0.019)		0.007 (0.022)	0.005 (0.022)		-0.013 (0.040)	-0.015 (0.040)
保费不规范缴付方式（以否为参照）		-0.034* (0.018)	-0.036** (0.018)		0.000 (0.022)	-0.002 (0.022)		-0.090** (0.038)	-0.092** (0.038)
控制变量	已控制	已控制	已控制	已控制	已控制	已控制	已控制	已控制	已控制
常数项	0.635*** (0.012)	0.311*** (0.065)	0.326*** (0.065)	0.652*** (0.013)	0.298*** (0.078)	0.312*** (0.079)	0.608*** (0.021)	0.331** (0.140)	0.348** (0.140)
观测值（个）	550	550	550	550	550	550	550	550	550
R^2	0.04	0.47	0.48	0.01	0.33	0.34	0.04	0.30	0.30

注：括号内为标准误；***、**和*分别表示1%、5%和10%的显著性水平。受限于篇幅，将包含具体控制变量的实证结果放置于附表3。

型，列（5）和列（8）的结果表明，宣传教育对保险机制认知有着正向显著影响，但对保险基础知识认知的影响并不显著。可能的原因是在 10 余年的农业保险实施中，农户已对包含保费、保额等保险基础知识有初步了解，所以宣传教育并未形成显著影响。与之相比，农户保险机制认知水平较低，因此受宣传教育的影响显著。这意味着未来的宣传教育更需要重点关注保险机制信息的普及。

同时，列（3）和列（9）展示了以政府名义进行宣传教育相较于保险公司的效果优势。首先，列（3）展示了仅有以政府为代表的宣传教育可以显著提升保险总体认知；其次，列（9）展示了保险机制认知的宣传教育效果，保险公司和政府分别能提高保险机制认知的 8.5% 和 13.8%。因此，政府作为教育主体相对于保险公司有着显著的优势。

值得注意的是，宣传教育对保险认知提升作用的降低与保险不规范实施行为有着密不可分的关系。根据列（2）和列（8）所示的结果，"保险未受灾但获得赔付经历"和"保费不规范缴付方式"对保险总体认知和保险机制认知都有显著的负向影响。这意味着保险不规范实施行为仍会影响宣传教育后的农户保险认知。

三 保险不规范实施行为对宣传教育对保险认知提升作用的影响

本章进一步探究了农业保险不规范实施行为对宣传教育对保险认知提升作用的影响，具体结果如表 8 - 5 所示。首先，列（1）和列（4）分析了保险不规范赔付经历和宣传教育对保险认知的影响。结果表明，保险不规范赔付经历对教育效果的削弱作用体现在保险机制认知方面，此时宣传教育对保险机制认知的提升水平仅为 8.1%[①]。其次，列（2）和列（5）进一步展示了"保险未受灾但获得赔付经历"对保险教育效果的显著削弱作用。以列（2）为例，有过此经历的农户在接受教育后，保险总体认知提升水平仅为 2.7%。因此，尽管宣传教育是提升农业保险认知的有效工具，但其教育效果仍受制于保险不规范赔付经历对农户保险认知造成的负面影响，这也是选择通达机制中内在锚定机制作用难以改变在

---

① 此时宣传教育对保险机制认知的提升作用由"保险教育干预的主效应"和"保险教育干预×保险不规范赔付经历的调节效应"组成，具体为 0.241 - 0.160 = 8.1%。

农业保险认知上的体现。

表 8-5　农业保险不规范实施行为对宣传教育对保险认知提升作用的影响

变量	被解释变量：保险总体认知			被解释变量：保险机制认知		
	（1）	（2）	（3）	（4）	（5）	（6）
保险教育干预 （以否为参照）	0.072 ** （0.036）	0.085 *** （0.028）	-0.003 （0.033）	0.241 *** （0.077）	0.205 *** （0.059）	-0.016 （0.070）
保险不规范赔付经历 （以否为参照）	-0.007 （0.027）			0.032 （0.058）		
保险教育干预 × 保险不规范赔付经历	-0.033 （0.039）			-0.160 * （0.083）		
保险未受灾但获得赔付 经历（以否为参照）		0.002 （0.024）			-0.001 （0.053）	
保险教育干预 × 保险 未受灾但获得赔付经历		-0.058 * （0.032）			-0.140 ** （0.068）	
保费不规范缴付方式 （以否为参照）			-0.080 *** （0.027）			-0.177 *** （0.058）
保险教育干预 × 保费不规范缴付方式			0.062 * （0.036）			0.150 * （0.077）
控制变量	已控制	已控制	已控制	已控制	已控制	已控制
常数项	0.244 *** （0.073）	0.242 *** （0.073）	0.391 *** （0.073）	0.113 （0.158）	0.154 （0.158）	0.342 ** （0.155）
观测值（个）	550	550	550	550	550	550
R^2	0.45	0.46	0.48	0.30	0.30	0.32

注：括号内为标准误；***、** 和 * 分别表示 1%、5% 和 10% 的显著性水平。实证分析中发现各类保险不规范实施行为与宣传教育的交互项对保险基础知识认知并未有显著影响，此外前文中证实各类不规范实施行为对保险基础知识认知并未有显著负向影响，对本章结论无支持作用。受限于篇幅，本表并未展示该部分结果，如有需要可向笔者索要。另外，受限于篇幅，本表省略的控制变量与表 8-3 使用的一致，具体包含家庭特征变量、保险认知基础变量、农户信任变量以及风险感知变量，如有需要可进行索要。下同。

列（3）和列（6）展示了通过宣传教育纠正保费不规范缴付方式的局限性。尽管保险教育干预在一定程度上纠正了保费不规范缴付方式对保险认知造成的负面影响，但难以完全扭转农户对保险的错误认知。以列（3）为例，保费不规范缴付方式仍降低了农户 1.8% 的保险总体认知。综上，在坚持以宣传教育提升农户保险认知的路径下，需要确保农业保险宣传教育的目标性、长期性，这或许能在一定程度上弥补农户当前保险认知的短板。

表 8-6 展现了各类保险不规范实施行为对不同教育主体对保险认知提升作用的影响。列（1）和列（4）从保险不规范赔付经历的角度阐述了政府进行保险宣传教育对提升保险认知的有限作用。具体来说，从保险不规范赔付经历的角度来看，列（1）显示保险不规范赔付经历显著降低了政府教育提升保险总体认知的作用，使得政府教育仅提升了农户 5.2%[①]的保险总体认知。同时，列（4）的结果也表明保险不规范赔付经历显著削弱了政府教育对保险机制认知的作用。

表 8-6　农业保险不规范实施行为对宣传教育主体对保险认知提升作用的影响

变量	被解释变量：保险总体认知			被解释变量：保险机制认知		
	（1）	（2）	（3）	（4）	（5）	（6）
保险教育主体干预（以无保险教育为参照）						
保险公司教育干预	-0.027 (0.068)	0.034 (0.049)	-0.014 (0.043)	0.190** (0.088)	0.213*** (0.066)	-0.016 (0.081)
政府教育干预	0.143*** (0.041)	0.130*** (0.032)	0.008 (0.037)	0.343*** (0.073)	0.284*** (0.064)	-0.019 (0.078)
保险不规范赔付经历 （以否为参照）	-0.001 (0.032)			0.052 (0.063)		
保险公司教育干预 × 保险不规范赔付经历	0.033 (0.079)			-0.178 (0.114)		
政府教育干预 × 保险不规范赔付经历	-0.096* (0.049)			-0.225** (0.110)		
保险未受灾但获得赔付 经历（以否为参照）		0.012 (0.027)			0.032 (0.066)	
保险公司教育干预 × 保 险未受灾但获得赔付经历		-0.045 (0.062)			-0.232** (0.097)	
政府教育干预 × 保险未受灾但获得赔付经历		-0.096** (0.046)			-0.187* (0.109)	

[①] 在纳入保险不规范赔付经历与宣传教育的交互项对保险认知的影响时，政府宣传教育对保险总体认知的提升作用由"政府教育干预的主效应"和"政府教育干预 × 保险不规范赔付经历的调节效应"组成，具体为 0.149 - 0.097 = 5.2%。

续表

变量	被解释变量：保险总体认知			被解释变量：保险机制认知		
	（1）	（2）	（3）	（4）	（5）	（6）
保费不规范缴付方式 （以否为参照）			－0.080*** （0.026）			－0.179*** （0.054）
保险公司教育干预× 保费不规范缴付方式			0.042 （0.046）			0.113 （0.086）
政府教育干预× 保费不规范缴付方式			0.077** （0.036）			0.186** （0.083）
控制变量	已控制	已控制	已控制	已控制	已控制	已控制
常数项	0.252** （0.093）	0.238*** （0.086）	0.373*** （0.101）	0.120 （0.183）	0.013 （0.170）	0.362* （0.206）
观测值（个）	550	550	550	550	550	550
R^2	0.45	0.45	0.48	0.30	0.31	0.32

进一步从保险未受灾但获得赔付经历的角度来看，列（2）和列（5）的结果同样表明"保险未受灾但获得赔付经历"对政府宣传教育提升农户保险认知具有负面影响。以列（5）为例，"保险未受灾但获得赔付经历"同时削弱了政府教育和保险公司教育对保险机制认知的提升作用。此时，相较于无"保险未受灾但获得赔付经历"的农户，政府和保险公司的宣传教育对保险机制认知提升水平分别为10%和1.5%。上述结果间接说明政府在宣传农业保险上做出的巨大努力却因保险不规范赔付经历而出现事倍功半的效果；同时，由于"保险未受灾但获得赔付经历"是影响农户保险认知的主要原因，在设计农业保险产品时，如何在发挥保险机制作用的前提下通过提升农户获得感是至关重要的（庹国柱、李志刚，2020）。

除此之外，列（3）和列（6）展示了保费不规范缴付方式与不同保险教育主体的交互项对保险认知的影响。政府宣传教育在一定程度上弥补了保险不规范缴付方式对保险总体认知的负面影响，但仍难以完全扭转这种负面影响 [见列（3）]；而对于保险机制认知，政府宣传教育有效扭转了保险不规范缴付方式的负面影响 [见列（6）]。综上，从提升农户保险认知角度出发，强化政府教育以及避免保险不规范实施行为在农户保险认知提升上都是极为重要的。

四　稳健性检验

由于农业保险不规范实施行为的发生时间距离和赔付频率对保险认知的影响可能存在一定差异，本章进行了相应的稳健性检验。表8-7展示了不同程度的保险不规范赔付经历对农户保险认知的影响。首先，列（1）和列（3）展示了"保险未受灾但获得赔付频率"对农户保险认知的负面影响。结果表明，这样的经历每增加1次，农户保险总体认知和保险机制认知分别下降3.4%和7.6%。其次，列（2）和列（4）展示了"保险未受灾但获得赔付经历发生时间距离"对农户保险认知的影响。以列（2）为例，本年度有保险未受灾但获得赔付经历对保险总体认知的负面影响显著大于一年前的经历，两者产生的负面影响分别为54.6%和42.5%。上述结果验证了前文有关保险的不规范赔付经历对保险认知的负面影响，同时也证实了保险未受灾但获得赔付的经历对农户保险认知的负面影响会随着事件发生频率的增加和时间距离的延长出现强化效应。

表8-7　保险不规范赔付经历差异对保险认知的影响

变量	被解释变量：保险总体认知		被解释变量：保险机制认知	
	（1）	（2）	（3）	（4）
保险未受灾但获得赔付频率	-0.034***		-0.076***	
	（0.005）		（0.009）	
保险未受灾但获得赔付经历发生时间距离（以无经历为参考）				
本年度有保险未受灾但获得赔付经历		-0.546***		-0.543***
		（0.169）		（0.113）
一年前有保险未受灾但获得赔付经历		-0.425**		-0.440***
		（0.213）		（0.142）
两年前有保险未受灾但获得赔付经历		0.154		0.106
		（0.300）		（0.200）
控制变量	已控制	已控制	已控制	已控制
常数项	0.624***	3.935***	0.785***	1.707***
	（0.080）	（0.730）	（0.142）	（0.487）
观测值（个）	550	550	550	550
R^2	0.18	0.13	0.16	0.10

表8-8在一定程度上验证了保险不规范赔付经历对宣传教育提升农户

保险认知的削弱作用。从赔付频率角度来看，列（1）和列（3）结果表明"保险未受灾但获得赔付频率"每增加1次，宣传教育对保险总体认知和保险机制认知的提升作用分别下降1.1%和2.8%，但宣传教育对保险认知的边际效用仍为正向显著。从发生时间距离角度来看，仅有被解释变量为保险机制认知的列（4）展现了相较于无"保险未受灾但获得赔付经历"的农户，"本年度有保险未受灾但获得赔付经历"显著削弱了宣传教育对保险机制认知的提升，此时宣传教育的提升水平为29.7%。综上所述，针对农业保险长期不规范实施行为，农业保险宣传教育尤显迫切。

表8-8　保险不规范赔付经历差异对宣传教育对保险认知提升作用的影响

变量	被解释变量：保险总体认知		被解释变量：保险机制认知	
	（1）	（2）	（3）	（4）
保险教育干预	0.073*** (0.023)	0.433** (0.177)	0.174*** (0.049)	0.659*** (0.161)
保险未受灾但获得赔付频率	-0.004 (0.006)		-0.015 (0.013)	
保险教育干预 × 保险未受灾但获得赔付频率	-0.011* (0.006)		-0.028** (0.014)	
保险未受灾但获得赔付经历发生时间距离（以无经历为参考）				
本年度有保险未受灾但 获得赔付经历		-0.167 (0.172)		-0.270* (0.153)
一年前有保险未受灾但 获得赔付经历		0.058 (0.215)		-0.213 (0.194)
两年前有保险未受灾但 获得赔付经历		0.089 (0.355)		0.140 (0.319)
保险教育干预 × 本年度有保险 未受灾但获得赔付经历		-0.147 (0.241)		-0.362* (0.219)
保险教育干预 × 一年前 有保险未受灾但获得赔付经历		-0.112 (0.320)		-0.027 (0.290)
保险教育干预 × 两年前 有保险未受灾但获得赔付经历		-0.142 (0.462)		-0.390 (0.419)
控制变量	已控制	已控制	已控制	已控制
常数项	0.269*** (0.076)	1.880*** (0.630)	0.255 (0.163)	2.173*** (0.513)
观测值（个）	550	550	550	550
R^2	0.46	0.49	0.31	0.12

本章附录

附表 1　随机性检验

变量	被解释变量：保险 教育干预	被解释变量：保险 教育主体干预
保费支付是否规范	-0.078 (0.059)	-0.106 (0.100)
不规范保险赔付经历	-0.064 (0.105)	-0.058 (0.179)
未受灾赔付经历	0.024 (0.086)	0.109 (0.146)
受灾未赔付经历	0.102 (0.121)	0.121 (0.207)
年龄	-0.005** (0.002)	-0.006 (0.004)
性别	0.111 (0.096)	0.158 (0.163)
受教育程度	0.003 (0.007)	0.010 (0.012)
风险态度	0.006 (0.008)	0.005 (0.014)
常数项	0.706*** (0.185)	0.958*** (0.314)
观测值（个）	550	550
R^2	0.03	0.02

注：此表检验实验干预的有效性，括号内为标准误，***、**分别表示1%、5%的显著性水平。

附表 2　农业保险不规范实施行为对保险认知的影响

变量	被解释变量：保险总体认知			被解释变量：保险基础知识认知			被解释变量：保险机制认知		
	(1)	(2)	(3)	(4)	(5)	(6)	(7)	(8)	(9)
保险不规范赔付经历（以否为参照）	-0.060** (0.025)			-0.022 (0.027)			-0.124*** (0.045)		
保险未受灾但获得赔付经历（以否为参照）		-0.072*** (0.023)			-0.021 (0.025)			-0.156*** (0.041)	
保险受灾但未获得足额赔付经历（以否为参照）		0.046* (0.024)			0.034 (0.026)			0.065 (0.044)	
保费不规范缴付方式（以否为参照）			-0.006 (0.024)			0.047* (0.025)			-0.094** (0.042)
家庭特征变量									
受访者年龄	-0.001 (0.001)	-0.001 (0.001)	-0.001 (0.001)	-0.002** (0.001)	-0.002** (0.001)	-0.002** (0.001)	0.002 (0.002)	0.001 (0.002)	0.002 (0.002)
受访者受教育程度	0.016*** (0.003)	0.015*** (0.003)	0.016*** (0.003)	0.017*** (0.003)	0.016*** (0.003)	0.017*** (0.003)	0.015*** (0.005)	0.014*** (0.005)	0.015*** (0.005)
受访者性别（以女性为参照）	-0.007 (0.037)	0.006 (0.037)	-0.007 (0.037)	0.055 (0.040)	0.062 (0.040)	0.057 (0.040)	-0.110* (0.066)	-0.086 (0.066)	-0.113* (0.066)
生产规模（以小农户为参照）	0.028 (0.020)	0.030 (0.020)	0.023 (0.020)	0.099*** (0.022)	0.099*** (0.022)	0.105*** (0.022)	-0.091*** (0.036)	-0.085** (0.036)	-0.112*** (0.037)
农业生产受灾频率	-0.009* (0.005)	-0.015*** (0.005)	-0.005 (0.004)	-0.010* (0.005)	-0.012* (0.005)	-0.008* (0.005)	-0.008 (0.008)	-0.019* (0.009)	-0.001 (0.008)
保险认知基础变量									
政策性农业保险购买经历	0.002 (0.002)	0.002 (0.002)	0.002 (0.002)	-0.000 (0.002)	-0.000 (0.002)	-0.001 (0.002)	0.005 (0.003)	0.005 (0.003)	0.006* (0.003)

续表

变量	被解释变量：保险总体认知			被解释变量：保险基础知识认知			被解释变量：保险机制认知		
	(1)	(2)	(3)	(4)	(5)	(6)	(7)	(8)	(9)
农户信任变量									
政府信任程度（以无报销经历为参照）									
无医疗报销该报销但未报销经历	0.036* (0.022)	0.030 (0.021)	0.036* (0.022)	0.041* (0.023)	0.038 (0.023)	0.039* (0.023)	0.028 (0.039)	0.017 (0.039)	0.031 (0.039)
有医疗报销该报销但未报销经历	0.056 (0.046)	0.054 (0.045)	0.063 (0.046)	0.006 (0.050)	0.006 (0.049)	0.011 (0.049)	0.139* (0.083)	0.135* (0.082)	0.150* (0.083)
风险感知变量									
风险态度	−0.003 (0.003)	−0.002 (0.003)	−0.003 (0.003)	−0.003 (0.003)	−0.003 (0.003)	−0.003 (0.003)	−0.001 (0.006)	−0.000 (0.006)	−0.002 (0.006)
农业风险感知情况（以感知不清楚为参照）									
未来发生农业自然风险的可能性减少	0.024 (0.032)	0.021 (0.032)	0.027 (0.032)	0.037 (0.035)	0.037 (0.035)	0.035 (0.035)	0.002 (0.058)	−0.005 (0.057)	0.013 (0.058)
未来发生农业自然风险的可能性没变化	0.061** (0.027)	0.061** (0.027)	0.065** (0.027)	0.063** (0.030)	0.064** (0.030)	0.064** (0.030)	0.057 (0.049)	0.056 (0.049)	0.066 (0.049)
未来发生农业自然风险的可能性增多	0.056*** (0.024)	0.051** (0.021)	0.055*** (0.027)	0.055** (0.022)	0.052** (0.022)	0.054** (0.022)	0.059 (0.037)	0.050 (0.037)	0.058 (0.037)
常数项	0.518*** (0.082)	0.532*** (0.080)	0.465*** (0.081)	0.508*** (0.089)	0.509*** (0.088)	0.448*** (0.087)	0.535*** (0.148)	0.569*** (0.145)	0.494*** (0.146)
观测值（个）	550	550	550	550	550	550	550	550	550
R^2	0.13	0.14	0.12	0.19	0.19	0.19	0.07	0.09	0.06

注：括号内为标准误；***，**和*分别表示1%、5%和10%的显著性水平。

附表 3 宣传教育对保险认知的影响

变量	被解释变量：保险总体认知			被解释变量：保险基础知识认知			被解释变量：保险机制认知		
	(1)	(2)	(3)	(4)	(5)	(6)	(7)	(8)	(9)
保险教育干预（以否为参照）	0.077*** (0.017)	0.046*** (0.013)		0.031* (0.018)	0.006 (0.016)		0.155*** (0.031)	0.112*** (0.029)	
保险教育主体干预（以无保险教育为参照）									
保险公司教育干预			0.022 (0.017)			-0.017 (0.020)			0.085** (0.036)
政府教育干预			0.068*** (0.016)			0.026 (0.020)			0.138*** (0.035)
保险未受灾但获得赔付经历（以否为参照）		-0.030* (0.017)	-0.030* (0.017)		0.010 (0.021)	0.009 (0.021)		-0.095** (0.037)	-0.096*** (0.037)
保险受灾但未获足额赔付经历（以否为参照）		-0.001 (0.019)	-0.003 (0.019)		0.007 (0.022)	0.005 (0.022)		-0.013 (0.040)	-0.015 (0.040)
保费不规范缴付方式（以否为参照）		-0.034* (0.018)	-0.036** (0.018)		0.000 (0.022)	-0.002 (0.022)		-0.090** (0.038)	-0.092** (0.038)
家庭特征变量									
受访者年龄		-0.001 (0.001)	-0.001 (0.001)		-0.002* (0.001)	-0.002* (0.001)		0.000 (0.002)	-0.000 (0.002)
受访者受教育程度		0.004* (0.002)	0.003 (0.002)		0.005* (0.003)	0.005* (0.003)		0.002 (0.005)	0.001 (0.005)
受访者性别（以女性为参照）		0.017 (0.028)	0.015 (0.028)		0.063* (0.033)	0.061* (0.033)		-0.061 (0.059)	-0.063 (0.059)

续表

变量	被解释变量：保险总体认知			被解释变量：保险基础知识认知			被解释变量：保险机制认知		
	(1)	(2)	(3)	(4)	(5)	(6)	(7)	(8)	(9)
生产规模（以小农户为参照）		-0.000	-0.002		0.071***	0.069***		-0.120***	-0.122***
		(0.015)	(0.015)		(0.018)	(0.018)		(0.032)	(0.032)
农业生产受灾频率		-0.001	-0.001		0.001	0.001		-0.005	-0.005
		(0.004)	(0.004)		(0.004)	(0.004)		(0.008)	(0.008)
保险认知基础变量									
政策性农业保险购买经历		0.005***	0.004***		0.001	0.001		0.011***	0.010***
		(0.001)	(0.001)		(0.002)	(0.002)		(0.003)	(0.003)
教育干预前农户保险认知		0.554***	0.554***		0.435***	0.435***		0.752***	0.752***
		(0.032)	(0.032)		(0.039)	(0.039)		(0.069)	(0.069)
农户信任程度									
政府信任程度（以无报销经历为参照）									
无医疗报销该报销但未报销经历		-0.013	-0.006		-0.001	0.005		-0.032	-0.025
		(0.016)	(0.016)		(0.020)	(0.020)		(0.035)	(0.035)
有医疗报销该报销但未报销经历		-0.026	-0.031		-0.032	-0.036		-0.016	-0.022
		(0.034)	(0.034)		(0.041)	(0.041)		(0.073)	(0.073)
保险公司信任程度（以不愿意在没有 村委会介绍下购买保险产品为参照）		0.002	0.001		-0.000	-0.001		0.005	0.005
		(0.016)	(0.016)		(0.019)	(0.019)		(0.034)	(0.034)
风险感知变量									
风险态度		0.004*	0.004*		0.003	0.003		0.006	0.006
		(0.002)	(0.002)		(0.003)	(0.003)		(0.005)	(0.005)

续表

变量	被解释变量：保险总体认知			被解释变量：保险基础知识认知			被解释变量：保险机制认知		
	(1)	(2)	(3)	(4)	(5)	(6)	(7)	(8)	(9)
农业风险感知情况（以感知不清楚为参照）									
未来发生农业自然风险的可能性减少		0.020	0.019		0.020	0.019		0.020	0.020
		(0.024)	(0.024)		(0.029)	(0.029)		(0.052)	(0.052)
未来发生农业自然风险的可能性没变化		0.013	0.013		0.011	0.011		0.015	0.015
		(0.020)	(0.020)		(0.024)	(0.024)		(0.043)	(0.043)
未来发生农业自然风险的可能性增多		0.038 **	0.038 **		0.053 ***	0.052 ***		0.015	0.014
		(0.015)	(0.015)		(0.018)	(0.018)		(0.033)	(0.033)
常数项	0.635 ***	0.311 ***	0.326 ***	0.652 ***	0.298 ***	0.312 ***	0.608 ***	0.331 **	0.348 **
	(0.012)	(0.065)	(0.065)	(0.013)	(0.078)	(0.079)	(0.021)	(0.140)	(0.140)
观测值（个）	550	550	550	550	550	550	550	550	550
R²	0.04	0.47	0.48	0.01	0.33	0.34	0.04	0.30	0.30

注：括号内为标准误；***，**和*分别表示1%、5%和10%的显著性水平。

第三篇

农业保险供给研究

第九章　气候模式信息在农业保险中的应用价值

农业是对气候变化最为敏感的部门之一。在全球性气候变化过程中，厄尔尼诺-南方涛动（ENSO）是热带太平洋地区年际气候系统变化的最强表征信号，常常带来全球范围内气温、降水的异常变化（郑冬晓、杨晓光，2014）。相较于其他生产部门，农业生态系统中作物的生长发育依赖气温、降水等气候因素，因而气温、降水的异常变化增加了农业生产的不确定性及损失发生的风险。为应对异常气候对农业生产的影响，农业保险是可选工具之一。

第一节　ENSO 循环与农业保险

ENSO 为一种准周期气候类型，气象监测中心通常可以提前预测 ENSO 不同气候模式发生的可能性。因此，只要当地气候与 ENSO 有关联，ENSO 预测信息便可纳入农业保险的费率制定中（Nadolnyak et al.，2008）。IPCC 气候变化评价报告指出，在气候变暖的背景下，ENSO 的发生频率及强度有进一步增加的趋势。鉴于农业保险的特殊性，我国每年需要投入大量财政资金补贴农户保费。若将 ENSO 信息纳入农业保险费率厘定中，预期会提高农业保险的效率，进而保障国家财政资源的有效利用、降低财政压力。

我国农业保险在保障农民收入、降低农业风险等方面已经取得了一定成效，但是仍处于"有效供给"和"有效需求"不足的困境。

首先，从供给方来看，由于农作物生产存在系统性气候风险，不满足商业保险的基本条件，农业保险的发展离不开政府的大力支持。我国农业保险多为政策性保险，且面临保费补贴支出高、补贴效率低等问题。因此在现有费率制定基础上增加部分可预测的气候信息是否会提高农业保险费率估计的准确性，进而提高我国财政资源利用的效率？

其次，在农业保险的需求侧，农户的参保意愿、参保率均处于较低的水平。因此，如果在农户拥有更多信息的情形下，是否会改变农户的保险购买决策，从而提升自身福利水平？

基于以上两方面的考虑，本章分别从农业保险的供给侧和需求侧分析 ENSO 信息的纳入对政策性农业保险费率厘定及农户福利的影响。

最后，从保险险种来看，传统农业保险理赔方式面临着实施成本高、存在道德风险和逆向选择等问题。针对传统农业保险的缺陷，国际农业保险界从 20 世纪 80 年代以来开发了多种指数保险。指数农业保险相比传统的损失补偿型农业保险在行政成本、道德风险、逆向选择，以及风险保费和系统性风险等方面均具有相对的优势，且更容易与再保险和二级市场对接。在此条件下，指数保险可能是更适宜于发展中国家的农业保险模式。我国农业指数类保险产品起步相对较晚。2013 年 3 月，《农业保险条例》正式实施后，保监会发文表示，鼓励各公司积极研究开发天气指数保险、产量保险、价格指数保险、收入保险等新型保险产品，并进行试点工作。然而，目前我国指数保险发展极不成熟，相关政策制定尚不完善。基于此，我们以区域产量保险为例，尝试将 ENSO 信息纳入费率厘定过程中，以期增强费率估计的准确性，为相关保费的制定提供理论和技术支持。

第二节　实证设计与数据

本节主要对研究所用的方法和模型进行介绍。为研究 ENSO 信息在农业区域产量保险中的应用价值，本节使用密度比方法拟合出三种 ENSO 模式下的玉米、水稻、大豆的单产分布，并据此分别计算不同 ENSO 模式下的费率，评定 ENSO 信息对保险公司费率厘定的影响。

一　农作物单产密度估计

选择合适的方法估计单产分布是农业保险研究的基础。估计单产密度函数的常规思路是：首先对原始数据进行回归以去除技术进步及其他随时间变化而影响农作物单产的效应，如有需要将所得残差进行标准化，再用标准化残差拟合单产分布。主要差别在于如何设定密度函数的具体形式。学界对密度函数的估计主要有两种方法，即参数估计和非参数估计。其中，参数估计需对密度函数形式进行事前设定，若对函数形式认识不足，则可能造成较大的"设定误差"。然而，非参数估计不对密度函数形式做任何假设，直接根据样本数据估计总体分布，具有较强的灵活性，但其要求的样本量较大，且估计量收敛速度也较慢（陈强，2010）。由于区域产量保险需针对县级单产数据进行密度估计，而特定县域内的数据量较少。为克服非参数估计过于依赖大样本的问题，Zhang（2017）基于地理上相近区域的环境和气候条件相似导致单产分布表现出的高度相关特征，提出了密度比的方法。该方法使用某一区域内所有个体的信息来估计个体的单产分布，克服了传统密度估计数据量较少的缺陷，提高了估计效率。本章也选用该方法估计农作物单产分布。

（一）时间趋势及异方差问题

估计单产密度函数之前，首先对数据进行标准化处理。我们采用半参数 B – Spline 的方法去除时间趋势及地区因素。定义 w_{it} 为东北三省第 i 个县在时间 t 的单产水平，则：

$$w_{it} = \alpha_0 + \alpha_1 t + \alpha_{2j} D_j(t - knot_j) + c_i + e_{it} \tag{9-1}$$

$$D_j = \begin{cases} 1, t \geq knot_j \\ 0, t < knot_j \end{cases}$$

其中，t 是时间变量，D_j 是衡量时间 t 与时间节点 $knot_j$ 相对位置的指标，c_i 是县级虚拟变量，e_{it} 为残差项，α_0、α_1、α_{2j} 是待估计的参数。我们根据经验法对总样本使用两个节点，三种 ENSO 特定模式下的样本使用一个节点。另外，Stone（1986）指出节点位置的影响要远小于节点个数的影响，因此我们选用等间隔放置节点的方法。

在去除时间相关影响因素之后得到的残差项 $\hat{e}_{it}$ 可能存在异方差问题。为处理潜在异方差，我们选用学界使用较多的将拟合值 $\hat{w}_{it}$ 作为权重调整残差的方法，即 $\tilde{e}_{it} = \dfrac{\hat{e}_{it}}{\hat{w}_{it}}$，最终使用 $\tilde{e}_{it}$ 来估计单产分布。另外在估计不同气候模式下的单产分布时，需将总样本划分为三种不同 ENSO 气候模式下的子样本，然后分别计算不同气候模式下的残差。

（二）密度比估计

我们使用密度比的方法对农作物单产分布进行估计。该方法认为相邻县域内的单产分布具有相似性，这种产量相似性可以用基线密度 $f_0^m(x)$ 表示。农作物产量在特定县域的分布可视作在该基线密度上的变异，因此特定县 i 的单产密度分布 $f_i^m(x)$ 可以表示为：

$$f_i^m(x) = f_0^m(x)\exp\{\alpha_i + \beta_i'\varphi^m[F_0^m(x)]\} \qquad (9-2)$$

其中，m 代表不区分 ENSO 模式、厄尔尼诺、拉尼娜、正常四种情形，$\varphi^m(x)$ 是关于 x 的多项式，$F_0^m(x)$ 表示基线分布函数，α_i 和 β_i 均为待估计参数。同时，该方法使用指数函数测度县 i 相对于基线密度的偏离程度。

密度比方法主要有以下几个步骤［具体方法介绍可以参照 Zhang（2017），此处省去 ENSO 相关的标记以降低公式的复杂程度］。（1）将东北三省所有县的单产数据汇总，使用非参数核密度方法估计基线密度。（2）通过概率转换将每个县产量的残差 $\tilde{e}_{it}$ 依据基线分布函数 $\hat{F}_0(x)$ 转换成概率 $\hat{U}_{it}$，即 $\hat{U}_{it} = \hat{F}_0(\tilde{e}_{it})$，$t = 1,2,\cdots,T$，然后将这些值分成 J 个等间距的区间 $\{\chi_j\}_{j=1}^J$，那么每个区间的长度为 T/J。我们沿用 Zhang（2017）的做法，划分为 $J = 0.6 \times T$ 个区间。（3）用 Y_{ij} 表示落在每个区间值的相应个数，其满足期望为 μ_{ij} 的泊松分布。根据泊松分布性质：

$$E(Y_{ij}) = \mu_{ij} = T \times Pr(x_i \in \chi_j), Y_{ij} \sim \text{Poisson}(\mu_{ij}) \qquad (9-3)$$

构造泊松回归方程：

$$\ln E(Y_{ij}) = \ln(T) + \ln f_0(j^*) + \alpha_i + \beta_i'\varphi(j^*) \qquad (9-4)$$

其中，$j^* = (j - 1/2)/J$ 是第 J 个区间的中值，φ 是多项式，此处使用移位勒让德多项式（Shifted Legendre Polynomial）。同时遵循 Zhang（2017）的方法，不对右侧的前两项进行估计，而是直接估计 $\hat{\beta}_i$，并且参数 $\hat{\alpha}_i$ 可以由以下公式计算得出：

$$\hat{\alpha}_i = \ln\left(\int \hat{f}_0(x)\exp\{\hat{\beta}_i'\varphi[\hat{F}_0(x)]\}dx\right)^{-1}。 \qquad (9-5)$$

估计出参数 $\hat{\alpha}_i$、$\hat{\beta}_i$ 之后，可以得到县 i 的单产密度函数：

$$\hat{f}_i(x) = \hat{f}_0(x)\exp\{\hat{\alpha}_i + \hat{\beta}_i'\varphi[\hat{F}_0(x)]\} \qquad (9-6)$$

二　农作物产量保险

农业保险费率厘定的基本思想是：首先估计保险的纯费率，然后在纯费率的基础上加上一定的附加费率，从而得到农业保险的毛费率以维持保险公司的正常运营。我们此处仅估算农作物产量保险的纯费率。纯费率是在保费收入等于期望损失情况下的费率，不同 ENSO 信息下的期望损失 $E\left(L^{m}\right)$ 可以表示为：

$$E\left(L^{m}\right) = Pr\left(y < \alpha\hat{y}^{m}\right) \times \left[\alpha\hat{y}^{m} - E\left(y \mid y < \alpha\hat{y}^{m}\right)\right] \tag{9-7}$$

$\hat{y}^{m}$ 为保险公司针对不同气候信息制定的触发赔付的产量临界值，α 为农户选择的覆盖率（70%~100%），$Pr\left(y < \alpha\hat{y}^{m}\right)$ 为相应损失发生的概率，$E\left(y \mid y < \alpha\hat{y}^{m}\right)$ 表示在不同 ENSO 信息条件下损失发生时的期望产量。

在密度函数 $f^{m}(y)$ 已知的条件下，期望损失可进一步写成：

$$E\left(L^{m}\right) = \int_{0}^{\alpha\hat{y}^{m}} \left(\alpha\hat{y}^{m} - y\right) f^{m}(y)\,\mathrm{d}y \tag{9-8}$$

根据期望损失公式，可以计算出相应 ENSO 信息条件下的公平费率 r^{m}：

$$r^{m} = \frac{1}{\alpha\hat{y}^{m}} \times \int_{0}^{\alpha\hat{y}^{m}} \left(\alpha\hat{y}^{m} - y\right) f^{m}(y)\,\mathrm{d}y \tag{9-9}$$

三　农户福利测算

我们选用常数绝对风险规避（Constant Absolute Risk Aversion，CARA）效用函数来衡量农户效用：

$$U(y) = 1 - \exp(-A \times y) \tag{9-10}$$

其中，A 为风险规避系数，且该效用函数下的 A 为常数。我们在无保险、无 ENSO 信息的情况下，A 的选取依赖特定的风险溢价 θ（θ 表示农户为了消除风险而愿意放弃的预期收入额）（Nadolnyak et al.，2008）。具体来说，给定风险溢价 θ，A 可以由以下公式求得：

$$E[U(y)] = E[1 - \exp(-A \times y)] = 1 - \exp[-A \times (1 - \theta) \times E(y)] = U[(1 - \theta)E(y)] \tag{9-11}$$

其中，$E(y) = \int_0^{+\infty} yf(y)\,\mathrm{d}y$。

为了更直观地表现 ENSO 信息带来的福利差异，我们使用确定性等价收入而非抽象的效用来衡量农户的福利。令 CER 为确定性等价收入，在此收入水平上的确定效用等于不确定条件下的期望效用，即 $E[U(y)] = U(CER)$。

具体来讲，在给定 ENSO 信息情形下，可根据以下公式对 CER 进行求解：

$$E[U_h^m(y)] = \int_0^{\alpha_h^m \hat{y}_c^m} U_h^m\left[(\alpha_h^m \hat{y}_c^m - r_c^m \alpha_h^m \hat{y}_c^m)\right] f_h^m(y)\,\mathrm{d}y + \int_{\alpha_h^m \hat{y}_c^m}^{\max} U_h^m\left[(y - r_c^m \alpha_h^m \hat{y}_c^m)\right] f_h^m(y)\,\mathrm{d}y = U_h^m(CER)$$

$$(9-12)$$

其中，下标 h 代表农户，下标 c 代表保险公司。具体来说，覆盖率 α_h^m 反映了不同气候信息下的农户保险决策。$f_h^m(y)$ 为 m 信息条件下的单产密度函数。r_c^m 和 $\hat{y}_c^m$ 分别为保险公司在不同 ENSO 信息条件下制定的费率和触发赔付的产量临界值。

此外，假设农户的决策依据是通过选择最优覆盖率 α_h^m 来最大化期望效用 $E[U_h^m(y)]$，则：

$$\alpha_h^m = \mathrm{argmax} E[U_h^m(Realized\ Yield + Indemnity - Insurance\ Premium)] \quad (9-13)$$

其中，*Realized Yield* 表示实际收益，*Indemnity* 表示赔偿，*Insurance Premium* 表示保险费用。

基于此，以下模拟均以上述公式为基础，测算每种情景下农户选择的最优覆盖率，进而考察 ENSO 信息对于农户确定性等价收入的影响。

四 数据的描述性统计

国际上对 ENSO 进行划分的依据是监测区的平均海平面温度异常指数（SSTA）及南方涛动指数（SOI）。根据监测区的不同，ENSO 划分主要有 nino1+2、nino3、nino4、nino3.4 等不同指数。目前我国国家气候中心利用 nino3.4 指数对 ENSO 事件进行监测，该指数的监测区范围为 5°S~5°N，170°W~120°W。如果该区域的 SSTA 连续 6 个月（包括 10 月、11 月、12 月）为 0.5℃ 或更高，则该年为厄尔尼诺年；相反，如果该区域的 SSTA 连续 6 个月为 -0.5℃ 或更低，则该年为拉尼娜年；其余为正常年份。受制于单产数据的可获得性，我们依据 nino3.4 指数将 1981~2014 年中的 11 年划分为厄尔尼诺年，分别是 1982 年、1986 年、1987 年、1991 年、1994 年、1997 年、2002 年、2004 年、2006 年、2009 年、2014 年；9 年划分为拉尼娜年，分别是 1984 年、1988 年、1995 年、1998 年、1999 年、2000 年、2007 年、2010 年、2011 年；其余 13 年为正常年份（其中 2012 年数据缺失）。

本章以我国粮食主产区东北三省为例，选取县级玉米、水稻、大豆三种粮食作物单产进行分析。数据的描述性统计结果如表 9-1 所示。其中，吉林的玉米、水稻、大豆的平均单产最高，分别为 5819.78 公斤/公顷、6702.18 公斤/公顷、2041.95 公斤/公顷。玉米、水稻、大豆的标准差最大的省份分别是黑龙江、吉林、辽宁。

表 9-1　数据的描述性统计

单位：个，公斤/公顷

地区	作物	观测值（个）	均值	标准差	最小值	最大值
辽宁	玉米	1551	5368.09	1979.28	0.06	11674.40
	水稻	1188	6437.67	1803.95	554.76	12114.71
	大豆	1551	1722.63	745.13	1.83	3904.76
吉林	玉米	1023	5819.78	2262.37	719.40	15917.86
	水稻	990	6702.18	2258.08	186.45	13000.00
	大豆	1188	2041.95	744.46	15.81	4000.00
黑龙江	玉米	2046	5210.94	2399.26	37.59	15358.90
	水稻	1782	5656.31	2232.43	4.17	12444.52
	大豆	2046	1753.03	611.43	1.24	3952.33

资料来源：中国农业科学院对各县单产的统计。

第三节　结果与讨论

一　单产分布差异的统计检验

为了验证农作物在不同 ENSO 模式下单产分布差异的显著性，我们使用联合 K – S（Kolmogorov – Smirnov）检验不同模式下的单产分布差异。表 9 – 2 汇报了在 5% 的显著性水平下农作物单产分布存在差异的县所占的比例。结果表明，绝大多数县在不同 ENSO 模式下的农作物单产分布具有显著差别，这意味着将 ENSO 信息纳入农业保险中具有一定的应用价值。具体而言，黑龙江的玉米相对其他两个省份总体上表现出对 ENSO 更高的敏感性，在统计上表现为对 ENSO 反应的县的比例比其他省份基本高出 10 ~ 30 个百分点。综合三种 ENSO 模式下的农作物单产分布，厄尔尼诺年 VS 拉尼娜年的玉米单产分布存在差异的县占比最高。水稻的 K – S 检验结果相对较好，超 90% 的县表现出对 ENSO 的敏感性，且 ENSO 对三省的影响相近。相较于玉米和水稻，大豆对 ENSO 的反应并不突出。尤其是在正常年份 VS 拉尼娜年的分布中，仅有 50.00% 及以下的县的分布有差异，其中吉林省的占比仅有 25.00%。当然，这种作物与地区的差别性主要由于作物的生长习性及各地区的地理环境不同。因此，对于县域产量保险而言，上述单产分布的差异是保险公司将 ENSO 信息纳入费率厘定中的潜在动机。

表 9 – 2　不同 ENSO 模式下农作物单产分布的 K – S 检验结果

单位：%

省份	显著差异县的数量占比[a]								
	正常年份 VS 厄尔尼诺年			正常年份 VS 拉尼娜年			厄尔尼诺年 VS 拉尼娜年		
	玉米	水稻	大豆	玉米	水稻	大豆	玉米	水稻	大豆
辽宁	48.94	100	74.47	57.45	100	36.17	95.74	91.67	72.34
吉林	54.84	100	72.22	77.42	100	25.00	100	93.33	63.89
黑龙江	77.42	100	90.32	91.94	100	50.00	100	98.15	61.29

注：a 指在 5% 的显著性水平下农作物单产分布存在差异的县所占的比例。

二　单产分布及费率估计

（一）费率估计的准确性

以样本为基础的费率估算必然会涉及在不同模式下的样本量大小差异带来的干扰。由于分 ENSO 模式估计分布时的样本量相对于混合所有数据的样本量小，因此带来的估计误差也较大，那么使用 ENSO 信息调整费率所带来的效益是否能够抵消这部分增加的误差是需要仔细推敲的。因此，为了检验使用 ENSO 信息调整的费率总体上是否比采用混合样本测算的统一费率更接近于"真实的费率"，我们使用均方误差（Mean Squared Error，MSE）来衡量费率估计的效率。为了得到 MSE，我们将估计的不同 ENSO 单产分布视作"真实的分布"，得出"真实的费率"。然后，从"真实的分布"中模拟抽取 $n = 300$ 次相同数据量的样本进行新一次的估计，再分别计算有、无 ENSO 信息情况下的 MSE_{n1} 及 MSE_{n0}。具体公式如下所示：

$$MSE_{n1} = \sum_s P(s) \times [ER_{n1}(s) - TR(s)]^2 \qquad (9-14)$$

$$MSE_{n0} = \sum_s P(s) \times [ER_{n0} - TR(s)]^2 \qquad (9-15)$$

其中，s 代表厄尔尼诺、拉尼娜、正常三种气候模式。$ER_{n1}(s)$ 和 ER_{n0} 分别表示有、无 ENSO 信息情况下的估计费率，$TR(s)$ 为三种气候模式下的"真实的费率"，$P(s)$ 为每种气候模式发生的概率，我们采用过去 33 年每种气候模式发生的频率来替代。MSE 的具体结果如表 9-3 所示。研究发现，玉米、水稻、大豆使用 ENSO 调整费率的 MSE 的均值比统一费率分别小 21%、31%、20%。换句话说，使用 ENSO 信息调整的费率准确性更高。

表 9-3　不同模式下费率估计的 MSE（$\times 10^4$）

费率	玉米		水稻		大豆	
	均值	中位数	均值	中位数	均值	中位数
统一费率	9.6013	8.0560	7.4091	6.3351	9.3373	7.8362
ENSO 调整费率	7.5654	6.6749	5.0830	4.6695	7.4516	7.1321

（二）单产分布及费率

为了更进一步展示 ENSO 对农作物单产分布的影响，本节绘制了每种作物三个代表县（或县级市）的单产分布及不同覆盖率（70%～100%）下的费率图。

1. 玉米

图 9-1 报告了三个代表县（或县级市）的玉米单产分布及不同覆盖

率下的费率。抚顺县、北票市、双城市大致代表了47%、15%、27%的县对ENSO具有类似反应。总体而言，三种ENSO模式的单产分布密度图与汇总密度图（未区分ENSO模式）在位置和形状上仍然存在一些差异，而这些差异将会带来费率的变化。从平均预期单产来看（见本章附表1），厄尔尼诺年的玉米单产水平整体较低。主要原因是厄尔尼诺会带来东北地区的夏季低温灾害，而玉米是喜温作物，全生育期都要求较高的温度，因此厄尔尼诺的发生降低了东北三省整体的玉米单产水平（郑冬晓、杨晓光，2014）。

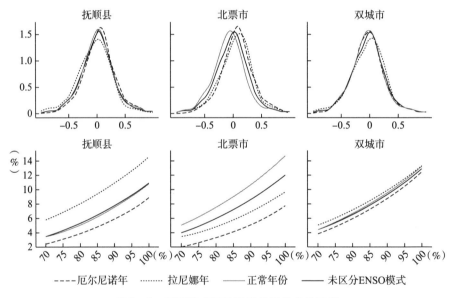

图9-1 不同模式下的玉米单产分布及费率

具体来说，抚顺县在厄尔尼诺年和拉尼娜年的预期单产均低于正常年份。经过标准化处理消除单产绝对水平差异（每种模式下的残差除以相应模式下的拟合单产）之后，单产分布密度图所反映的是每种ENSO模式下的相对分布。从抚顺县的玉米单产分布密度图来看，拉尼娜年的分布相对靠左，风险发生概率偏高，因此在公平保险市场上表现出拉尼娜年的费率相对较高。同时，考虑预期单产水平，拉尼娜年的高风险和低产量将会给玉米生产带来更为不利的冲击。与之相反，厄尔尼诺年的分布较为集中，相对损失风险及费率均较低。

　　另外，北票市在各种 ENSO 模式下的单产分布均存在较大的差异，因此相应的费率水平也表现出较大区别。和整体单产水平类似，北票市在厄尔尼诺年的单产最低、正常年份最高。由于每种 ENSO 模式下的单产分布显著不同，从费率图来看正常年份的费率反倒是最高的，这说明尽管正常年份的单产水平相对较高，但具有极大的不稳定性。

　　当然，根据 K－S 检验结果可知并不是所有县的玉米单产对 ENSO 的发生都有反应，如双城市的单产分布密度很接近，笔者因此也预期使用 ENSO 信息对这些县的保险改善价值不明显。

　　2. 水稻

　　图 9－2 给出了水稻的单产分布及费率。K－S 检验结果表明，东北三省的水稻产量对 ENSO 的反应都比较敏感，从分布密度图和费率图也可直观地看出所有的县（或县级市）在不同模式下均存在一定的差异。水稻是一种喜温、喜湿的作物，对水热条件比较敏感，一般而言，厄尔尼诺年夏季降水减少，且易发生低温冷害。因此，对于绝大多数的东北地区而言，厄尔尼诺年的气候条件总体上会抑制水稻的生长。而在拉尼娜年，夏季、秋季气温偏高，且陆地平均年降水量较多，因此对于水稻这种喜温、喜湿的作物，拉尼娜年的高热量和高降水量则会促进产量的增加。气候对农作物产量的作用还会受到当地设施条件和地理环境等的影响，因此同一 ENSO 气候状态下，其他因素的作用也会使得不同县域农作物产量的表现不同。以海城市为例，直观上来看，三种不同模式下的分布位置很接近，但是左侧分布形状存在一定差别，因而它们同样会带来费率的差异。海城市在厄尔尼诺年的费率水平最低，说明相对风险发生的不确定性较低；而在拉尼娜年的费率水平居中，且同时考虑到拉尼娜年的预期单产较高，因此拉尼娜的发生对东北大部分地区的水稻生长有良好的促进作用；在正常年份的预期单产最高，但是由于风险的不确定性较高，保险费率也高于其他两种模式。集安市和其他地区在预期单产及分布上有所不同，该地区拉尼娜年的预期单产最低。从分布密度图来看，尽管拉尼娜年的单产在平均值处分布较多，但低产量的发生概率也较高，整体风险偏高，故费率较高。通化县也给出了另一种对 ENSO 的反应，主要差别在于拉尼娜年的水稻单产变异最小，分布最为集中，因此相应的费率水平也最低。

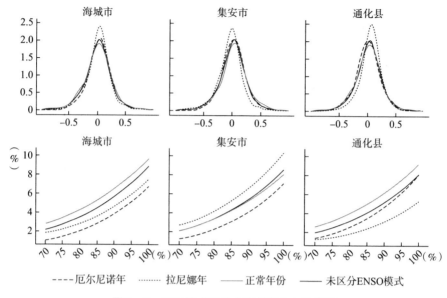

图 9 - 2 不同模式下的水稻单产分布及费率

综合来看，厄尔尼诺对东北地区水稻的影响是相对确定的，主要表现为厄尔尼诺年预期单产水平整体较低，且这种低产量具有明显的可预测性，即厄尔尼诺的发生有较大可能性降低产量。然而，拉尼娜对不同地区水稻的影响存在差异，但总体上拉尼娜的发生有利于水稻产量的增加。

3. 大豆

图 9 - 3 则汇报了大豆的单产分布及费率。结合分布密度图及 K - S 检验结果可知，相对于其他两种粮食作物，东北相当多地区的大豆产量对ENSO 的反应并不敏感，这类地区的单产分布及费率与本溪满族自治县很类似。对于这部分县域而言，可能由于农业设施较为完善，ENSO 对大豆的影响并不显著，因此 ENSO 信息对于这部分地区的影响不大。

整体而言，厄尔尼诺条件下的大豆预期单产最低，拉尼娜年和正常年份预期单产水平相对较高。以昌图县为例，拉尼娜年的单产分布较为集中，且低产量发生的风险较低，因此拉尼娜对于昌图县大豆的生长有正向影响。与之相反，厄尔尼诺对大豆产量有负向影响。建平县对 ENSO 的反应主要表现在厄尔尼诺年的产量分布相对较为集中，而拉尼娜年的分布相对靠左，因此导致厄尔尼诺年的低费率及拉尼娜年的高费率。

综上所述，ENSO 循环影响着玉米、水稻和大豆等的单产分布，其中

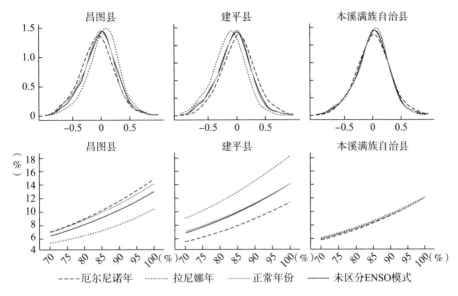

图 9 - 3　不同模式下的大豆单产分布及费率

水稻对 ENSO 的反应最为敏感。整体来看，厄尔尼诺对三种作物的产量均有抑制作用，而拉尼娜的气候条件则促进了这些作物产量的增加。由于作物生长受到多方面因素的影响，因此不同地区不同作物对 ENSO 的反应程度也有所区别。

三　ENSO 对农业保险的信息价值与农户福利

为了研究 ENSO 对农业保险的信息价值，本节将模拟以下四种情况。

Ⅰ农户未意识到不同 ENSO 模式下单产的差异，保险公司只提供统一费率。

Ⅱ农户意识到不同 ENSO 模式下单产的差异，保险公司依旧提供统一费率。

Ⅲ农户未意识到不同 ENSO 模式下单产的差异，但保险公司针对ENSO信息调整费率。

Ⅳ农户意识到不同 ENSO 模式下单产的差异，保险公司也针对 ENSO 信息调整费率。

在四种不同的情形下，农户均通过选择最优的覆盖率来使自身期望效用最大化。同时，我们使用确定性等价收入（CER）来衡量农户的福利。

其中收入通过产量数据和 2015 年东北三省的平均出售价格相乘得到，具体结果如表 9 - 4 所示。

首先，农户根据期望效用最大化来选择最优覆盖率。在信息对称情况下，即农户和保险公司掌握相同信息时，农户选择的最优覆盖率均是 100%，然而当仅有一方掌握 ENSO 信息时，农户可能选择不同的最优覆盖率。举例来讲，在模拟情形 Ⅱ 下，当发生拉尼娜时，种植玉米、水稻、大豆的农户在 10% 的风险溢价水平下分别有 12.14%、54.17%、19.31% 的人不选择 100% 的覆盖率，这是由于部分县域在拉尼娜气候下的单产表现良好，因此该部分农户会降低保险额的购买。其次，农户对风险越是厌恶，就越倾向于购买 100% 覆盖率的保险，因此在风险溢价水平较高的情况下，农户还是保守地选择 100% 覆盖率的保险。相似地，模拟情形 Ⅲ 下，在拉尼娜年，种植玉米、水稻、大豆的农户在 10% 的风险溢价水平下分别有 4.29%、5.83%、1.38% 的人不选择 100% 的覆盖率。

从表 9 - 4 可以看出，在公平的保险市场上 ENSO 信息的加入在不同程度上会改变农户的确定性等价收入。具体来说，主要可以得出以下结论。

首先，第（1）组数据给出了四种模拟情形下的确定性等价收入。从各列的变化趋势来看，在同一模拟情形下，随着风险溢价水平的提高，农户确定性等价收入递减。由于风险溢价衡量的是农户为了消除风险而愿意放弃的预期收入额，且对风险越厌恶的农户愿意放弃的预期收入额越大，因此风险溢价越高，风险规避系数越大。在相同模拟情形下，风险规避系数越高的农户对风险越厌恶，因此较低的确定性等价收入的效用便可达到相同期望效用水平。

其次，第（2）组数据反映的是当只有农户一方掌握 ENSO 信息的情形（模拟情形 Ⅱ）。该种情形下，保险公司依旧制定统一费率，但农户会调整覆盖率水平及对未来农业生产风险的预期，从而带来福利水平的变化。ΔCER_{II} 表示相较于完全无 ENSO 信息的情况，仅农户拥有 ENSO 信息带来的确定性等价收入的增量。从表 9 - 4 中数值可知，在 10% 的风险溢价水平下，ENSO 信息为种植玉米、水稻、大豆的农户分别增加了 0.64%、1.03%、1.08% 的确定性等价收入。该情形下农户福利的提升主要来自：其一，风险规避程度较低的农户会调整最优覆盖率，改变保险购买决策从而提高自身福利；其二，基于风险规避型农户的假设，在信息更多的情形

表 9-4 不同情形下的农户确定性等价收入

作物	风险溢价（%）	(1) 确定性等价收入（千元/公顷）				(2) 确定性等价收入的变动（模拟情形Ⅱ）		(3) 确定性等价收入的变动（模拟情形Ⅲ）		(4) 确定性等价收入的变动（模拟情形Ⅳ）	
		CER_I	CER_{II}	CER_{III}	CER_{IV}	ΔCER_{II}（千元/公顷）	占比（%）	ΔCER_{III}（千元/公顷）	占比（%）	ΔCER_{IV}（千元/公顷）	占比（%）
玉米	10	12.842	12.924	12.946	12.955	0.082	0.636	0.104	0.810	0.113	0.880
	20	12.632	12.695	12.732	12.741	0.064	0.505	0.101	0.797	0.110	0.868
	30	12.487	12.540	12.587	12.595	0.053	0.421	0.100	0.798	0.108	0.862
	40	12.371	12.415	12.470	12.477	0.044	0.353	0.099	0.797	0.106	0.857
	50	12.265	12.301	12.363	12.370	0.035	0.289	0.097	0.795	0.104	0.851
水稻	10	22.053	22.279	22.381	22.435	0.226	1.027	0.328	1.487	0.382	1.732
	20	21.789	21.963	22.125	22.173	0.173	0.796	0.336	1.541	0.384	1.762
	30	21.618	21.768	21.962	22.005	0.149	0.691	0.343	1.588	0.386	1.787
	40	21.476	21.607	21.826	21.865	0.131	0.609	0.350	1.629	0.389	1.810
	50	21.339	21.451	21.695	21.730	0.112	0.526	0.356	1.669	0.391	1.833
大豆	10	9.384	9.486	9.487	9.526	0.101	1.077	0.103	1.096	0.141	1.506
	20	9.224	9.304	9.330	9.362	0.079	0.861	0.105	1.142	0.138	1.498
	30	9.106	9.171	9.216	9.243	0.065	0.714	0.109	1.199	0.136	1.498
	40	9.008	9.061	9.121	9.143	0.053	0.589	0.112	1.247	0.135	1.501
	50	8.919	8.961	9.034	9.053	0.042	0.474	0.115	1.291	0.134	1.503

注：风险溢价为无保险情形下对应的数值；CER_I、CER_{II}、CER_{III}、CER_{IV} 分别代表 I、II、III、IV 模拟情形下的确定性等价收入；ΔCER_{II}、ΔCER_{III}、ΔCER_{IV} 分别表示农户拥有 ENSO 信息带来的确定性等价收入的增量，保险公司拥有 ENSO 信息带来的确定性等价收入的增量，农户和保险公司均拥有 ENSO 信息带来的确定性等价收入的增量；占比指代第 II、III、IV 种模拟情形下带来的确定性等价收入增量占第 I 种模拟情形下确定性等价收入的比例。

下，农户对产量有更精准的预测，消除了部分预期产量发生的不确定性，从而降低了风险溢价，提升了农户确定性等价收入。另外，从第（2）组数据的变动趋势来看，随着风险溢价水平的提高，ΔCER_{II} 在降低。换句话说，当仅有农户一方掌握 ENSO 信息时，该信息带来的确定性等价收入的增量也在下降。同时根据第（1）组的数据也可发现 CER_{II} 要比 CER_{I} 降低的程度大。这是由于 ENSO 作为一种气候模式，其发生具有不确定性。对于风险规避型农户而言，该种情形下除了损失发生的不确定性外，额外增加了 ENSO 发生的不确定性。因此，双重不确定性使得该种情形下农户的确定性等价收入下降的程度要大于完全没有 ENSO 信息的情形。

再次，第（3）组数据给出了当只有保险公司一方掌握 ENSO 信息的情形（模拟情形Ⅲ）。同样地，$\Delta CER_{\mathrm{III}}$ 指代了仅保险公司拥有 ENSO 信息带来的确定性等价收入的增量。第（3）组数据表明在 10% 的风险溢价水平下，ENSO 信息为种植玉米、水稻、大豆的农户分别增加了 0.81%、1.49%、1.10% 的确定性等价收入。在该种模拟情形下，尽管农户未意识到不同 ENSO 模式下单产的差异，但是保险公司针对 ENSO 信息使用更加有效率的费率。相似地，农户福利的提升一方面来自农户购买决策的改变；另一方面由于在无 ENSO 信息的情形下，费率制定偏高，因此在信息完全的情形下，费率的降低提高了农户的福利水平。

最后，第（4）组数据展示的是农户和保险公司均利用 ENSO 信息的情形（模拟情形Ⅳ）。在该种模拟情形下，保险公司调整费率的同时农户相应调整了对风险的预期。从第（4）组数据可知，当整个社会都利用 ENSO 信息时，农户的确定性等价收入有不同程度的增加。具体地，在 10% 的风险溢价水平下，种植玉米、水稻、大豆的农户的确定性等价收入分别增加了 0.88%、1.73%、1.51%，其中水稻的增加幅度最大。同时对比模拟情形Ⅱ和Ⅲ，模拟情形Ⅳ下农户福利的提升最大。原因在于该种情形下，农户和保险公司的行为均对 ENSO 信息做出了调整，因此该部分农户福利的提升来自模拟情形Ⅱ和Ⅲ的叠加作用。

综上所述，ENSO 信息对农户购买保险的决策和收益影响存在一定的差异。首先，在农户保险购买决策方面，在信息对称情形下，农户均是选择 100% 的覆盖率水平。然而在信息不对称的情形下，拥有信息更多的一方会调整其决策从中获益，从而带来福利的改变。其次，ENSO 信息对农户福利的提升在不同模拟情形下存在差异。整体来看，当 ENSO 信息被农户和保险公司共享时，它对农户福利的提升作用最大。在此情形下，农户和保险公司针对 ENSO 信息均做出了相应调整，ENSO 信息的潜在价值被最大限度开发，因此带来的农户福利提升也是最大的。据此，不同作物的最优保险方案均是允许整个农业保险参与个体共享 ENSO 信息。最后，ENSO 信息对不同作物的价值提升程度不同。就本章研究的三种作物而言，ENSO 信息总体上对水稻的价值提升最高。

本章附录

附表 1　2015 年各代表地区的预期单产

单位：公斤/公顷

作物	地区	厄尔尼诺年	拉尼娜年	正常年份
玉米	三省平均	6379.41	6743.33	7066.18
	抚顺县	8107.27	8018.60	9024.27
	北票市	4701.95	5373.06	5899.98
	双城市	9407.26	9535.62	9318.36
水稻	三省平均	7220.35	7880.12	7710.63
	海城市	8418.45	8721.20	9140.60
	集安市	7072.81	6939.06	7648.44
	通化县	9371.45	9755.40	10213.25
大豆	三省平均	2149.16	2405.81	2402.42
	昌图县	2146.03	2894.47	2377.12
	建平县	1310.30	1509.98	1653.36
	本溪满族自治县	1920.67	2261.74	2321.20

第十章　遥感技术在农业保险中的
应用价值

目前，中国农业保险经营管理粗放，运营成本高且效率低，存在逆向选择和道德风险等信息不对称问题，这严重制约了农业保险高质量发展。在此背景下，农业保险与现代科技的融合应运而生。农业保险与现代科技的融合是农业保险创新的重要途径，其核心是利用现代科技成果来优化或创新农业保险的产品形态、业务流程、经营模式、服务渠道等，促进农业保险经营管理的精准化和智能化，从而提升农业保险运营效率（张峭、赵思健，2022）。其中，农业保险与遥感技术的融合是一项重要应用。

第一节　遥感技术与农业保险

遥感技术可服务于农业保险的承保、验标、监测、定损、理赔等多个环节（刘振功，2016）。例如，在定损环节，利用遥感技术估测作物产量，具有定损速度快和节约人力成本的优势（蒙继华等，2017）。目前，中国人民财产保险、中国太平洋财产保险和中华联合财产保险等相继推出以遥感技术为驱动的农业保险产品，并在全国不同试点地区推行。

然而，农业保险与遥感技术的融合应用尚处于起步阶段，目前仍然有很多问题需要解决。第一，数据获取难。遥感数据获取途径并不畅通，部分遥感数据价格不菲，甚至有些数据不向商业性的保险机构开放，这导致保险机构获取遥感数据的成本居高不下。第二，技术无规范。目前缺乏统一的技术规范，导致农业保险的遥感技术应用流程和方法不一致，不同流程和方法所得结果差异较大。第三，平台不专业。农业保险是专业性极强的行业，目前行业尚未构建起能够实现遥感科技与农业保险业务深度融合的专业性服务平台。第四，缺乏审定机构。当前缺乏官方认可的第三方损失核定机构对农业保险灾害的遥感定损结果进行客观、公正的判定，导致了保险投保方和承保方对遥感评估结果意见分歧，甚至发生理赔纠纷。

总的来说，遥感技术在农业保险中具有较大的应用潜力，但在实际操作层面，受到数据、技术、平台等制约，仍然具有不小的挑战。在此基础上，本章试图探究遥感技术在农业保险中的应用价值。遥感技术在农业保险多个环节有应用，我们聚焦于农业保险的定损、理赔环节。将遥感技术应用于农业保险的定损、理赔环节，可以降低保险公司的经营管理成本，提高理赔的效率，并在一定程度上减少道德风险问题。然而，该应用对农户会产生何种影响，目前尚无定论。由于定损、理赔的结果直接关乎农户的收入和对保险的满意度，进而影响农户对保险的需求，所以创新科技引入对农业保险发展效果评判问题不容忽视。

由此，我们将提供一种分析框架，以投保前后农户福利的变化为标准，衡量遥感估产技术在农业保险定损中的应用价值。本章先从理论框架入手，分析投保前后农户收入稳定性的差异以及影响因素，然后利用相关数据进行实证检验。本章研究结论将为农业保险与遥感技术的融合应用奠定坚实的理论基础，并且对于农业保险高质量发展，尤其是农业保险领域的科技创新有着重要指导意义。

第二节　理论分析

本节拟探讨遥感技术在农业保险中的应用价值，并主要着眼于农业保险的定损、理赔环节的使用效果。将遥感估产技术应用于农业保险的定损环节，具有定损速度快、节约人力成本的优势。然而，定损结果的准确性也受多种因素的影响。在实际运用中，受遥感分辨率和运营成本的约束，保险公司无法为投保的每个农户提供定损服务，只能对某一投保地区进行定损，并将该定损结果作为该地区每个农户的理赔依据。在这项应用中，最大的难题之一是评价采用遥感技术定损对农户福利的影响。由此，我们借鉴 Miranda（1991）对区域产量保险的理论框架，进行以下理论分析。

假定某地区农户 i 的单位面积实际产量（简称"单产"）为 y_i，遥感估测的该地区平均单产为 y_e，首先建立这两个变量之间的统计关系：

$$y_i = \mu_i + \beta_i \cdot (y_e - \mu_e) + \epsilon_i \qquad (10-1)$$

其中，μ_i 是农户 i 单产 y_i 的期望，令 $\sigma_{y_i}^2$ 表示农户 i 单产 y_i 的方差。μ_e 是遥感估测的地区平均单产 y_e 的期望，令 $\sigma_{y_e}^2$ 表示遥感估测的地区平均单产 y_e 的方差。系数 β_i 衡量的是农户的单产与遥感估测地区的平均单产之间的相关程度，β_i 的估计可由式（10-2）表示：

$$\beta_i = \frac{Cov(y_i, y_e)}{\sigma_{y_e}^2} \qquad (10-2)$$

需要说明的是，式（10-1）将农户 i 的产量波动 $y_i - \mu_i$ 分为两部分解释，一部分是 $\beta_i \cdot (y_e - \mu_e)$，表示影响整个地区产量的系统性风险，如气候变化、自然灾害等；另一部分是 ϵ_i，表示非系统性风险或个人风险，这部分风险只会影响农户个体的产量，如播种和收获的时间，以及灌溉、施肥等田间管理措施（陈素英等，2009）。

运用遥感技术估测某个地区的产量时需要利用该地区的历史数据建立估产模型，当然，估产模型可以是回归模型，也可以是机器学习模型。我们以广泛使用的回归模型为例进行分析。建立回归模型时，需要利用该地区投保作物的历史单产数据与植被指数数据。植被指数的种类繁多，我们以最常用的 NDVI 为例，建立地区实际平均单产 y 与 NDVI 的回归模型。该回归模型的预测值即为遥感估测的地区平均单产 y_e。为了简化分析过程，定义：

$$y_e = y + \alpha \qquad (10-3)$$

其中，α 为遥感估测的地区平均单产 y_e 与地区实际平均单产 y 之间的误差。定义地区实际平均单产 y 的期望为 μ，方差为 σ_y^2。假定误差 α 的期望为 0，方差为 σ_α^2。同时，我们假定地区实际平均单产 y 与误差 α 之间不存在相关性，由式（10-3）可得：

$$\mu_e = \mu \qquad \sigma_{y_e}^2 = \sigma_y^2 + \sigma_\alpha^2 \qquad (10-4)$$

将式（10-4）的结果代入式（10-2），并且假定农户单产 y_i 与误差 α 不相关，化简后得到：

$$\beta_i = \frac{Cov(y_i, y)}{\sigma_y^2 + \sigma_\alpha^2} \qquad (10-5)$$

在受灾理赔的过程中，令投保地区农业保险的亩均保费为 π，亩均赔付金额为 n。农业保险的理赔规则为：当遥感估测的地区平均单产 y_e 小于理赔临界值 y_c 时，该地区的所有农户都获得相等的赔付金额 n；当遥感估测的地区平均单产 y_e 大于该理赔临界值 y_c 时，该地区的所有农户都无法获得赔偿。理赔临界值 y_c 的设定往往需要依据该地区的历史平均单产。假定该农业保险的保费符合精算公平原则，即保费 π 等于赔付金额 n 的期望值 $E(n)$。根据上述分析，赔付金额 n 可由式（10-6）表示：

$$n = \max(y_c - y_e, 0) \tag{10-6}$$

购买农业保险后，农户的亩均收入为：

$$y_i^{net} = y_i + n - \pi \tag{10-7}$$

我们用收入的方差来衡量农户的收入波动。购买农业保险前后，农户的收入波动分别为：

$$\begin{cases} \text{Before}: Var(y_i) = \sigma_{y_i}^2 \\ \text{After}: Var(y_i^{net}) = \sigma_{y_i}^2 + \sigma_n^2 + 2 \cdot Cov(y_i, n) \end{cases} \tag{10-8}$$

于是，本章根据收入的方差评价基于遥感技术的农业保险产品对农户收入的影响。首先，定义 Δ_i 为农户购买农业保险前的收入波动减去购买农业保险后的收入波动。其次，由定义可知，$\Delta_i > 0$ 表示农业保险减小了农户的收入方差，即收入波动，且 Δ_i 越大，农业保险减小农户收入波动的效果越好。Δ_i 具体表示为：

$$\Delta_i = Var(y_i) - Var(y_i^{net}) = -\sigma_n^2 - 2 \cdot Cov(y_i, n) \tag{10-9}$$

由于式（10-1）中假定 ϵ_i 与 y_e 不相关，则 ϵ_i 与 n 也不相关。式（10-9）可以转化为：

$$\Delta_i = -\sigma_n^2 - 2 \cdot \beta_i \cdot Cov(y_e, n) \tag{10-10}$$

最后，将式（10-5）中关于 β_i 的等式代入式（10-10），可得：

$$\Delta_i = -\sigma_n^2 - 2 \cdot \frac{Cov(y_i, y)}{\sigma_y^2 + \sigma_\alpha^2} \cdot Cov(y_e, n) \tag{10-11}$$

一般来说，农户 i 的实际单产 y_i 与所在地区的实际单产 y 之间正向相关，则协方差 $Cov(y_i, y)$ 的符号为正。由式（10-6）可知，保险赔付金额

n 的大小取决于遥感预测的地区平均单产 y_e，并且遥感预测的地区平均单产 y_e 越高，农户获得保险赔付金额 n 的额度越少。因此，y_e 与 n 之间负向相关，协方差 $Cov(y_e, n)$ 的符号为负。

基于以上分析，农户能否从应用遥感的农业保险产品中获得更稳定的收入实际上依赖对 Δ_i 正负的判断。然而，根据上述分析可知，受到诸多影响因素共同作用，Δ_i 的符号并不能直接从式（10 – 11）中判断。接下来，我们将分别从几个可能的机制讨论各种因素对 Δ_i 的影响。

一　误差 α 的方差 σ_α^2 对 Δ_i 的影响

由式（10 – 4）和式（10 – 6）可知，σ_n^2 是关于 σ_α^2 和 σ_y^2 的增函数，为了便于后续分析，定义以下函数：

$$\sigma_n^2 = f(\sigma_y^2, \sigma_\alpha^2) \tag{10 – 12}$$

在式（10 – 11）中，对 Δ_i 在 σ_α^2 上求偏导，结果如下：

$$\frac{\partial \Delta_i}{\partial \sigma_\alpha^2} = -\frac{\partial f}{\partial \sigma_\alpha^2} + 2 \cdot \frac{Cov(y_i, y)}{(\sigma_y^2 + \sigma_\alpha^2)^2} \cdot Cov(y_e, n) \tag{10 – 13}$$

由于 σ_n^2 是关于 σ_α^2 的增函数，则 $\frac{\partial f}{\partial \sigma_\alpha^2}$ 的符号为正。根据前文的分析，$Cov(y_i, y)$ 的符号为正，$Cov(y_e, n)$ 的符号为负。因此，式（10 – 13）的结果为负，表明 Δ_i 是关于 σ_α^2 的减函数。这意味着，当其他条件不变时，误差 α 的方差越小，Δ_i 就越大，农业保险减小农户收入波动的效果越好。这个结论很容易理解，因为误差 α 是遥感预测产量与实际产量间的偏差，偏差波动越小，意味着遥感估产的效率和准确度越高，农业保险越能保障农户的收入稳定。

二　地区实际平均单产 y 的方差 σ_y^2 对 Δ_i 的影响

在式（10 – 11）中，对 Δ_i 在 σ_y^2 上求偏导，结果如下：

$$\frac{\partial \Delta_i}{\partial \sigma_y^2} = -\frac{\partial f}{\partial \sigma_y^2} + 2 \cdot \frac{Cov(y_i, y)}{(\sigma_y^2 + \sigma_\alpha^2)^2} \cdot Cov(y_e, n) \tag{10 – 14}$$

由于 σ_n^2 是关于 σ_y^2 的增函数，则 $\frac{\partial f}{\partial \sigma_y^2}$ 的符号为正。根据前文的分析，

$Cov(y_i, y)$ 的符号为正，$Cov(y_e, n)$ 的符号为负。因此，式（10-14）的结果为负，表明 Δ_i 是关于 σ_y^2 的减函数。这意味着，当其他条件不变时，σ_y^2 越小，即地区实际平均单产 y 的波动越小，Δ_i 就越大，农业保险减小农户收入波动的效果越好。一个地区的产量波动代表了该地区的系统性风险，系统性风险会影响该地区每个农户的产量，系统性风险越小，农业保险越能保障农户的收入稳定。

三　农户单产y_i与地区实际平均单产 y 的协方差 Cov（y_i, y）对Δ_i的影响

在式（10-11）中，对 Δ_i 在 $Cov(y_i, y)$ 上求偏导，结果如下：

$$\frac{\partial \Delta_i}{\partial Cov(y_i, y)} = -2 \cdot \frac{Cov(y_e, n)}{\sigma_y^2 + \sigma_\alpha^2} \tag{10-15}$$

根据前文的分析，$Cov(y_e, n)$ 的符号为负，因此式（10-15）的取值为正，表明 Δ_i 是 $Cov(y_i, y)$ 的增函数。这意味着，当其他条件不变时，$Cov(y_i, y)$ 越大，即农户 i 的单产 y_i 与投保地区实际平均单产 y 之间正向相关度越高，保险减小农户收入波动的效果越好。这条结论表明了农业保险保障效果在不同农户间的差异，单产越接近地区实际平均单产的农户，农业保险保障的效果越好。这是由于遥感技术是对该地区的平均单产进行估测，无法估测某个农户的单产，所以农户个体的单产越接近地区平均单产时，农业保险保障收入稳定的效果越好。

四　模型迁移对Δ_i的影响

上述分析都是建立在投保地区历史数据完备、可以构建模型的基础上，我们将这类运用本地区数据校准的模型称为本地模型。然而，当投保地区缺少历史数据无法构建模型时，不免需要使用其他地区的模型，我们将这类运用其他地区数据校准的模型称为异地模型。当应用异地模型时，$Cov(y_i, y)$ 的符号不再如上述分析那样为正，而是正负不确定，因为投保地区农户的单产与模型建立地区的实际平均单产之间几乎不存在相关性。如果 $Cov(y_i, y)$ 的符号为负，Δ_i 的符号甚至可以为负。根据前文的分析，Δ_i 是 $Cov(y_i, y)$ 的增函数。在异地模型的应用情景中，$Cov(y_i, y)$ 可以视为异

地模型与投保地区的适配程度，当异地模型与投保地区的适配程度越高时，Δ_i 就越大，农业保险减小农户收入波动的效果越好。

第三节 数据来源与实证结果分析

以上理论分析已经初步得出基于遥感技术的农业保险影响农户收入波动的几个机制。本节将运用相关数据，对上述机制进行实证检验。具体来说，我们将从四种不同的遥感估产应用情景入手，对比不同应用情景中农户投保前后收入波动的差异。

一 数据来源

本节运用的 NDVI 数据来自中国科学院地理科学与资源研究所资源环境科学与数据中心的时间序列 NDVI 空间分布数据集。本节选用的是空间分辨率相对较低的中国月度 1km 的 NDVI 空间分布数据集。本节运用的农户层面的水稻单产数据来自全国农村固定观察点数据，样本地区选择江苏省泰州市兴化市和江苏省镇江市句容市，这两个地区是长江中下游传统水稻种植的代表性区域。本节还运用了江苏省南通市如皋市国家信息农业工程技术中心实验站的 36 个实验区块①的水稻单产数据以及无人机遥感观测的 NDVI 数据（Zhou et al.，2017）。

二 实证结果分析

由于数据受限，本节仅对理论框架中的部分机制展开实证检验，对于目前无法检验的机制，有待数据完备时加以分析检验。具体思路为，比较本地模型和异地模型对农户投保前后收入波动差异的影响。需要说明的是，本地模型是运用本地区的历史数据建立的回归估产模型，但当本地区缺少历史数据时，不免需要将其他地区的回归估产模型迁移至本地区使用，这一类模型则为异地模型。在本地模型的应用情景中，进一步比较两种不同拟合优度的回归估产模型对农户投保前后收入波动差异的影响。在异地模型的应用情景中，分别运用其他地区的历史数据和国家信息农业工

---

① 每个实验区块为长 6 米、宽 5 米，面积为 30 平方米的区域。

程技术中心实验站的数据来计算回归模型，并将这两种异地估产模型应用于选定的兴化市固定观察点农户，从而比较不同异地模型对农户投保前后收入波动差异的影响。根据上述分析，本节将从遥感估产模型的四种应用情景入手，对比不同应用情景中农户收入波动的差别。

（一）应用情景一

首先，选取 2009～2014 年江苏省泰州市兴化市固定观察点的部分水稻种植户单产数据，并用这部分农户的水稻单产平均值代表该县的水稻单产平均值 y；然后，将该单产平均值 y 与兴化市 7～10 月的 NDVI 进行一元或多元回归，得出不同的回归模型。根据表 10-1 中回归模型的 R^2，我们发现模型 6 的 R^2 最高，即考虑水稻各个生育期 NDVI 的多元回归模型的拟合优度最高，而其他 5 个模型的 R^2 普遍偏低。为了比较不同拟合优度的本地模型对农户投保前后收入波动差异的影响，我们选取 R^2 最高的模型 6 和其余模型中 R^2 相对较高的模型 3 进行具体比较分析。

表 10-1　不同模型回归结果

模型	自变量	回归模型	R^2
1	x_1	$\widehat{y} = 112.9\,x_1 + 522.09$	0.1036
2	x_2	$\widehat{y} = 110.01\,x_2 + 512.2$	0.0780
3	x_3	$\widehat{y} = 328.51\,x_3 + 353.3$	0.2633
4	x_4	$\widehat{y} = -193.3\,x_4 + 713.67$	0.0779
5	$x_a = x_1 + x_2 + x_3 + x_4$	$\widehat{y} = 45.57\,x_a + 469.73$	0.0923
6	x_1、x_2、x_3、x_4	$\widehat{y} = 195.37\,x_1 - 38.23\,x_2 + 278.84\,x_3 -$ $489.81\,x_4 + 593.47$	0.5731

注：x_1、x_2、x_3、x_4 分别是兴化市 7～10 月的 NDVI。

在应用情景一中，选取表 10-1 中的模型 6 作为兴化市的遥感估产模型，并将遥感估测的县平均单产 y_e 作为该县每个水稻种植户农业保险定损、理赔的依据。根据前文的理论分析，可以计算该县每个水稻种植户投保前后的收入波动差 Δ_i。Δ_i 的描述性统计结果如表 10-2 所示。在情景一中，农户 Δ_i 的均值为正，表明总体上农业保险减小了农户的收入波动。由第二节的分析可知，农业保险的保障效果在不同农户间存在差异，为了更直观地比较不同农户之间 Δ_i 的差异，我们采用农户 Δ_i 的频率分布直方图来呈现获益农户的比例。如图 10-1（a）所示，情景一中超过半数农户的 Δ_i 为正值，表明农业保险减小了大部分农户的收入波动。为了更清晰地呈现获益农户的比例，我们列出 Δ_i 的正负占比。如表 10-3 所示，情景一中 $\Delta_i > 0$ 的农户占比为 65%，表明农业保险减小了六成以上农户的收入波动，保障水平相对较高。

表 10-2　不同应用情景中 Δ_i 的描述性统计

情景	样本量	均值	标准差	最小值	最大值
一	60	95.192	259.129	-534.386	1047.295
二	60	85.384	340.485	-650.700	1408.352
三	60	-450.686	561.266	-2705.859	652.129
四	60	-1006.665	2301.454	-5053.740	9337.608

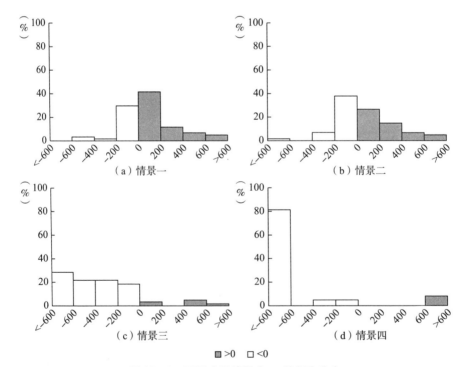

图 10-1　不同应用情景中 Δ_i 的频率分布

表 10 - 3　不同应用情景中 Δ_i 的占比

单位：%

情景	$\Delta_i \leqslant 0$ 的占比	$\Delta_i > 0$ 的占比
一	35	65
二	46.67	53.33
三	90	10
四	91.67	8.33

（二）应用情景二

在应用情景二中，选取表 10 - 1 中的模型 3 作为遥感估产模型，并将遥感估测的县平均单产 y_e 作为该县每个水稻种植户农业保险定损、理赔的依据。情景二中的估产模型仍是本地模型，但与情景一中的模型相比，情景二中的模型拟合优度更低（ $R^2 = 0.2633$ ）。根据前文的理论分析，可以计算情景二中每个农户投保前后的收入波动差 Δ_i 。如表 10 - 2 所示，情景二中农户 Δ_i 的均值仍为正，但小于情景一中农户 Δ_i 的均值，表明当本地估产模型的拟合优度降低时，农业保险总体的保障效果减弱。农户 Δ_i 的频率分布和占比分别如图 10 - 1（b）和表 10 - 3 所示，情景二中 $\Delta_i > 0$ 的农户占比为 53.33%，表明农业保险减小了一半以上农户的收入波动，但保障水平较情景一有所降低。

总的来说，情景一和情景二中农户 Δ_i 的均值都为正，且都有超过半数农户的 Δ_i 为正值，表明应用本地模型时，农业保险的总体保障效果较好。情景一中农户 Δ_i 的均值较情景二更大，且有更高比例的农户的 Δ_i 为正值，表明模型的拟合优度越高，农业保险减小农户收入波动的效果越好。

（三）应用情景三

以上两种应用情景都是运用的本地模型，接下来我们将讨论异地模型的应用情景。现在假设选定的兴化市由于缺少历史数据而无法建立本地模型，取而代之的是利用江苏省镇江市句容市的历史单产数据与 NDVI 数据回归，并将此回归模型应用于兴化市水稻的测产。根据表 10 - 1 的回归结果可知，当把 7 ~ 10 月的 NDVI 都作为自变量进行多元回归时，回归模型的拟合优度 R^2 最高。所以建立句容市的回归模型时，我们利用 2009 ~ 2014 年句容市的水稻单产数据与 7 ~ 10 月的 NDVI 数据进行多元回归。该

回归模型的 R^2 为 0.5811，与情景一的回归模型 R^2 相近（情景一的 R^2 为 0.5731）。

在情景三中，将句容市的回归模型迁移应用于兴化市，作为兴化市的遥感估产模型，并将遥感估测的县平均单产 y_e 作为该县每个水稻种植户农业保险定损、理赔的依据。根据前文的理论分析，可以计算情景三中每个农户投保前后的收入波动差 Δ_i。如表 10-2 所示，情景三中农户 Δ_i 的均值变为负，表明应用异地模型时，农业保险总体的保障水平大幅降低，增大了农户的收入波动。农户 Δ_i 的频率分布和占比分别如图 10-1（c）和表 10-3 所示，情景三中 $\Delta_i > 0$ 的农户占比仅为 10%，较情景一和情景二大幅下降，表明该情景中农业保险只能保障极少数农户的利益，绝大多数农户面临更大的收入波动。这样的保障水平显然违背了农业保险的初衷，是无法接受的。导致该结果的原因可能是，不同地区气候、土壤等自然条件存在差异，产量水平也会存在差异。因此，一些预测模型虽然在原始地区适配程度较高，但将其直接迁移至其他地区应用时适配程度会明显降低。

（四）应用情景四

本节要讨论的应用情景四与应用情景三相似，本质上也是一种异地模型的应用情景。在该情景中，同样假设兴化市由于缺少历史数据而无法建立本地模型，取而代之的是利用江苏省南通市如皋市国家信息农业工程技术中心实验站的水稻单产数据和 NDVI 数据建立回归模型，并将此模型应用于兴化市水稻的测产。需要说明的是，该实验站设计 36 个实验区块种植水稻，并对不同区块的水稻实施不同的栽培施肥处理来控制产量变异。在该实验中，运用无人机遥感分别测算每个区块水稻关键生育期的 NDVI，并记录每个区块水稻的实测单产数据。利用 36 个实验区块的水稻单产数据与 NDVI 数据建立回归模型，该回归模型的 R^2 为 0.7426，表明实验站的水稻单产与 NDVI 之间的相关程度比较高。

在情景四中，将实验站的回归模型应用于兴化市[①]，作为兴化市的遥感估产模型，并将遥感估测的县平均单产 y_e 作为该县每个水稻种植户农业

---

① 由于实验站测算的 NDVI 数据未注明月份，本节选用与其数值接近的兴化市 8 月的 NDVI 数据进行估测。

保险定损、理赔的依据。根据前文的理论分析，可以计算情景四中每个农户投保前后的收入波动差 Δ_i。如表 10 - 2 所示，情景四中农户 Δ_i 的均值仍为负，且小于情景三中农户 Δ_i 的均值，减小的幅度较大。这表明异地模型的应用情景中农业保险总体的保障水平都很低，且应用实验站的异地模型时，农业保险的总体保障水平更低。

农户 Δ_i 的频率分布和占比分别如图 10 - 1（d）和表 10 - 3 所示，情景四中 $\Delta_i > 0$ 的农户占比进一步降低，仅为 8.33%，表明该情景中农业保险只能保障更少数农户的利益。需要注意的是，虽然情景三和情景四中 $\Delta_i < 0$ 的农户占比很接近，但比较图 10 - 1（c）和图 10 - 1（d）可以发现，情景三中负值 Δ_i 的分布较为平均①，而情景四中负值 Δ_i 大多小于 - 600。这表明情景四中的绝大多数农户不仅无法获益，还要遭受更大的损失。虽然实验站的回归模型 R^2 较高，但仅能代表实验中水稻单产与 NDVI 的匹配程度较高。导致其估产表现不佳的原因可能是，实验中的水稻单产变异是通过不同的栽培施肥处理控制的，不一定符合实际的水稻单产波动，更不一定符合兴化市当地的情况。

总的来说，情景三和情景四中农户 Δ_i 的均值都为负，且绝大多数的农户 Δ_i 为负值，表明应用异地模型时，农业保险的总体保障效果不佳。情景四中农户 Δ_i 的均值较情景三更小，且有更低比例的农户 Δ_i 为正值，表明异地模型的适配程度越低，农业保险减小农户收入波动的效果越差。

---

① 情景三中 Δ_i 在小于 - 600、- 600 ~ - 400、- 400 ~ - 200、- 200 ~ 0 中的占比分别为 28.33%、21.67%、21.67%、18.33%。

第四篇

农业保险高质量发展政策

第十一章 保险保费补贴 VS 直接收入补贴：基于农业风险视角的财政支农模式选择研究

在农业生产风险不断增加的背景下，政府采取措施支持农民应对生产风险已成为当前农业支持政策优化的重要目标。理论上，尽管"保险保费补贴"和"直接收入补贴"两种补贴政策均可达到农业风险管理的效果，但是传统的分析框架导致两者完全不可比较。本章基于农业生产不确定性视角，明确保险保费补贴与直接收入补贴两种补贴政策对农户福利提升的差异化效果及对不同特征农户主体的适用性。

第一节 保险保费补贴与直接收入补贴

由于农业的基础性地位以及弱质性，对农业进行支持保护是各国政府的普遍做法，其中农业补贴政策是国家支持和保护农业政策体系中最主要的政策工具，并需要根据农业面临的外部环境变化而进行调整。基于 WTO 对国内农业支持政策的限制，各国对农业补贴政策逐渐向以直接收入补贴导向为主的农业支持保护制度倾斜（高玉强、沈坤荣，2014；周静，2020）；更为重要的是，近些年农业自然风险加剧所带来的粮食减产给生产者带来极大经济损失。根据联合国粮农组织发布的数据，2008～2018 年世界范围内的发展中经济体，农业部门因自然灾害而承受的生产损失超过 1080 亿美元。① 因此，兼顾 WTO 规则以及农业生产自然风险管理已成为农业补贴的新要求，如实施政府财政补贴的政策性农业保险制度。但无论何种农业补贴形式，在现实农业生产风险下，农民福利提升效果始终是评价农业补贴政策的出发点，也是财政支农模式选择的关键依据。

---

① 数据来源于联合国粮农组织发布的《灾害和危机对农业和粮食安全的影响》。

尽管理论上直接收入补贴和保险保费补贴的功能具有高度重合性，但两种补贴政策在实行过程中的问题使其效果极易出现偏差。例如，相关研究并没有发现农业补贴对农户收入的积极影响，进而使得收入补贴的风险分散效果遭到质疑；而以委托保险公司为运作方式的政策性农业保险增大了政府补贴资金"漏出"的可能性（Hazell，1992；钟甫宁，2016），政府财政补贴实际运行效果极有可能存在与预想相悖的结果。更为重要的是，现阶段针对直接收入补贴的效果评价仍基于外部环境稳定不变的前提，这不仅仅导致该政策发挥作用的真实场景与理论上有偏差，同时也不能将其与农业保险补贴在同一维度进行比较。

除此之外，在现有补贴模式下两种功能相似的补贴政策重复安排极易导致出现效率的损失。首先，伴随补贴力度加大以及普惠制补贴方式的全面覆盖，双管齐下的补贴模式意味着政府财政管理成本不断增加；其次，两类补贴极易因农户不同而出现效果的差异（Miller，1981；马彪等，2020）。例如，相对于小农户而言，规模农户拥有较大种植规模且结构单一，使得其对农业保险的需求更大，若忽视农户差异性对其进行相同的补贴并不能发挥财政资金支农的最大效果。此外，在 WTO 规则对补贴的刚性约束和财政趋紧的情况下，如何有效提升资金利用效率，进一步提升农民福利已成为政策改革的关注点（郭庆宾等，2018），而这恰恰也是目前农业补贴优化中被忽略的要点。因此，明确两类方式补贴的差异化特征是今后政府兼顾"农业风险管理效果"与"政府补贴效率"的必要依据。

基于此，本章将在农户风险管理的现实需求下，通过确定性等价来衡量两类农业补贴的效果差异，定量评估农业保险保费补贴及直接收入补贴两种形式对生产规模分化的农户的福利影响，进而对我国财政支持农业风险管理的适用性做出研判，并为提高补贴政策效率提供新思路。

第二节　理论模型与情景设定

在风险条件下，比较直接收入补贴与保险保费补贴效果需要纳入可比的框架下进行。我们利用确定性等价测算直接收入补贴和保险保费补贴给农户带来的福利影响。

一　理论模型

首先，笔者给出了风险环境下的农户效用函数。为简化分析，当农户只从事农业生产时，他们面临的风险状态有 j 种，对应的农业收入为 w_j^{arg}，其农业收入带来的效用 $U(w_j^{arg})$ 服从常数相对风险厌恶（Constant Relative Risk Aversion，CRRA）函数形式，即：

$$U(w_j^{arg}) = \frac{w_j^{arg\,1-\gamma}}{1-\gamma} \qquad (11-1)$$

其中，w_j^{arg} 为农户生产获得的收入，即财富。γ 表示农户的相对风险厌恶系数，总体上 γ 越大表明该农户对风险越厌恶：当 $\gamma = 0$ 时，该效用函数变为 $U(w_j^{arg}) = w_j^{arg}$，此时代表农户是风险中性的；$\gamma > 0$ 代表农户是风险厌恶的；$\gamma < 0$ 代表农户是风险偏好的。

除此之外，农户财富来源还包含非农收入 w^{no}。相对于农业收入而言，假定非农收入是稳定的，而在农业生产不确定性条件下，农业收入 w_j^{arg} 对应着风险发生概率 q_j。根据期望效用理论（Von Neumann and Morgenstern，1944），农户从事农业生产预期效用可表示为在不同财富状态 w 的效用与其发生概率的加权平均，且满足线性可加的性质。因此，本章将农户当期财富可获得的期望效用表示为：

$$E(U) = \sum_{j=1}^{J} [q_j \cdot U(w_j^{arg})] + U(w^{no}) \qquad (11-2)$$

在风险条件下，农户的期望效用也可以用确定性等价（CE）来表示。在实际操作中，确定性等价（CE）的效用等同于给予固定收入的效用，并且满足：

$$U(CE) = E[U(w_j)] \qquad (11-3)$$

此时，农户的确定性等价（CE）可以转换为一个关于相对风险厌恶系数 γ 的函数，即：

$$CE = \left((1-\gamma) \left\{ \sum_{j=1}^{J} [q_j \cdot U(w_j^{arg})] + U(w^{no}) \right\} \right)^{\frac{1}{1-\gamma}} \qquad (11-4)$$

通过式（11-4）可以看出，农户最终感知的效用来源于不确定性的农业收入以及确定性的非农收入两部分。相较于前者，农户非农收入

（w^{no}）并未受到农业生产不确定性因素的影响，因此并不会引起农户预期效用的波动；而另一部分不确定性的农业收入受到不确定性事件发生概率（q_j）以及不同补贴形式的影响，进而改变农户预期效用。基于此，根据农户得到的补贴形式差异，本章对农业收入设定以下三种情形，分别是无任何补贴、保险保费补贴和直接收入补贴，具体表达式为：

$$
w_j^{arg} = \begin{cases} y - k - L \cdot I & \text{无任何补贴} & (11-5) \\ y - k - (1-s) \cdot P - (1-\alpha) \cdot L \cdot I & \text{保险保费补贴} & (11-6) \\ y - k + \tau - L \cdot I & \text{直接收入补贴} & (11-7) \end{cases}
$$

其中，y 为农户的农业产出，k 为农业生产投入的成本，L 为当期农业生产损失。由于灾害发生的不确定性，本章将 $I \in \{0,1\}$ 作为灾害发生的指标，即灾害发生时 $I = 1$，反之 $I = 0$。在无任何补贴情况下，农业收入只取决于农业收益及其农业风险发生后的损失情况。在农户购买农业保险后，从事农业生产的收入（w_{ins}^{arg}）如式（11-6）所示，它受到精算保费（P）及受灾赔付的影响。对应现行政策性农业保险实施情况，农户仅需负担政府补贴比例（s）以外的保费部分，但仍可以依据生产损失的比例（α）进行赔付。其中，根据保费精算公平原则，农业保险保费可以理解为风险发生概率（q）与损失（L）的乘积。但基于现实情况，政府补贴的农业保险定价包括农业风险的精算费率及保险公司管理费用等。

同时，为比较直接收入补贴与保险保费补贴对农户确定性等价的影响，本章需要设定政府对两种类型的补贴数额相等。在政府支出相等的条件下，农户得到的直接收入补贴相当于政府对保费的补贴，即 $\tau = s \cdot P = s \cdot q \cdot L$。以上假设的目的是控制政府支出水平相同，通过比较不同补贴发放方式对农户确定性等价的影响，进而判断直接收入补贴和保险保费补贴效果的差异。但是，确定性等价的衡量本质上是一个绝对量，当面临不同规模农户的比较时会导致不可比。因此，为了排除农户经营规模带来的干扰，本章在确定性等价的基础上构建了衡量两种政策相对效果的指标（σ），表示保险保费补贴相对于直接收入补贴福利提升的比例，计算公式为：

$$
\sigma = \frac{CE^{ins} - CE^{sub}}{CE^{sub}} \qquad (11-8)
$$

其中，式（11-8）中 CE^{ins} 是农户通过保险保费补贴政策获得的福利；CE^{sub} 是通过直接收入补贴政策获得的福利。$\sigma < 0$ 表示政府通过直接收入补贴带来的农户福利优于政府保险保费补贴形式；反之，$\sigma > 0$ 则表示保险保费补贴效果更好。

当然，不同形式的补贴均会提升农户福利，但提升水平不尽相同。因此本章还关注了不同政策给农户福利带来的变化，并将某种政策产生的价值定义为采用该政策的确定性等价与无政策所带来的确定性等价之差（Harrison and Ng，2016）。具体来说，保险保费补贴给予农户福利提升水平为 $\beta^{ins} = \dfrac{CE^{ins} - CE^{no}}{CE^{no}}$；直接收入补贴给予农户福利提升水平为 $\beta^{sub} = \dfrac{CE^{sub} - CE^{no}}{CE^{no}}$。本章将两种不同补贴政策所带来的福利水平变化进行比较，可以判断不同补贴方式给农户福利带来的变化程度；进一步来说，通过上述两类补贴形式在关键保险参数调整前后福利水平变化的比较，就可以明确对农户更优的补贴方式。

二　情景设定

本章评价保险保费补贴政策与直接收入补贴政策的基本思路是比较不同情景下的农户福利。考虑到农户分化的背景，各类经营主体在生产规模、生产方式等经营特点上存在显著差异，因而在风险承受能力、风险应对方式等方面也存在巨大差异（杨俊、杨钢桥，2011）。本章相应以小农户、规模农户两种不同生产规模的代表性农户作为情景分析对象。从根本上，这种划分依据源于补贴方式对农户福利贡献可能因不同农户个体特征和风险敞口大小而有所区别，因此在测算补贴方式对农户福利影响时需要加以区分。具体来说，本章选择河南省不同规模玉米种植户作为代表性农户，相应的生产情况如表 11 - 1 所示。

表 11 - 1　代表性农户生产情况

农户种类	生产规模	非农生产收入和消费		农业生产收入和成本		
	种植面积（亩）	非农收入（元）	家庭消费（元）	农业收入（元）	物化成本（元）	完全成本（元）
小农户	3.5	77162.5	30000	1837.5	704	1000.5
规模农户	120	28800	20000	50200	28800	31500

如表 11 - 1 所示，两类农户的差异主要体现在如下两个方面：一是两类农户生产规模的差异；二是收入来源的不同，小农户 98% 的收入来源于非农收入，而规模农户非农收入仅占 36% 。除此之外，研究假定农业生产者是厌恶农业风险的主体（$\gamma = 2$）。在确认差异化农户的基础上，由于直接收入补贴的形式单一，因此以下分析将对不同保险情景进行差异化设置，主要体现在保险运行差异以及保险产品差异方面。其中，保险运行差异从风险损失设定、保险保费补贴"漏出"方面考察；保险产品差异从保险保障水平、保险赔付水平以及保险补贴强度方面考察。表 11 - 2 对上述差异化风险情景进行了相关的描述。

表 11 - 2　情景设定

情景设定类型		具体含义
保险运行差异	风险损失设定	情景 1：农业损失为保险起赔点，即物化成本的 30%
		情景 2：农业损失与风险概率存在负相关关系
	保险保费补贴"漏出"	情景 1：针对农业保险纯费率进行补贴
		情景 2：针对涵盖保险公司管理费用的农业保险纯费率进行补贴
保险产品差异	保险保障水平	低保障水平：保险金额覆盖农业成产过程中投入的化肥、地膜、种子等成本
		高保障水平：保险金额覆盖物质费用、服务费用、人工成本等农业生产总成本
	保险赔付水平	低赔付水平：赔偿损失的 40%
		中等赔付水平：赔偿损失的 80%
		高赔付水平：赔偿损失的 100%
	保险补贴强度	低补贴水平：受地方财政约束，补贴仅存在中央补贴部分，$s = 30\%$
		高补贴水平：中央财政与地方财政共同补贴，$s = 75\%$

第一，基础情景只关注差异化农户在不同风险概率下通过补贴获得的福利水平。这里假定农业风险概率在 0 ~ 0.45（刘小雪等，2013），基础情景中预设农业保险保费补贴相关参数与现行农业保险产品一致，即假设农业保险保费补贴已达到政府规定的 75% 水平。同时根据薛昌颖（2016）的研究，黄淮海夏玉米干旱发生危险性最大的阶段主要是播种—出苗期和乳熟—成熟期，因此本章以此阶段赔付标准 $\alpha = 80\%$ 作为保险赔付水平。

第二，本章依据已有文献确定风险损失与发生概率之间的关系，进一步判断农户在不同风险概率水平下通过补贴所获得的福利水平。这种对农业损失的处理方式可以更为精确地反映真实情况，例如巨灾风险虽然发生概率极小，但其所造成的损失却远远高于普通农业风险。借鉴刘小雪等（2013）的研究，本章对风险发生概率以及损失之间的关系进行简单界定：物化成本损失 90% 的农业巨灾风险发生概率在 10% 以下；物化成本损失 50% 的农业大灾风险发生概率在 10%～20%；物化成本损失 10% 的农业普通灾害风险发生概率在 20%～45%。

第三，设置农业保险保费补贴"漏出"情景。现行农业保险保费补贴实则为依托保险公司对农户进行的间接补贴，政府还需支付除保费补贴以外的保险公司管理费用。基于这种补贴规则，政府拨付的农业保险保费补贴资金部分被保险公司收获，这也是保险保费补贴"漏出"产生的重要原因之一（钟甫宁，2016）。在此情景下，研究还计算了涵盖管理费用的农业保险保费。依据张祖荣（2013）的研究，农作物保险保费为纯保费、管理费、风险附加费以及结余费的加总，其中后三者皆为纯保费的固定比例，分别为 15%、30%、5%。[①]

第四，现有农业保险实践更关注差异化农业保险产品以及风险区划的问题，因此本章也结合保险产品差异以及区域风险差异[②]，对两类补贴形式所带来的福利水平进行考察。基于第一种基础情景分析，即关注差异化农户视角下，本章研究纳入以下三种差异情景。

其一，不同保障水平。该情景分别设置了农户生产投入资金的物化成本以及涵盖农户土地等要素的完全成本等保险标的。根据表 11-1，小农户、规模农户的完全成本分别高于物化成本的 42% 和 9%，这也意味着以完全成本作为保险标的极大地提升了农业保险保障水平。

其二，不同赔付水平。赔付水平差异体现在作物不同生育期保险赔付水平不同上，根据现行政策性农业保险赔付标准，本章研究将保险赔付水

---

① 真实缴付农业保险保费为 (1 + 15% + 30% + 5%) × 纯保费，高于纯保费的 1/2。

② 借鉴刘小雪等（2013）的研究，河南省夏玉米种植风险概率在 0～0.45，本章进一步根据风险概率将地区三等分为低、中、高风险发生区，其中低风险发生区中农业风险发生概率为 0.15；中风险发生区中农业风险发生概率为 0.30；高风险发生区中农业风险发生概率为 0.45。

平分为低赔付水平、中等赔付水平以及高赔付水平，对应的赔付率分别是40％、80％以及100％。

其三，不同补贴强度。保险补贴强度以高低作为划分，其原因是在中央和地方分层补贴的制度下，若地方财政紧张，农业保险仅可能获得中央政府的部分补贴，此时设定农业保险所获得最低补贴比例为保费的30％；而对于中东部地方财政充足的县市，农业保险补贴可同时获得中央和地方政府的补贴，达到75％。

第三节　实证结果分析

一　保险运行差异性分析

本节从保险运行模式角度展示两种补贴方式对不同规模农户福利的影响，主要考察基础情景、风险损失与发生概率之间的相关性、保险保费补贴"漏出"。

（一）基础情景分析

图 11－1 展示了基础情景下两种补贴方式对不同生产规模农户福利的影响。其中，实线和虚线分别表示农户通过直接收入补贴以及保险保费补贴所获得的福利水平，具体用确定性等价来衡量。

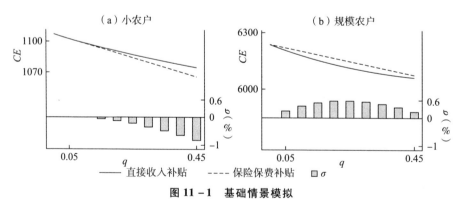

图 11－1　基础情景模拟

总的来说，直接收入补贴和保险保费补贴对不同规模农户的福利影响并不一致。对于小农户而言，直接收入补贴带来的农户福利高于保险保费补贴。在农业风险概率增加的趋势中，直接收入补贴与保险保费补贴之间的福利差额越来越大，这意味着农业风险高发地区的小农户更倾向于直接收入补贴。但是，规模农户通过保险保费补贴获得的福利高于直接收入补贴。从样本特征来看，农业收入占小农户家庭财富的 2%，而占规模农户的 64%，这意味着小农户对农业风险损失的敏感性较弱（马彪等，2020）；除此之外，兼业化行为所获得的非农收入无形中拓宽了农户风险分散的途径。相较于规模农户，非农收入几乎占据小农户全部家庭财富，一旦农业风险发生，他们有更强的风险承担能力并可以较为快速地恢复农业生产。因此，作为风险分散途径的农业保险对小农户的吸引力自然更弱。然而，对于以农业收入为主的规模农户，由风险带来的损失对农户家庭影响较大。

尽管对于规模农户来说，保险保费补贴可以带给他们较大的福利，但其优势并不明显，主要原因是现有以物化成本为保险标的的农业保险产品补贴额度较小。从统计来看，规模农户农业生产完全成本高于物化成本的 9%。仅以物化成本作为标的，以保险保费补贴水平为标准并转换成直接收入补贴，两者产生的福利变化较小。

（二）风险损失与发生概率之间的相关性分析

基础情景分析隐含了一个很强的假设，即农业生产损失程度与风险发生概率不相关。但实际情况往往是概率越小的灾害造成的损失越大，为了更准确地反映风险损失与发生概率的相关性，本章对不同风险发生概率下的风险损失进行了差异设定，具体情景模拟见图 11-2。

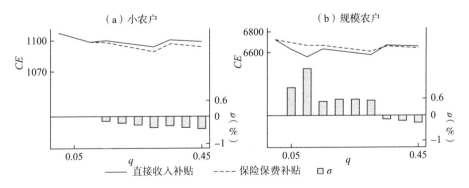

图 11-2　风险损失与发生概率之间相关性情景模拟

注：考虑到风险损失与发生概率之间的相关性，对不同风险发生概率赋予特定的损失值，因此出现折线波动。

由于该情景严格假设了不同风险发生概率对应的风险损失满足固定比例区间，图 11-2 展示的结果并未呈现出如图 11-1 所示的平滑曲线，但总体趋势较为类似。从补贴方式对农户福利水平的影响来看，小农户更为偏向直接收入补贴，规模农户在风险发生时较大可能选择保险保费补贴，这是因为对于生产规模较大的农户而言以较少的保费支出能够获得较多的赔偿。

与基础情景不同的是，在风险发生频繁地区规模农户对补贴类型的福利评价出现转变，此时直接收入补贴所带来的福利高于保险保费补贴。这是因为此情景设定时假定经常发生的风险造成的农业损失较小；当预期损失较小时，低赔付水平即以物化成本为保险标的的保险产品并不能满足农户对于损失赔付的要求，因此直接收入补贴所产生的福利效果会略胜一筹。

（三）保险保费补贴"漏出"分析

上述情景设定均预设了农业保险产品的理想情况，即以纯费率[①]收取保费以及政府以农户为对象进行保险保费补贴，这与我国现有农业保险产品设计存在一定偏差。现行农业保险保费补贴实则为依托保险公司对农户进行的间接补贴，考虑到保险公司作为追寻利润最大化的个体，收取毛费用[②]，包括纯保费、管理费用、结余费用等部分（王远东，2017）。根据美国经验，将保险公司作为中介进行保险保费补贴极易使得补贴资金流向保险公司管理费用而非农户损失弥补，这也意味着相较于直接补贴农户，通过补贴保险公司进行的财政存在一定的"漏出效应"（钟甫宁，2016）。出于这种考量，本章进一步对此情况进行福利分析，具体情景模拟见图11-3。

结果显示，若考虑保险保费补贴在保险公司环节中的"漏出"，农业保险保费补贴所带来的福利效果进一步缩减。首先，对于小农户来说，直接收入补贴的效果更加优于保险保费补贴；其次，对于规模农户来说，在风险发生概率较低时保险保费补贴仍存在一定的优势，但是其效果极为微弱。从这个角度出发，政府在补贴保费上产生的"漏出"减小了农业保险

---

① 以风险及损失精算出的保险费率。

② 农户实际需要支付的保费包含纯保费及附加费。

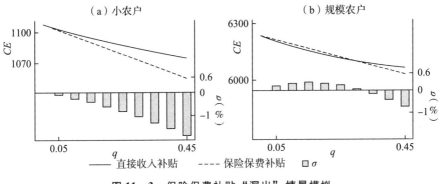

图 11-3　保险保费补贴"漏出"情景模拟

给予农户的福利提升空间。因此，若要通过补贴保费达到福利最大化，需要尽可能减少补贴在保险公司环节中的损失。

二　保险产品差异性分析

现行政策性农业保险通过规定较低标准的保险保障水平来实现"普惠"和"广覆盖"的目标，但以此为标准极难达到分散农业风险的目标。从农户角度来看，现行农业保险以物化成本为标的，很难满足农户对高保障水平的需求；从政府角度来看，补贴资金受到政府财政水平的限制，因此各地域农业生产者所获得的政府财政补贴比例差异较大。另外，考虑到农业风险的地域性特点，农业保险发展不得不趋向差异化以满足不同情景下的农户需求。基于农户分化以及风险地域性的视角，本节以风险区划为前提，考察农业保险在不同保障水平、赔付水平以及补贴强度方面与直接收入补贴的差别。

（一）差异化保障水平的分析

为了实现较高覆盖率，政策性农业保险发展之初以保障"物化成本"为首要目标，这也是现行农业保险"不解渴"的重要原因之一。与之不同的是，现试点的"完全成本"保险保障水平逐渐增加包括服务费用、人工成本和土地成本等在内的农业生产成本，这也是目前农业保险实践中"提标"的重要举措。当然，如果政府以此标准支持农户风险管理，直接收入补贴给予农户资金的标准也将进一步提高。基于这种政策导向，表 11-3 展示了针对在差异化保障水平下两种补贴对农户福利水平的影响。

表 11 - 3　风险区划及差异化保障水平情景模拟

类型			低风险发生区 ($q=0.15$)		中风险发生区 ($q=0.30$)		高风险发生区 ($q=0.45$)	
			保险保费补贴	直接收入补贴	保险保费补贴	直接收入补贴	保险保费补贴	直接收入补贴
小农户	物化成本	福利水平（CE）	1093.59	1094.29	1079.86	1083.64	1066.20	1075.06
		福利提升水平（β,%）	2.06	2.13	4.05	4.41	5.96	6.84
	完全成本	福利水平（CE）	802.26	793.51	782.30	774.32	762.53	761.89
		福利提升水平（β,%）	5.59	4.44	10.80	9.67	15.64	15.54
规模农户	物化成本	福利水平（CE）	6183.55	6151.81	6129.79	6096.62	6074.43	6062.02
		福利提升水平（β,%）	2.10	1.57	4.12	3.56	6.06	5.85
	完全成本	福利水平（CE）	5914.21	5841.45	5841.93	5759.75	5767.08	5716.31
		福利提升水平（β,%）	3.68	2.40	7.20	5.69	10.55	9.58

由于以完全成本作为保险标的需要缴纳更高的保费，所以表 11 - 3 中呈现出以物化成本为标的的农业保险产品有着较高的绝对福利，但是其福利提升水平仍旧小于以完全成本为标的的农业保险产品。另外，当农业保险产品以完全成本作为保障水平时，政府补贴方式的变化对农户福利有较为明显的影响，高保障水平下的保险保费补贴福利水平高于直接收入补贴，一方面，在任何风险水平区域，小农户在保险保费补贴下均有较高的福利水平；另一方面，通过不同类型补贴对农户福利提升幅度比较，保险保费补贴对规模农户福利的提升水平优于直接收入补贴。综上，在农业保险高质量发展中，从"物化成本"低保障水平向"完全成本"高保障水平转变，有助于农户的福利水平提高，特别是对小农户来说，提升农业保险保障水平有着更大的吸引力。农业保险标的由物化成本向完全成本的转变是农业保险保障水平提高的重要表现，特别是对于小农户来说，这也意味着农户更偏向于高保障水平的农业保险产品。

（二）差异化赔付水平的分析

定损赔付是农业保险的重要一环，也是保险公司与农户存在利益冲突的重要环节。作物保险赔付都是根据作物实际损失率，结合灾害发生时间段计算得到的，即作物保险赔付 = 出险期保额 × 作物损失率（王克，

2014）。同时，不同作物生长期的保额水平各地也不一样。尤其是农作物生产具有动态性，这也导致定损过程中极易发生保险公司和农民对灾害发生后作物损失程度的认定不一致的情况（庹国柱，2019）；更为严重的是，有违保险合同的协议赔付在农业保险实践中屡见不鲜，极大地损害了农户利益（柴智慧、赵元凤，2015）。本章根据赔付水平存在差异化的现状，针对直接收入补贴和保险保费补贴对农户福利的影响进行评估，具体结果见表 11 - 4。

表 11 - 4　风险区划及差异化赔付水平情景模拟

类型			低风险发生区 ($q=0.15$)		中风险发生区 ($q=0.30$)		高风险发生区 ($q=0.45$)	
			保险保费补贴	直接收入补贴	保险保费补贴	直接收入补贴	保险保费补贴	直接收入补贴
小农户	低赔付水平（$\alpha=40\%$）	福利水平（CE）	1076.02	1094.29	1045.63	1083.64	1016.15	1075.06
		福利提升水平（β,%）	0.42	2.13	0.75	4.41	0.98	6.84
	中等赔付水平（$\alpha=80\%$）	福利水平（CE）	1093.59	1094.29	1079.86	1083.64	1066.20	1075.06
		福利提升水平（β,%）	2.06	2.13	4.05	4.41	5.96	6.84
	高赔付水平（$\alpha=100\%$）	福利水平（CE）	1099.83	1094.29	1092.27	1083.64	1084.72	1075.06
		福利提升水平（β,%）	2.65	2.13	5.24	4.41	7.80	6.84
规模农户	低赔付水平（$\alpha=40\%$）	福利水平（CE）	6099.50	6151.81	5960.52	6096.62	5818.90	6062.02
		福利提升水平（β,%）	0.71	1.57	1.24	3.56	1.60	5.85
	中等赔付水平（$\alpha=80\%$）	福利水平（CE）	6183.55	6151.81	6129.79	6096.62	6074.43	6062.02
		福利提升水平（β,%）	2.10	1.57	4.12	3.56	6.06	5.85
	高赔付水平（$\alpha=100\%$）	福利水平（CE）	6207.95	6151.81	6179.53	6096.62	6150.49	6062.02
		福利提升水平（β,%）	2.50	1.57	4.96	3.56	7.39	5.85

需要明确的是，赔付水平变化并不影响农户直接收入补贴所获得的福利水平，因此两种补贴福利情况比较只需要关注通过保险保费补贴所带来的福利水平。在低赔付水平时，两类农户通过直接收入补贴的福利效果仍会更有优势；一旦赔付水平转变为完全赔付水平（即高赔付水平），两类农户对保险保费补贴产生更高的福利评价。不同的是，对于规模农户来说，在中等赔付水平下，保险保费补贴仍有更高的福利水平，因此规模农户单一化的农业收入的确会加大对农业风险的敏感性，进而对保险保费补

贴产生较高的福利评价。

（三）差异化补贴强度的分析

各地区由于财政状况有所不同，政策性农业保险的财政支持力度在实践中也有所区别。农业保险补贴运行机制中规定了补贴份额由中央财政和各级地方财政共同支出，农业保险补贴"层层联动"的方式是政策性农业保险顺利发展的基础，一旦市县级出现赤字情况，农业保险补贴规模极易遭到挤压，造成"应收保费"问题。对于经济发展较好的地区，农业保险保费补贴水平可以达到保费的75%，甚至更高；而财政来源单一却支出较大的中西部地区，地方财政往往难以支付足额的保险保费补贴。因此，本章假设农业保险保费补贴水平处在最高的75%和最低的30%两档上。在此种情景下，农户福利水平的变化具体见表11-5。

表 11-5　风险区划及差异化补贴强度情景模拟

类型			低风险发生区（$q=0.15$）		中风险发生区（$q=0.30$）		高风险发生区（$q=0.45$）	
			保险保费补贴	直接收入补贴	保险保费补贴	直接收入补贴	保险保费补贴	直接收入补贴
小农户	部分补贴（$s=30\%$）	福利水平（CE）	1079.99	1080.61	1052.63	1056.18	1025.32	1033.81
		福利提升水平（β,%）	0.79	0.85	1.42	1.77	1.89	2.74
	完全补贴（$s=75\%$）	福利水平（CE）	1093.59	1094.29	1079.86	1083.64	1066.20	1075.06
		福利提升水平（β,%）	2.06	2.13	4.05	4.41	5.96	6.84
规模农户	部分补贴（$s=30\%$）	福利水平（CE）	6130.91	6095.51	6017.70	5975.13	5895.18	5871.25
		福利提升水平（β,%）	1.23	0.64	2.22	1.49	2.93	2.51
	完全补贴（$s=75\%$）	福利水平（CE）	6183.55	6151.81	6129.79	6096.62	6074.43	6062.02
		福利提升水平（β,%）	2.10	1.57	4.12	3.56	6.06	5.85

对于小农户来说，无论风险概率如何，补贴份额的高低并不会影响农户对两种补贴形式所带来福利的评价，即通过直接收入补贴仍会给该类农户带来更高的福利，也就是说政府过度对小农户进行高额保险保费补贴实则是一种相对低效的行为；而对于规模农户来说，政府通过高额保险保费补贴农业保险会给风险发生概率较低地区农户带来更多福利。

第十二章 保险保费补贴"包干制"模式下的农业生产风险与赔付水平悖论

在中国现行农业保险保费补贴制度下，政府对农业保险的财政支持实行补贴"包干制"。农业保险公司可以利用保费补贴在管理费用和纯保费之间灵活分配的权限，优先使用保费补贴支付农业保险经营管理费用，这会导致保险赔付空间被挤占反而减少了赔付支出，引致保险赔付水平与生产者实际保障需求错位，最终偏离农业保险的风险管理目标。基于此，本章构建农业保险公司的赔付决策模型，对当前保费补贴模式引发中国农业保险"赔需"错位问题进行了理论阐释和实证检验。

第一节 "包干制"实施方式与保险市场乱象

在中国现行农业保险保费补贴制度下，政府对农业保险的财政支持实行补贴"包干制"。政府除给予保险公司一定比例的保费补贴之外无须对其经营损益兜底，而保费补贴究竟是优先用于赔付损失还是支付经营管理费用都由保险公司自主决定。尽管针对农业保险的财政补贴项目较为单一，缺乏对经营管理费用和再保险的独立支持措施，但是，政府在确定保费补贴时会综合考虑保险公司的风险损失率、经营管理费用和承保利润三个方面因素。换言之，财政对农业保险的保费补贴实际上既包括纯保费补贴，也涵盖经营管理费用补贴。但是，政府很少按照费率厘定时的预设资金比例严格考核保险公司对补贴资金的使用情况，本质上形成了政府与农业保险公司之间的包干关系。

在农业保险保费补贴"包干制"模式下，管理费用补贴的设计比例在保费补贴中相对固定，而保险公司实际经营中发生的管理费用占总支出的比重却会随承保规模及灾害程度不同而大幅波动。在实践中，中国保险公司经营农业保险的管理费用要高于经营普通财产保险业务，且管理费用随着经营规模的扩大迅速攀升。以安华农业保险股份有限公司为例，其经营管理费用占总营业支出的比例高达37%（郑军、汪运娣，2016）。受制于管理费用的刚性约束，保险公司完全有可能在农业风险上升时降低赔付水平以实现短期的盈亏平衡。因此，保险公司是否能够依据"小灾小赔，大灾大赔"的保险原则对受灾农户进行赔付存在极大的不确定性，在实践中具体表现为"协议赔付"现象屡禁不止，这极大地削弱了农业保险的风险管理功能。在保险保费补贴"包干制"模式下，本章将保险公司根据农业风险强度变化，利用它们在支付管理费用和纯费用之间灵活分配保费补贴的权限，违背保险赔付原则，造成"大灾小赔、小灾大赔"的现象称为农业生产风险与赔付水平悖论。

以政策性玉米保险为例，笔者发现，随着农业基础设施水平提高、旱灾程度降低，政策性玉米保险的赔付水平反而呈现提高的趋势。本章选取玉米及其主要灾害干旱作为量化研究的对象，一方面是由于玉米是中国三大主粮作物之一，其保费收入占种植业保费收入的比重约为27%，高于水稻和小麦，具有较强的代表性；另一方面是因为玉米生产风险集中来自干旱威胁（齐伟等，2010），部分玉米主产区的干旱受灾面积占总受灾面积的比例高达65%（任宗悦等，2020），生产风险来源相对集中且可度量。图12-1报告了2008～2019年全国平均政策性玉米保险赔付水平与玉米干旱积害[1]的变动趋势。总体上看，2008～2019年保险赔付水平总体呈上升趋势，玉米单位面积赔付支出从2008年的73元/亩上升至2019年的88元/亩，赔付率从53%增长至64%。2010～2019年玉米生长关键期干旱积害总体呈下降趋势，与农业保险公司的赔付水平构成反向变动关系。尽管这里还需要排除其他一些制度性因素的影响，如保费水平、补贴强度等，但图12-1也意味着生产者有可能在受损较大时得到的赔付水平反而较低，农业保险的风险保障功能存在弱化的可能。

由此可见，中国重要粮食作物保险的"赔需"错位问题突出，农业保险

---

[1] 干旱积害是干旱时期的干旱指数与其阈值的离差之和，单位为毫米/摄氏度，反映了降水与温度（蒸发）的相对关系。干旱积害越大，干旱越严重。图中玉米干旱积害基于德马顿系数计算得到，具体计算方法见后文变量说明部分。

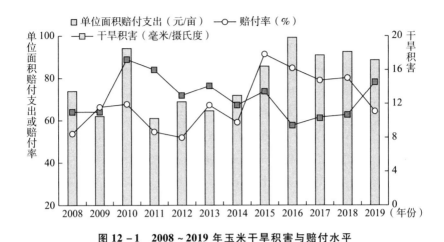

图 12-1　2008～2019 年玉米干旱积害与赔付水平

资料来源：图中数据由笔者整理计算得到。原始数据来自中国银保监会和中国气象科学数据共享服务网。

的风险保障功能发挥可能存在制度性障碍，并造成保险实施效果偏离农业保险的风险管理目标。本章尝试理解现行农业保险保费补贴"包干制"模式下农业生产风险对赔付水平的影响，并基于保险保费补贴模式解释中国农业保险市场"大灾小赔，小灾大赔"现象产生的内在机制。这将有助于中国进一步优化农业保险保费补贴制度，增强保险公司的赔付能力，进而提高农业保险的风险管理效果，对于保障农民收入、稳定农业发展具有重要意义。

第二节　补贴"包干制"对赔付影响的理论机制

一　农业保险公司的经营成本结构

理解补贴"包干制"对农业保险赔付水平的影响机制首先要明确保险公司的经营成本结构。保险公司经营农业保险业务的成本通常由三个部分组成。一是保险公司用于获取区域农业保险经营资格的前期公关费用。保险公司要进入某一地区开展农业保险业务，首先需要参加地方政府的公开招标，只有中标的保险公司才有资格在当地开展农业保险业务。农业保险招标通常以县/区为单位，周期为 2～3 年。然而，由于招投标流程的不完善和监管制度的不健全，农业保险的招投标过程事实上成为一个"黑箱"，保险公司会通过灰色的公关费用游说地方政府为它们量身打造招标标准，从而在竞争中占据先机。二是保险公司实际承保农业保险业务所发生的管理费用，包括宣传展业、承保签约、防灾减灾、查勘定损和理赔兑现等方面的费用。据加拿大、美国等发达国家的经验，即使在农场规模较大、承保相对集中、单个农户保费较高的情况下，这一部分管理费用支出也要占到保费收入的30% ~ 35%（庹国柱、朱俊生，2007）。三是保险公司的保险赔付支出。由于协议赔付现象普遍存在，保险合同的约束力不强，赔付支出是保险公司自主性和灵活性最高的一项成本支出，也是控制自身经营效益的主要途径。

在上述三类成本中，前期公关费用对保险公司而言可控性较低且回收周期较长，接近于稳定的固定成本投入，属于日常经营决策的无关成本。承保过程中实际发生的管理费用更接近于可变成本，与保险公司的赔付决策密切相关。随着灾害风险程度改变，保险公司用于防灾减灾、查勘定损和理赔兑现等业务的管理费用也会变化。在管理费用属于刚性支出的情况下，调整赔付支出是保险公司实现盈亏平衡最常用的手段。尤其是当灾害风险程度发生变化时，保费收入会被优先用于弥补随风险程度上升而增加的管理费用支出，可供保险公司赔付的资金余量相应减少。此外，尽管保险公司在理论上存在跨期决策的可能，但管理者受限于总公司对分公司业绩的年度考核[①]，在现实中很难实现跨期利润平滑。

二　保险公司的赔付决策模型

在现有农业保险保费补贴制度下，本章利用以下模型对农业风险变化下的保险公司理赔决策过程进行描述。对于农业保险公司来说，权衡保费收入、赔付支出与管理成本后，经营政策性玉米保险的利润为：

$$\pi = \rho - [p \cdot I + (1 - p) \cdot 0] - c \qquad (12 - 1)$$

式（12 - 1）中，π 为保险公司每销售一份玉米保险获得的期望利润。

---

① 例如，《中国人民财产保险股份有限公司员工绩效管理暂行办法》中规定，"绩效合同内容原则上每年确定一次"，"上一年度绩效考核等级为'合格'（含）以上的，方具备职务晋升资格"，"连续两年绩效考核等级为'优秀'或连续三年绩效考核等级为'良好'（含）以上的，可优先考虑职务晋升"。

具体来说，收益来源于保险公司收取的保费 ρ [1]，扣除的成本包括在风险发生概率 p 下向玉米生产者支付的赔付金额 I，以及保单签订、后续管理和查勘定损等业务的管理费用 c。针对赔付支出 I，尽管农业保险合同中通常规定了不同生育期受灾的分阶段赔付系数，触发条件也极为严格，但现实中仅在作物生长早期并且灾害造成作物绝收的情况下才使用分阶段赔付系数，在造成部分损失的情况下通常采用"二次定损"，等到收获前用实际产量计算赔付金额。[2]

与此同时，农业保险公司扩展市场经营范围需要参与各地区招投标，只有中标才能在某一地区开展农业保险业务。一方面，伴随中国经营农业保险的牌照数量逐步增加，农业保险公司之间的竞争日益激烈，保险公司会采取各种手段阻止竞争对手进入自身农业保险业务区域开展业务。另一方面，从公平费率的角度考虑，政府在确定保险费率时已经为保险公司预留了一定的利润空间。鉴于此，本章假定保险公司的策略是将自身的利润尽可能压低以维持市场占有率。此外，中国农业保险费率厘定还较为粗放，各省份依然采用"一省一费"的简单做法，特别是农业保险的政策性特征决定了政府通常是保险产品价格的决定者。

在以上前下，保险公司经营政策性玉米保险的综合成本率（CR）可以简化为：

$$CR = \frac{p \cdot I + c}{\rho} \qquad (12-2)$$

在保险公司利润为零的情况下，综合成本率等于 1。尽管管理费用占总成本的比例并不固定，但可以肯定的是，农业保险的完全市场化需要政府默许保险公司从保费中提取一定的金额来支付相应的农业保险管理费用。如果依据美国等西方国家核算赔付率的方法将管理费用排除在外，那么，中国保险公司的 CR 一定会小于 1。在中国保险公司管理费用不可直接观察的现状下，本章将从赔付率（即 LR，$LR = \dfrac{p \cdot I}{\rho}$）的视角探讨风险上

---

[1]　保费收入包括参保人直接缴纳的保费和政府提供的保费补贴，与《中国保险年鉴》的统计口径一致。

[2]　例如，《中国人民财产保险股份有限公司农业保险承保理赔指引》中规定："首次定责，二次定损，收获前最终核算赔款。"

升对赔付水平的影响。

在气候变化的大背景下，玉米遭受风险的概率 p 随之发生变化。然而，各省份农业保险费率极少调整，保险公司只能通过调整赔付支出 I 和控制成本 c 来实现基本的盈亏平衡。这个机制可以通过对式（12-1）的适当改动来描述，即：

$$\pi(p) = \rho - [p \cdot I(p) + (1 - p) \cdot 0] - c(p) \qquad (12-3)$$

式（12-3）中，$I(p)$ 与 $c(p)$ 分别表示赔付支出与理赔等方面的管理费用受到农业灾害风险发生概率 p 的影响，并且 $c(p)$ 满足 $c'(p) > 0$。当然，此处的理论模型经过了一定程度的简化，其他诸如承保规模、地方财政状况等影响赔付水平的因素将在实证分析模型中进一步控制。为简化分析，这里仍然假定保险公司的最佳策略为当期利润 $\pi(p) = 0$，利用包络定理可以得到：

$$I(p) + p \frac{\partial I(p)}{\partial p} + \frac{\partial c(p)}{\partial p} = 0 \qquad (12-4)$$

可见，在 $c'(p) > 0$ 的前提下，$\dfrac{\partial I(p)}{\partial p} < 0$。换句话说，为了应对玉米灾害风险上升带来的亏损或经营绩效下降，保险公司会通过降低赔付支出以实现正常经营。由此，本章提出第一个研究假说。

假说1：灾害风险升高会导致农业保险公司的赔付支出下降。

对式（12-4）两边同时除以 I，整理后可以得到：

$$\frac{\partial c(p)}{\partial p} \cdot \frac{1}{I} = -1 - \frac{\partial I(p)}{\partial p} \cdot \frac{p}{I} = -1 - \varepsilon_I > 0 \qquad (12-5)$$

进一步可知赔付支出的风险弹性 $\varepsilon_I < -1$，表明灾害风险提高时，保险公司赔付支出减少的幅度会超过风险水平提升的幅度。

由于无法直接观察保险公司的管理费用，本章只考察风险上升对保险赔付率 LR 的影响，即：

$$\frac{\partial LR}{\partial p} = \frac{\frac{\partial p \cdot I(p)}{\rho}}{\partial p} = \frac{1}{\rho} \cdot \left[I(p) + p \frac{\partial I(p)}{\partial p} \right] < 0 \qquad (12-6)$$

可见，玉米灾害风险上升会降低保险公司的赔付率 LR。据此，本章提出第二个研究假说。

假说2：灾害风险升高会降低农业保险公司的赔付率。

第三节　数据来源、模型设定及变量说明

一　数据来源

本章使用了中国 2008～2019 年 25 个省（自治区、直辖市）[①] 的非平衡面板数据。其中，省级保险数据来源于中国银保监会，包括政策性玉米保险保费收入、赔付支出、承保面积、赔付面积以及应收保费率。省级有效灌溉面积和耕地面积数据来源于 2009～2020 年《中国农村统计年鉴》和各省（自治区、直辖市）统计年鉴。省级农业保险公司保费收入数据来源于 2009～2020 年《中国保险年鉴》。县级玉米播种面积数据来自农业农村部全国县域经济数据库，县级气象数据来源于中国气象科学数据共享服务网提供的中国地面气候资料年值数据集。

二　模型设定

为了验证假说 1"灾害风险升高会导致农业保险公司的赔付支出下降"，本章构建如下计量模型：

$$Loss_{it} = \alpha_0 + \alpha_1 risk_{it} + \alpha_2 insur\_pre_{it} + \alpha_3 hhi_{it} + \alpha_4 insur\_area_{it} +$$
$$\alpha_5 irr_{it} + \alpha_6 pr\_rate_{it} + \alpha_7 year_t + v_i + \varepsilon_{it} \tag{12-7}$$

式（12-7）中，$Loss_{it}$ 表示 i 省份第 t 年的玉米保险单位面积赔付支出，反映保险公司的赔付水平；$risk_{it}$ 表示玉米干旱风险，是本章模型的核心解释变量；$insur\_pre_{it}$ 表示玉米保险产品价格，用以控制保费收入的影响；hhi_{it} 表示市场垄断程度，反映竞争行为对赔付水平的影响；$insur\_area_{it}$ 表示玉米保险经营规模；irr_{it} 表示农业生产条件，用以控制生产条件引发的

[①]　由于保险统计数据缺失，本章样本省份不包含浙江、福建、江西、广西、海南和西藏。

单产差异对赔付水平的影响；pr_rate_{it} 表示地方财政状况，用以控制政府补贴供应能力的影响；$year_t$ 为时间趋势项，用以反映农业保险监管要求的变化；v_i 为省级固定效应；$\alpha_0, \alpha_1, \cdots, \alpha_7$ 为待估参数；ε_{it} 为随机误差项。

为了验证假说 2 "灾害风险升高会降低农业保险公司的赔付率"，本章构建如下计量模型：

$$LR_{it} = \alpha_0 + \alpha_1 risk_{it} + \alpha_2 hhi_{it} + \alpha_3 insur\_area_{it} + \alpha_4 irr_{it} +$$
$$\alpha_5 pr\_rate_{it} + \alpha_6 year_t + v_i + \varepsilon_{it} \qquad (12-8)$$

式（12-8）与式（12-7）的主要区别在于被解释变量替换为 LR_{it}，表示 i 省份第 t 年的玉米保险赔付率。由于保险产品价格在理论上不应对赔付率产生影响，因此删除了玉米保险产品价格 $insur\_pre_{it}$。

三 变量说明

（一）被解释变量

赔付水平。基于理论分析推导结果，本章分别采用单位面积赔付支出和赔付率两项指标衡量政策性玉米保险赔付水平。其中，单位面积赔付支出以玉米保险赔付支出除以玉米保险赔付面积得到，赔付率以玉米保险赔付支出除以玉米保险保费收入得到。经济数据以 2008 年为基期，利用各省份的 CPI 进行平减。

（二）核心解释变量

干旱风险。在全国层面，干旱是对玉米生产影响最大的自然灾害。在玉米生长过程中，以拔节期和灌浆期为主的发育阶段是对水分较为敏感的时期，这些时期玉米遭受旱灾对最终产量影响很大，触发农业保险赔付的可能性很高。参考杨晓娟等（2020）的做法，本章选择各地区以拔节期和灌浆期为主的玉米生长关键期干旱水平作为反映玉米生产风险的指标。

本章选取德马顿系数（de Martonne Index）作为描述干旱水平的基础指标（Paltasingh et al.，2012），其计算方法如下：

$$de\ Martonne\ Index = \frac{12P}{T+10} \qquad (12-9)$$

式（12-9）中，P 代表月降水量（毫米），T 代表月均温度（摄氏度）。当德马顿系数小于 30 时，意味着干旱发生。

依据德马顿系数及其阈值，本章分别构造关键期内德马顿干旱指数、干旱频率和干旱积害作为描述干旱风险的不同指标。干旱指数为玉米生长关键期内德马顿系数的均值。干旱频率为以德马顿系数判定的关键期内县级地区实际干旱次数与该省份县级地区理论最大干旱次数的比值。[①] 干旱积害为玉米生长关键期内所有干旱时间段的德马顿系数与干旱阈值 30 的离差之和取自然对数，其优点是可以同时衡量一个地区的干旱频率与干旱强度，是本章模型的核心解释变量。上述指标计算过程中，省级干旱指数和干旱积害均由县级干旱指数和干旱积害以县级玉米播种面积为权重加权平均计算得到，用以排除非玉米生产区旱灾的干扰。

由于气象站点分布与县级行政区域分布并不完全对应，本章采用基于可观测气象信息的空间插值方法生成各县的气象数据。首先，利用反距离加权方法将所有气象站的气象数据插值到一个网格间距为 500 米的空间中；然后，对县域内每个网格的数值进行平均，以此代表该县的平均气象条件。在此基础上，以县级玉米播种面积为权重加权平均计算得到省级地区的气象指标值。

此外，为了验证回归结果的稳健性，本章还选取埃斯特朗系数（Angstrom Index）作为另一种衡量干旱水平的基础指标，以同样的方法分别构造干旱指数、干旱频率和干旱积害。埃斯特朗系数的计算方法如下：

$$Angstrom\ Index = \frac{P}{1.07^T} \qquad (12-10)$$

式（12-10）中参数含义与式（12-9）一致。当埃斯特朗系数小于 20 时，意味着干旱发生。

（三）控制变量

在保险公司层面，为了控制保险产品价格、市场垄断程度以及经营规模对农业保险赔付水平的影响，本章将上述三者作为控制变量加入模型，并分别用单位承保面积保费、赫芬达尔-赫希曼指数及玉米承保面积加以度量。因为保险产品价格越高，灾害发生时赔付水平理应越高，所以，保

---

① 为方便理解，不妨假设某省份有 10 个玉米生产县，考察 3 个月的干旱情况。任一玉米生产县每有 1 个干旱月份，记为发生 1 县次干旱，则该省份理论最大干旱发生次数为 30 县次。实际干旱发生次数与理论最大干旱发生次数的比值即为该省份的干旱频率。

险产品价格的系数预期为正。当市场竞争较为激烈时，保险公司会通过提供更高的赔付水平形成竞争优势，以扩张或巩固市场份额，而在垄断程度较高的市场中，保险公司则倾向于压低赔付水平以获取更高的经营利润。因此，市场垄断程度对赔付水平的影响预期为负。中国农业生产规模较小、经营分散，导致承保、理赔也较为分散。随着经营规模扩大，管理费用占保险公司总成本的比重加速上升挤占了赔付费用，降低了保险赔付水平，因此，经营规模的系数预期为负。

在政府层面，中央农业保险补贴资金通常需要经由地方政府拨付至保险公司，在这个过程中存在地方政府由于财政紧张挪用补贴资金的可能性，因此，本章以应收保费率①衡量地方财政状况，将之作为模型的控制变量。应收保费率度量了保险公司应收而实际未收的保费比例，应收保费率越高，由地方政府传导给保险公司的资金压力就越大，保险公司不得不降低单位面积赔付支出以弥补实际保费收入不足。因此，地方财政状况的系数预期为负。

在生产者层面，由于农业生产条件的变化可以改变作物产出进而影响保险赔付，本章还控制了以有效灌溉面积占比度量的农业生产条件。较好的农业生产条件可以带来较高的理论单产，所以，灾害发生时潜在赔付水平也较高。本章预期农业生产条件对赔付水平有正向影响。此外，玉米是一种不耐涝的作物，所以，本章也将洪涝风险作为控制变量加入模型，该变量以玉米生长关键期内暴雨降水量的自然对数来衡量。

主要变量的描述性统计结果如表 12 - 1 所示，如需要取自然对数的变量最小值为 0，则替换为 0.001。

表 12 -1　主要变量的描述性统计

变量名称	指标描述	观测值（个）	均值	标准差	最小值	最大值
单位面积赔付支出	赔付支出/承保面积（元/亩）	242	79.67	50.65	11.28	278.64
赔付率	赔付支出/保费收入	242	0.70	0.61	0.03	5.74
德马顿干旱指数	关键期内德马顿系数的均值（毫米/摄氏度）	242	45.45	18.76	4.14	101.67

① 应收保费率可能出现负值，因为保险公司当年所收取保费以及政府补发的往年保费补贴之和可能大于当年签单保费。

续表

变量名称	指标描述	观测值（个）	均值	标准差	最小值	最大值
德马顿干旱频率	以德马顿系数判定的实际干旱次数与理论最大干旱次数之比（0~1）	242	0.33	0.26	0	0.99
德马顿干旱积害	关键期内德马顿系数与阈值离差之和的自然对数（原单位：毫米/摄氏度）	242	1.17	2.81	-6.91	4.35
埃斯特朗干旱指数	关键期内埃斯特朗系数的均值（毫米/摄氏度）	242	25.01	10.01	2.40	52.32
埃斯特朗干旱频率	以埃斯特朗系数判定的实际干旱次数与理论最大干旱次数之比（0~1）	242	0.42	0.25	0	0.99
埃斯特朗干旱积害	关键期内埃斯特朗系数与阈值离差之和的自然对数（原单位：毫米/摄氏度）	242	1.55	2.20	-6.91	3.96
保险产品价格	签单保费/承保面积（元/亩）	242	19.11	6.96	5.53	47.64
经营规模	玉米承保面积（万亩）	242	1382.18	1511.84	0.05	5464.74
市场垄断程度	赫芬达尔－赫希曼指数	242	0.56	0.22	0.12	1
地方财政状况	1－实收保费/签单保费	242	0.11	0.09	-0.08	0.39
农业生产条件	有效灌溉面积/耕地面积	242	0.55	0.23	0.20	1
洪涝风险	关键期内暴雨降水量的自然对数（原单位：毫米）	242	0.37	3.29	-6.91	5.82

第四节　实证结果分析

一　基准回归结果

由于 Hausman 检验的 P 值均大于 0.1，本章选择随机效应模型分析干旱风险对单位面积赔付支出的影响，表 12－2 汇报了相关回归结果。列（1）为仅放入理论模型中所包含的干旱风险、保险产品价格以及时间趋势项进行简单回归的结果，干旱积害的回归系数在 1% 的水平下显著且符号为负，保险产品价格的回归系数在 1% 的水平下显著且符号为正，这与理论模型的预期一致。考虑到在降水较多的南方地区，洪涝灾害也是玉米生产的主要风险之一，列（2）中加入了洪涝风险变量。结果显示，干旱积害回归系数的显著性和符号没有发生变化，而洪涝风险对玉米单位面积赔付支出的影响并不显著，因此，本章后续模型中不再添加洪涝风险变量。列（3）~列（6）在列（1）的基础上逐步加入控制变量，结果表明，干旱积害的回归系数均在1%的水平下显著且符号始终为负。即使忽略 Hausman 检验结果而采用固定效应模型，依然可以得出一致的结论。[①] 就列（6）而言，干旱积害每上升10%，单位面积赔付支出就会降低约0.16元/亩。在全国平均干旱水平上，玉米生长关键期干旱积害每上升1个标准差，单位面积赔付支出降低约2元/亩，约占平均赔付支出的2.5%。其他控制变量的影响方向与预期一致。

表 12 – 2　基准回归结果（1）

变量	被解释变量：单位面积赔付支出					
	（1）	（2）	（3）	（4）	（5）	（6）
干旱积害	– 1.715 *** (0.480)	– 1.577 *** (0.566)	– 1.676 *** (0.535)	– 1.595 *** (0.593)	– 1.584 *** (0.578)	– 1.577 *** (0.577)
洪涝风险		0.578 (1.096)				
保险产品价格	2.844 *** (0.750)	2.889 *** (0.737)	2.830 *** (0.756)	2.696 *** (0.758)	2.588 *** (0.746)	2.590 *** (0.740)
市场垄断程度			– 10.595 (24.935)	– 18.323 (26.105)	– 20.097 (25.904)	– 20.154 (27.264)
经营规模				– 0.006 (0.004)	– 0.005 (0.004)	– 0.005 (0.004)
农业生产条件					41.527 * (24.885)	41.378 * (24.972)
地方财政状况						– 0.002 (30.041)
常数项	18.159 (14.322)	17.076 (14.728)	25.824 (21.253)	36.979 (24.553)	16.099 (27.492)	16.172 (28.399)
时间趋势项	已控制	已控制	已控制	已控制	已控制	已控制
Hausman P 值	0.212	0.411	0.110	0.210	0.163	0.200
观测值（个）	242	242	242	242	242	242

注：＊＊＊、＊分别表示1%、10%的显著性水平，括号内为稳健标准误。

———————

① 限于篇幅未报告结果。

表 12-3 报告了以赔付率作为被解释变量的回归结果。Hausman 检验结果至少在 10% 的水平下拒绝随机效应模型假设，因此，本章针对赔付率的回归选用了固定效应模型。结果显示，列（1）~ 列（6）中干旱积害的回归系数均在 5% 的水平下显著且符号始终为负。就列（6）而言，干旱积害每上升 1%，赔付率就会下降约 0.03 个百分点。总体来看，干旱积害在全国平均水平上每上升 1 个标准差，赔付率将下降 3.7 个百分点。控制变量的影响方向基本与预期一致。

表 12-3　基准回归结果（2）

变量	被解释变量：赔付率					
	（1）	（2）	（3）	（4）	（5）	（6）
干旱积害	-0.035 ** (0.015)	-0.033 ** (0.015)	-0.031 ** (0.015)	-0.031 ** (0.015)	-0.032 ** (0.015)	-0.031 ** (0.015)
洪涝风险		0.010 (0.016)				
市场垄断程度			-0.647 *** (0.243)	-0.743 *** (0.247)	-0.726 *** (0.250)	-0.922 *** (0.274)
经营规模				-0.000 * (0.000)	-0.000 * (0.000)	-0.000 ** (0.000)
农业生产条件					-0.272 (0.536)	-0.209 (0.535)
地方财政状况						-0.866 * (0.510)
常数项	0.519 *** (0.072)	0.515 *** (0.072)	0.967 *** (0.182)	1.100 *** (0.195)	1.244 *** (0.344)	1.415 *** (0.357)
时间趋势项	已控制	已控制	已控制	已控制	已控制	已控制
省级固定效应	已控制	已控制	已控制	已控制	已控制	已控制
Hausman P 值	0.011	0.063	0.009	0.004	0.000	0.000
观测值（个）	242	242	242	242	242	242

注：括号内为标准误，*** 、** 和 * 分别表示 1% 、5% 和 10% 的显著性水平。

在分析 2008 ~ 2019 年中国干旱积害变动对赔付水平影响的总效应时，使用全国层面加总的干旱积害数据会拉平各省份真实的干旱波动水平。因此，本章以玉米产量占全国产量比重最高的黑龙江、吉林、山东三个玉米

主产区为例，分析这些地区干旱风险对赔付水平的影响，结果如表 12 - 4
所示。其中，黑龙江在该阶段干旱积害呈上升趋势，干旱积害在最高的年
份相比最低的年份大约升高了 449%。随着干旱程度升高，玉米保险单位
面积赔付支出反而降低了 7.06 元/亩，赔付率也相应降低了 13.89 个百分
点。结合黑龙江极端干旱年份的玉米保险赔付面积，总赔付支出下降了
0.47 亿元，占当年玉米保费收入的 19.57%。吉林和山东的干旱积害呈下
降趋势，干旱积害变化率①分别为 - 807% 和 - 1079%，但是，总赔付支出
的上升额分别占当地玉米保费收入的 40.12% 和 8.59%。总体来看，在现
有财政支持安排下，干旱程度的变化会引起玉米主产区赔付水平的反向大
幅变动。

表 12 - 4　2008 ~ 2019 年玉米主产区干旱程度变化区间及赔付水平变化

指标	单位	黑龙江	吉林	山东
干旱积害变化区间	毫米/摄氏度	3.32→18.23	19.60→2.16	21.34→1.81
干旱积害变化率	%	449	- 807	- 1079
Δ 单位面积赔付支出	元/亩	- 7.06	12.73	17.03
Δ 总赔付支出	亿元	- 0.47	2.89	0.51
Δ 赔付率	百分点	- 13.89	25.02	33.48
总赔付支出变动占保费收入的比重	%	19.57	40.12	8.59

二　稳健性检验

表 12 - 5 报告了稳健性检验结果。列（1）为将德马顿干旱指数作为
核心解释变量的回归结果，德马顿干旱指数的回归系数在 1% 的水平下显
著且符号与预期一致。列（3）为将德马顿干旱频率作为核心解释变量的
回归结果，干旱风险依然对赔付水平存在负向影响。考虑到德马顿系数作
为衡量干旱程度的一种经验方法，其有效性在不同地区间可能存在差异，因
此，本章在列（2）、列（4）、列（5）中，选取埃斯特朗系数分别以干旱指

---

① 干旱积害变化率的计算公式为：（干旱积害最大值/干旱积害最小值 - 1）×100%。如果
该省份干旱积害实际是从最大值降低至最小值，则添加负号表示变化方向。本章使用这
一计算方式以便于直接将干旱积害变化率与前文干旱积害的边际影响相乘，计算得到总
赔付水平变化的数据。

数、干旱频率和干旱积害形式衡量干旱风险。结果显示,埃斯特朗干旱风险指标回归系数的符号与德马顿干旱风险指标的结果完全一致,且系数在总体上较为显著,说明估计结果比较稳健,灾害风险上升会导致农业保险公司的赔付支出下降的假说1通过了检验。相应地,假说2也通过了检验。

表 12 – 5 稳健性检验结果

被解释变量	德马顿干旱指数	埃斯特朗干旱指数	德马顿干旱频率	埃斯特朗干旱频率	埃斯特朗干旱积害
	（1）	（2）	（3）	（4）	（5）
单位面积赔付支出	0.415*** (0.142)	0.471** (0.236)	– 36.066*** (12.090)	– 36.102*** (13.725)	– 1.001 (1.372)
赔付率	0.013*** (0.003)	0.022*** (0.005)	– 0.293 (0.214)	– 0.409** (0.199)	– 0.059*** (0.017)

注:①单位面积赔付支出一行括号内为稳健标准误,赔付率一行括号内为标准误。②***、**分别表示1%、5%的显著性水平。③控制变量回归结果未展示。④干旱指数与干旱风险负相关,预期系数符号为正。

三 异质性分析

中国幅员辽阔,玉米种植区域的基础设施、政府管理和财政水平等方面都存在较大差异。为进一步分析农业风险影响保费赔付水平的区域差别,本章从农业生产条件、政府干预度以及地方财政状况三个角度展开进一步讨论。表12 – 6报告了异质性分析结果。

表 12 – 6 异质性分析结果

被解释变量	农业生产条件		政府干预度		地方财政状况	
	低灌溉水平	高灌溉水平	非主产区	主产区	低应收保费率	高应收保费率
	（1）	（2）	（3）	（4）	（5）	（6）
单位面积赔付支出	– 0.589 (0.810)	– 1.699* (0.938)	– 1.628** (0.729)	– 0.323 (0.944)	– 1.611* (0.831)	– 2.050** (0.818)
赔付率	– 0.001 (0.018)	– 0.043* (0.022)	– 0.040** (0.019)	0.007 (0.021)	– 0.015 (0.017)	– 0.048** (0.024)

注:①表中为以德马顿干旱积害为核心解释变量的回归结果。②单位面积赔付支出一行括号内为稳健标准误,赔付率一行括号内为标准误。③**和*分别表示5%和10%的显著性水平。④控制变量回归结果未展示。

灌溉水平可以在一定程度上反映地区农业生产条件，与理论单产呈正相关关系。玉米预期单产越高，风险发生时保险公司所需支付的赔付费用也应越高，资金压力越大，因此，有理由认为保险公司在农业生产条件较好的地区会更加严格地把控自身保险赔付支出。列（1）、列（2）根据有效灌溉面积占比均值将样本分为高灌溉水平与低灌溉水平两组，结果显示，高灌溉水平地区的保险赔付水平对风险变动更为敏感。这一现象是保险费率厘定过于粗放条件下的特殊产物，事实上，如果费率厘定足够精准灵活，农业生产条件的差异更应该反映于事前的保险费率厘定过程而非事后的保险赔付决策中。真正合理有效的保险费率应该基于区域风险差异化厘定，且随农业生产条件的改变而动态调整，但目前中国的农业保险费率一方面仍采取"一省一费"的粗放定价模式，另一方面其调整滞后于农业生产条件的变化，尚未建立有效的动态调整机制。当然，这客观上也是由于中国政策性农业保险起步较晚，缺乏足够的历史数据积累以供决策参考。

政府作为政策性农业保险体系的关键组成部分，对保险公司经营决策具有较强的干预能力。考虑到农业保险分散风险、稳定生产的作用对于农业主产区政府管理绩效更重要，主产区的地方政府更有可能对保险公司的赔付水平进行干预。本章预期，保险公司在非玉米主产区拥有更强赔付自主权，其赔付水平随风险上升而下降的现象更为凸显。列（3）、列（4）将2008～2019年玉米播种面积居全国前十位的省份划定为主产区，其余为非主产区。根据回归结果，在非主产区能观察到干旱风险对赔付水平有显著的负向影响。然而，这并不意味着粮食主产区在农业保险赔付问题上高枕无忧。保险公司本质上仍是以营利为目的的企业，其赔付水平与生产风险反向变动的乱象是企业逐利本性在保险保费补贴制度不完善情况下的结果。即使政府强制要求保险公司足额赔付，只要保险公司客观上仍面临高额管理费用导致的亏损风险，其"大灾小赔，小灾大赔"的问题就不能得到根本解决。

地方财政状况也会影响赔付水平。中国农业保险保费补贴制度采取"自下而上"的多级政府联动模式，中央政府提供补贴的先决条件是地方预先承担规定比例的补贴任务，因此，地方政府的财政状况对保险公司实际运营过程中的资金压力可能存在较大影响。各省份在农业生产、农业环境和财政经济条件等方面存在差异，承担保险补贴责任的能力亦有不同。然而，目前中国仅通过东部与中西部地区的粗放划分对地方政府承担的补贴比例加以区分，仍存在明显的平均化倾向。这一问题必然导致部分财政紧张的地方政府无力承担补贴任务，对各省份农业保险的协调和均衡发展产生不利影响。应收保费率可以反映地方政府在农业保险经营过程中拖欠保险公司保费补贴的情况。列（5）、列（6）按应收保费率均值将样本划分为低应收保费率和高应收保费率两组，并预期高应收保费率地区的保险公司由于有更高的资金压力，其赔付水平对风险变动更加敏感。回归结果表明，无论对于单位面积赔付支出还是对于赔付率而言，高应收保费率地区干旱风险上升对赔付水平的负向影响都更加凸显。

第十三章　市场制度设计与农业
保险竞争效率

寻租问题广泛存在于以政策性农业保险为代表的高财政支持行业之中。有效的市场竞争模式可以压缩保险公司的寻租空间，提高农业保险市场运行效率。本章基于中国的农业保险市场准入制度，通过构建保险公司寻租决策和优化决策的两阶段模型，探索农业保险市场竞争机制的有效边界。

第一节　农业保险市场竞争与垄断之辨

农业保险作为分散农业经营风险的重要方式，为稳定农业生产和改善农户福利提供了有效途径。截至 2019 年 9 月，中国对农业保险的保费补贴比例已接近 80%，在世界范围内处于较高水平。[①] 一方面，高强度的财政补贴能有效缓解农业保险市场失灵的问题，促进农业保险市场发展。另一方面，诸多证据表明寻租问题同时也广泛存在于财政大量支持的行业之中，这降低了巨额财政资金的使用效率（余明桂等，2010）。农业保险作为新时期中国粮食安全体系的重要组成部分，类似地，在现有的补贴模式下存在巨大的寻租空间。在全面推进农业保险高质量发展的新阶段，优化农业保险市场竞争模式，压缩寻租规模是实现农业保险提质增效的关键步骤。

竞争与垄断程度的权衡是政府搭建市场结构、推动新兴行业发展时不可回避的核心议题。在绝大多数非自然垄断的行业中，完全竞争更有利于

---

① 《对十三届全国人大二次会议第 3486 号建议的答复》，http://www.moa.gov.cn/gk/jyta/201909/t20190925_6328975.htm。

促进产业的发展，而垄断则会造成市场效率的损失，降低创新水平（王彦超、蒋亚含，2020）。然而，在财政支持力度较大的行业中，市场过度竞争导致的寻租问题也可能造成更为严重的市场效率损失。具体来说，激烈的市场竞争对企业寻租行为产生了更强的激励，增加了非生产性寻租活动的发生频率，导致了企业家才能和生产资源的浪费，极大地降低了财政补贴的使用效率。因此，对于以政策性农业保险为代表的财政高度支持行业而言，完全的竞争或垄断可能都会偏离最优的市场模式。为搭建更加合理的市场竞争结构，需要综合考察寻租效率损失和垄断效率损失两个方面。

在中国现行的农业保险市场准入制度下，保险公司获取地方的农业保险经营权需要跨过两道门槛，这给寻租活动创造了潜在的空间。首先，银保监会掌握着省域范围农业保险经营牌照的发放权。只有通过对保险公司偿付能力和服务能力等基本条件的整体考察，银保监会才能决定是否发放经营牌照，只有获得了经营牌照的保险公司才被允许参与地方农业保险市场的竞争。其次，地方政府掌握着农业保险市场的分配权，通过公开招投标的形式决定某个农业保险公司在指定范围内开展保险业务。招投标通常以县/区为单位，周期为 2 ~ 3 年，仅有中标公司才有权在当地开展农业保险业务。然而，由于地方政府享有极大的招投标流程与管理规范制定权力，基层政府对农业保险市场准入的自由裁量权很大，于是农业保险的招投标过程事实上成为一个"黑箱"（河北省财政厅课题组，2019）。例如，保险公司可以通过公关游说地方政府为它们量身打造招投标标准，甚至部分地区直接向保险公司收取不合理的招标费用。为保证盈亏平衡，以获取经营利润为目标的农业保险公司在后期承保理赔过程中，存在挤占公司资金空间、降低保险赔付水平以及造成财政资金使用效率低下的风险（易福金等，2022）。

为调和过度竞争与过度垄断的矛盾，在政府调控下有限竞争的市场设计是缓解农业保险寻租问题的潜在途径。与其他财产保险相比较，农业保险经营利润相对较高，保险公司参与意愿普遍较强（邱波、郑龙龙，2016）。某一地区的农业保险市场的寻租强度在很大程度上取决于有资格参与当地农业保险招投标的企业数量，它可被视为政府发放的农业保险经营牌照数量。因此，政府完全可以通过限制农业保险经营牌照的发放量将市场竞争调控在某一强度，在一定程度上控制由保险公司的竞争导致的寻租行为。

　　然而，寻租对于农业保险市场的危害性未能在政策层面得到足够的重视，中国政府的关注重点仍在于规避垄断带来的效率损失。相比政策性农业保险早期由少数保险公司垄断经营的格局（于洋、王尔大，2009），中央政府迫切希望通过"充分竞争"的市场设计提高保险公司的服务质量和赔付水平，发挥市场的资源配置作用，避免独家垄断经营产生的创新乏力和保险执行效果欠佳等问题。图13－1报告了2008～2019年全国25个省（自治区、直辖市）① 平均农业保险公司的数量和市场集中度的变动趋势。总体来看，2008～2019年，农业保险公司的数量从平均每省（自治区、直辖市）3家增长至9家，市场集中度从大约0.7降低至0.4，市场竞争强度大幅增加。

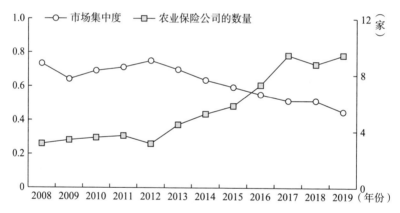

图13－1　2008～2019年中国平均每省（自治区、直辖市）
农业保险公司的数量及市场集中度

　　综上，如何权衡"弱竞争"模式下的垄断效率损失与"充分竞争"模式下的寻租效率损失，并建议合适的竞争强度是不断优化农业保险市场竞争结构亟待回答的政策取向问题。从政府角度出发，政策性农业保险的初衷在于保障农户获得更多收益，财政补贴在多大程度上转化为农户福利是政府评价农业保险市场效率的关键因素，这要看农业保险的赔付水平。因此，本章尝试构建理论模型，将农业保险市场的寻租与竞争行为同时纳入分析框架，从农业保险赔付水平视角探索有效的农业保险市场竞争水平。

---

　　①　由于保险统计数据缺失，本章所用数据不包含浙江、福建、江西、广西、海南和西藏。

这将有助于进一步完善中国农业保险市场准入制度，提升农业保险市场竞争效率，进而提高农业保险的风险管理效果，对于保障农民收入、稳定农业发展具有重要意义。本章可能的创新在于，通过构建企业寻租决策与优化决策的两阶段模型，探讨了寻租行为如何影响农业保险赔付的效率。在此基础上，本章测算了农业保险市场适度竞争的边界，对于其他行业市场竞争模式的设计也具有借鉴价值。

第二节　国内外农业保险市场竞争模式比较

一　农业保险市场竞争的国际经验

从国际范围内农业保险的发展实践来看，保险市场规模扩张较为迅速、市场体量较为庞大且保险体系相对成熟的国家或地区通常不约而同地选择对市场上的农业保险公司数量进行限制。例如，美国通过严格的市场审批准入制度对其农业保险市场做出规范，要求保险公司从事农业保险市场经营业务的前提是必须获得联邦农作物保险公司的专门授权。一般来说，联邦农作物保险公司在决定是否给予授权时需综合考察保险公司的资金储备、企业信誉、业务水平和产权性质等多方面条件。并且这一授权并非永久有效，而是需要在一定的时间周期后进行动态调整。在此基础上，获得农业保险经营权限的保险公司可以和联邦农作物保险公司共同签订《标准再保险协议》，从而建立起风险共担、利益共享的协作机制。美国从1000多家财产保险公司中选择信誉良好的15家经营农险业务，而且通常每个州不超过2家（牛浩、陈盛伟，2019）。

此外，加拿大规定每个省只有1家公司可以经营农业保险业务；印度也实行了与加拿大相似的这类公共经营垄断模式；西班牙和土耳其则是通过中央互助机构将各保险公司合并成农业互助保险总公司统筹经营（Smith and Glauber，2012；王克，2019）。由国家补贴的商业保险部门提供标准化的保单和费率结构是这类由垄断保险人经营的国家农业保险方案最主要的特征。当然，也有些国家放开了市场竞争，比如澳大利亚、德国和荷兰等国家采取了没有政府支持的私营保险经营模式，由商业性保险公司自由竞争并自行从国际商业再保险市场上购买再保险。总体而言，发展较快且规模较大的美国、加拿大、印度等国家的农业保险公司数量与发展速度呈现负相关关系，避免过度竞争是这些国家农业保险市场制度安排的重要考虑因素。

二 中国农业保险的市场竞争模式

中国农业保险市场竞争结构的安排主要是在政府财政税收等政策的引导下，由商业性保险公司根据市场的原则对农业保险进行竞争性市场经营，目前可分为"多家竞争"模式、"弱竞争"模式以及"联办共保"模式三类。

（一）"多家竞争"模式

保险公司要进入某一地区开展农业保险业务，首先需要参加地方政府的公开招标，只有中标的保险公司才有资格在当地开展农业保险业务，招标周期通常为2~3年。除了政策性农业保险实施初期各地区只有1~2家农业保险公司外，在政策性农业保险开展多年后，农业保险市场空间被迅速打开，伴随着多家公司的进入，市场竞争不断加强，如2018年河南、山东等地区已有8~9家规模较大的农业保险公司。在农业保险市场利润率相对较高、农业保险经营仍有利可图的现实条件下，保险公司有充足的动力开展市场竞争及寻租行为。

（二）"弱竞争"模式

牛浩和陈盛伟（2019）对农业保险"弱竞争"模式给出了具体定义，即一定区域范围内占据90%市场份额以上的保险公司只有1家，占据1%市场份额以上的保险公司也只有1~2家。如安徽、上海、西藏等地区只有1家规模较大的农业保险公司，市场保持着较弱的竞争态势。其中，安徽在2008年成立国元农业保险股份有限公司之后，业务占比长期稳定在95%左右，2008~2017年市场集中度年平均值为0.82。然而，自2018年以来安徽农业保险市场集中度呈下降趋势，逐渐从严格意义上一家独大的"弱竞争"市场模式转变为少数保险公司有限竞争的市场模式。

（三）"联办共保"模式

"联办共保"主要是指政府与保险公司合作，按照"政府推动、商业运作、结余滚存、风险共担"的原则，保险业务由保险公司进行专业化管理和运作，并设立农业保险专用账户；发生保险责任赔付后，双方按比例分摊赔款。政府部分的结余，留作地方政府农业风险基金；保险公司部分的结余，按相关规定提取准备金。"联办共保"模式下，政府需要密切参与农业保险的具体经营过程，兼具"裁判员"与"守门员"的双重身份，给农业保险监管工作造成了较大的不确定性。随着江苏在 2019 年后逐步取消了"联办共保"模式，政府退出农业保险的具体经营过程，仅保留类似浙江模式的保险公司"共保体"。

综上，农业保险"多家竞争"模式是中国绝大部分地区采用的农业保险竞争结构，且随着政府不断增发农业保险经营牌照，农业保险市场竞争强度预期会进一步提高。同时，国内研究农业保险市场竞争结构的学者比较推崇以安徽为代表的"弱竞争"模式。本章尝试构建农业保险公司寻租决策与优化决策的两阶段模型，探索并明确农业保险的市场竞争是否存在相对较优的适度竞争规模。

第三节　市场竞争强度对赔付影响的理论机制

把握市场结构对农业保险市场运行效率的影响，首先要明确农业保险公司的寻租决策以及后续优化决策的机制。本节构建农业保险公司在不同市场下决策的两阶段模型，第一阶段保险公司为获取市场份额而开展寻租，第二阶段保险公司为维护市场地位通过赔付决策调整来最优化收益。在此基础上，本章考察市场竞争强度如何通过保险公司的两阶段决策影响保险赔付水平，并为下文实证分析提出有待验证的研究假说。

一　寻租决策阶段

为简化分析，在一个新兴的农业保险市场，假设初始市场竞争强度取决于政府当年发放的农业保险经营牌照数量 n。为获取政府划分的农业保险市场份额，n 家拥有经营牌照的保险公司通过公开招投标形式展开竞争，这也是当前农业保险市场管理的通行做法。在这一阶段，保险公司会通过私下的寻租费用 I_1 游说地方政府向其泄露标底或量身打造招投标标准（庹国柱，2019）。在极端情况下，部分地方政府甚至将本地农业保险业务作为筹码，要求保险公司在本地进行项目投资或公益赞助（何小伟等，

2014）。通过这种寻租竞争的方式，保险公司尽可能获取某区域的承保权，获取保费收入 R。

根据 Du 和 Mickiewicz（2016）的研究，本章假定市场竞争下的保险公司寻租利润 π 为：

$$\pi = R - I_1 - \alpha nR \qquad (13-1)$$

其中，α 是反映寻租导致效率损失的参数，具体来说，当一个特定区域农业保险市场竞争增强时，保险公司付出相同的寻租费用所能获取的保费收入随之降低，降低的部分即为寻租效率损失 αnR [①]。为确保保费收入不低于寻租效率损失，假定 αn 小于 1。

假设保险公司寻租的边际收益递减（Du and Mickiewicz，2016），保费收入 R（即保险公司寻租的收益）可以写为：

$$R = \beta \ln I_1 \qquad (13-2)$$

其中，β 是保险公司从事寻租活动的回报系数。显然，只有当保险公司从事寻租活动带来的保费收入高于寻租费用时，寻租行为才会发生，所以本章需要假设 $\beta > 1$。总体上，随着不断增加寻租费用，保险公司从市场规模的增加中可以获取更多保费收入。当然，由于农业保险市场份额有限，保费规模的增加也受到自然禀赋和社会经济等条件的限制，寻租的边际报酬呈递减趋势。为了满足边际报酬递减的假设，保费收入 R 是关于寻租费用 I_1 的自然对数形式。在此基础上，保险公司需要决定投入多少寻租费用以实现寻租利润的最大化。将式（13-2）代入式（13-1）并在最大化条件下实现利润最优，令 $\frac{\partial \pi}{\partial I_1} = 0$，可得：

$$I_1 = (1 - \alpha n)\beta \qquad (13-3)$$

式（13-3）意味着寻租费用的最优投入量可能会随农业保险市场竞

[①] 为方便理解，不妨假设某地区农业保险市场的保费规模为 100 万元。甲公司在不亏损的情况下，最多可投入 30 万元寻租费用开展公关活动。当仅有甲公司参加农业保险招投标时，甲公司由于具有较强的议价能力仅以 10 万元的寻租费用获得了市场。当存在与甲公司实力相当的乙公司同时参加招投标时，由于地方政府的"设租"能力上升（庹国柱，2017），甲、乙公司分别以 10 万元的寻租费用各获取 50 万元的市场份额。对于市场整体而言，寻租成本上升了 10 万元而保费收入未发生改变，即产生了寻租效率损失。

争强度的变化而变化。在任一竞争市场上，特定资源的最优投入量都应当位于边际收益与边际成本相等的均衡点上。对于农业保险而言，当市场竞争程度上升时，即 n 的数值上升，保险公司从事寻租活动的回报率下降，寻租费用的最优投入量随之减少（Murphy et al.，1993）。

以上模型描述了保险公司以获取市场份额为目标的第一阶段决策，即为了获得农业保险经营权，通过投入成本 I_1 进行的寻租决策。第一阶段决策完成后，保险公司就确定了能获得的保费收入 R 以及花费的寻租费用 I_1。当然，这一阶段的决策是基于保险公司对于收益的预判，尚未考虑赔付支出等其他成本对最终利润的影响。因此，在第二阶段的决策中，保险公司需要在保费收入和寻租费用预先给定的条件下，对保险赔付支出进行优化决策。

二　优化决策阶段

由于寻租活动在上一阶段已经完成，保险公司在本决策阶段对农业保险的净利润 π' 进行考察。具体来说，净利润中的收益来源于保费收入 R，扣除的成本包括寻租费用 I_1，保单签订、后续管理和查勘定损等业务的管理费用 I_2，以及在受灾时向区域承保市场支出的总赔付 I_3。农业保险的净利润 π' 的表达式可写成：

$$\pi' = R - I_1 - I_2 - I_3 \qquad (13-4)$$

其中，净利润 π' 为决策目标，保费收入 R 和寻租费用 I_1 在第一阶段已被决定，而管理费用 I_2 在短期内难以灵活调整（易福金等，2022），保险公司只能通过调整赔付支出 I_3 来实现收支平衡，在农业保险实践中具体表现为"协议理赔"现象屡禁不止（柴智慧、赵元凤，2019）。伴随中国经营农业保险的牌照数量逐步增加，农业保险公司之间的竞争日益激烈，保险公司会采取各种手段阻止竞争对手进入自身农业保险区域开展业务。鉴于此，本章假定保险公司的策略是将自身的利润尽可能压低以维持市场占有率。

在不失一般性的前提下，假设保险公司的竞争策略会将利润压缩为 0，即令 $\pi' = 0$，可得：

$$I_3 = R - I_1 - I_2 \qquad (13-5)$$

式（13-5）描述了保险公司的静态决策过程，其中隐含的假设是农业保险市场的竞争强度相对固定，因此保险公司的竞争策略始终是维持基本的盈亏平衡。然而，现实中农业保险市场的竞争强度处于动态变化的过程中，保险公司的赔付决策本身也是市场竞争的一部分。县（市）级的保险分公司出于维护市场地位以及应对上级公司考核的需要，会根据市场竞争的激烈程度，尽力获得一定额度的利润。基于此，本章将式（13-5）改写为：

$$I_3 = n(R - I_1 - I_2) \qquad (13-6)$$

式（13-6）表明，当市场竞争强度较高时，保险公司允许存在一定的"超赔"以防止潜在竞争对手进入业务范围。当竞争强度较低时，保险公司也会通过"惜赔"行为尽可能在内部考核中得到更好的评价（牛浩等，2021）。如果农业保险市场长期处于高度垄断水平，就会导致大量保费补贴被转化为保险公司的超额利润，财政资金使用效率降低，也即垄断效率损失。

上述模型反映了保险公司在不同市场竞争强度下的两阶段决策过程。考虑到政策性农业保险的"非营利性"，财政补贴农业保险的初衷在于保障农户获得更高的收益。保险赔付率可以较好地衡量财政补贴能够在多大程度上转化为农户福利（邱波、郑龙龙，2016），因此，本章进一步考察市场竞争强度对农业保险赔付率的影响。根据式（13-6），本章可以把农业保险的赔付率 LR 写成：

$$LR = \frac{I_3}{R} = \frac{n(R - I_1 - I_2)}{R} \qquad (13-7)$$

为简化起见，假设管理费用 I_2 占保费收入 R 的比例固定为 k，则赔付率可改写为：

$$LR = n(1 - k) - \frac{nI_1}{R} \qquad (13-8)$$

为分析市场竞争强度通过保险公司的两阶段决策对保险赔付水平的综合影响，本章将式（13-2）和式（13-3）代入式（13-8），得到有关农业保险赔付率的新的表达式：

$$LR = n(1 - k) - \frac{n - \alpha n^2}{\ln(\beta - \alpha\beta n)} \qquad (13-9)$$

当 $0 < \ln(\beta - \alpha\beta n) < \dfrac{2}{3}$ 时，式（13-9）中赔付率 LR 对市场竞争强度 n 的二阶导数小于 0，农业保险赔付率与市场竞争强度呈现先上升后下降的倒 U 形关系。据此，本章提出以下研究假说。

　　研究假说：农业保险赔付率与市场竞争强度之间存在倒 U 形的非单调关系。

第四节　实证模型设定与数据来源

为验证上述研究假说，本节首先提出可供检验的实证模型；其次在此基础上提供对相关核心变量及控制变量的说明；最后提供了研究的数据来源及给出了描述性统计结果。

一　模型设定

为了检验上述理论分析的结论，本章首先建立赔付率对市场竞争强度的回归模型：

$$LR_{it} = \alpha_0 + \alpha_1 Intensive_{it} + \alpha_2 Intensive_{it}^2 + \alpha_3 X_{it} + v_i + \varepsilon_{it} \qquad (13-10)$$

式（13-10）中，LR_{it} 表示用赔付率度量的 i 省份第 t 年的保险赔付水平，可以较好地反映保费补贴在多大程度上转化为农户福利；$Intensive_{it}$ 表示 i 省份第 t 年的市场竞争强度，可以分别从农业保险公司数量和市场集中度两个角度度量；X_{it} 是一系列影响赔付水平的控制变量，包括干旱风险、经营规模、地方财政状况、农业生产条件、补贴水平以及时间趋势项，其中，干旱风险控制了玉米最主要的自然风险对保险赔付水平的影响，经营规模控制了与承保面积密切相关的保险公司经营管理费用对保险赔付水平的影响，地方财政状况控制了地方政府拖欠保费补贴的严重程度对于保险赔付水平的影响，农业生产条件控制了农业防灾减灾能力对保险赔付水平的影响，补贴水平控制了潜在寻租空间对保险赔付水平的影响，时间趋势项控制了农业保险监管要求的变化；v_i 表示省级固定效应，控制不随时间变化但因省份而异的不可观测因素；ε_{it} 是随机误差项。

二 变量说明

（一）被解释变量

赔付水平。基于理论模型推导的结果，本章通过农业保险简单赔付率衡量省级玉米保险和种植业保险赔付水平。赔付率以玉米保险赔付支出除以玉米保险保费收入得到。经济数据以 2008 年为基期，利用各省份的 CPI 进行平减。

（二）核心解释变量

市场竞争强度。现有研究衡量农业保险市场竞争强度主要通过保险公司数量（牛浩等，2021）和市场集中度（De Loecker et al.，2020）两种方法。保险公司数量指实际参与农业保险经营的公司数量，即某省份当年实际开展保险业务的公司数量。市场集中度通过滞后一期的赫芬达尔－赫希曼指数衡量，以描述每年年初的市场竞争强度。严格地说，通过保险公司数量来衡量农业保险市场竞争强度存在一定的局限，即需要假设所有农业保险公司相对同质。因此，本章选择市场集中度作为基准模型的核心解释变量，而将保险公司数量用于稳健性检验。由于理论模型预期农业保险赔付率和市场竞争强度存在倒 U 形关系，本章在回归模型中同时控制市场竞争强度的一次项和二次项。预期二次项系数为负从而满足回归曲线的斜率边际递减，一次项系数为正从而满足回归曲线拐点的横坐标大于 0。

（三）控制变量

在保险公司层面，为了控制经营规模（陈盛伟、牛浩，2017）对农业保险赔付水平的影响，本章将玉米承保面积衡量的经营规模作为控制变量。由于我国农业产业化经营程度较低，承保、理赔分散，随着承保规模扩大，管理费用占保险公司支出比重加速上升并挤占赔付空间，降低了保险赔付水平（易福金等，2022）。因此，预期经营规模的回归系数为负。

在政府层面，中央农业保险补贴资金通常需要经由地方政府拨付至保险公司，在这一过程中存在地方政府因财政紧张挪用补贴资金的可能性（冯文丽、苏晓鹏，2020）。因此，本章将应收保费率作为控制变量以反映地方财政状况对保险赔付水平的影响。应收保费率越高，由地方政府传导给保险公司的资金压力就越大，保险公司可能不得不降低赔付水平以弥补实际保费收入不足。因此，预期应收保费率的回归系数为负。此外，寻租行为广泛存在于政府掌握稀缺资源分配权的领域中。农业保险保费的财政补贴水平越高，保险公司寻租空间也越大，当越多资金被用于寻租竞争，可供赔付的资金占比就越小，预期补贴水平的回归系数为负。

在生产层面，农业灾害是影响保险赔付率的最直接因素。由于玉米生产风险集中来自干旱威胁（齐伟等，2010），部分玉米主产区的干旱受灾面积占总受灾面积的比例高达65%（任宗悦等，2020），本章选取玉米干旱风险作为衡量生产风险的控制变量（杨平等，2015）。为了准确描述玉米干旱的程度，本章基于德马顿系数（Paltasingh et al.，2012）构建干害积害指标。干旱积害是指在玉米生长的关键时期，所有干旱时间段内德马顿系数与阈值离差之和的自然对数。该指数可以同时衡量干旱的频率和强度。由于农业生产条件的变化可以改变作物产出进而影响保险赔付水平（黄琦、陶建平，2016），本章还加入了有效灌溉面积占比以控制农业生产条件对保险赔付水平的影响。农业生产条件的回归系数预期为负，较好的生产条件可以增强抵御灾害的能力。

（四）调节变量

当国有企业与私营企业同时竞争有限的公共资源时，政府出于某种制度安排更倾向于将稀缺资源向国有企业倾斜（Kornai，1979）。因此，有理由认为国有企业从事寻租活动具有更高的回报率。为检验市场竞争强度是否会通过影响保险公司寻租行为这一机制对保险赔付水平产生影响，本章构建国企主导型市场的虚拟变量并将其分别与市场竞争强度的一次项和二次项做交互。当国有保险公司在某一省份占据50%以上的农业保险市场份额时，则认为该省份的农业保险市场是国企主导型市场，虚拟变量取值为1，反之，虚拟变量取值为0。预期国有保险公司较高的寻租回报率会增强市场竞争强度对保险赔付水平的边际影响，二次项的交互项系数为负。

由于保险行业对于经济社会稳定的特殊意义，中国的保险公司中有很大一部分存在一定的国有资本成分。然而，在这些具备一定国有性质的保险公司中，仍存在4家地位相对较高的副部级保险公司，分别为中国人民保险集团股份有限公司、中国人寿保险（集团）公司、中国出口信用保险公司和中国太平保险集团有限责任公司。这 4 家保险公司直属于中共中央组织部，无论是在企业性质还是在行政地位上都显著区别于其他保险公司，更适宜作为本章分析企业所有权对寻租行为影响的研究对象。因此，本章定义的国有保险公司特指上述 4 家副部级保险公司。

三 数据来源及描述性统计

本章使用了中国 2008～2019 年 25 个省（自治区、直辖市）的面板数据。其中，省级保险数据来源于中国银保监会，包括玉米和种植业保险保费收入、赔付支出、承保面积、赔付面积、应收保费率以及补贴水平。省级有效灌溉面积和耕地面积数据来源于历年《中国农村统计年鉴》及各省（自治区、直辖市）的统计年鉴，省级农业保险公司数量和市场份额数据来源于历年《中国保险年鉴》。为避免非玉米生产区的气候波动对衡量玉米干旱风险的干扰，本章选取县级玉米播种面积和县级气候数据调整计算得到省级气候数据。其中，县级玉米播种面积数据来自农业农村部全国县域经济数据库，县级气候数据来源于中国气象科学数据共享服务网提供的中国地面气候资料年值数据集。由于气象站点分布与县级行政区域分布并不完全对应，本章采用基于可观测气象信息的空间插值方法生成各县的气象数据。首先，利用反距离加权方法将所有气象站的气象数据插值到一个网格间距为 500 米的空间中；然后对每个网格的数值进行平均，以此代表该县的平均气象条件。在此基础上，以县级玉米播种面积为权重加权平均计算得到省级地区的气象指标值。

主要变量的描述性统计结果如表 13-1 所示。

表 13-1 主要变量的描述性统计

变量名称	指标描述	观测值（个）	均值	标准差	最小值	最大值
赔付率	赔付支出/保费收入	242	0.70	0.61	0.03	5.74
保险公司数量	市场上的农业保险公司数量（家）	242	6.34	3.74	1	26
市场集中度	赫芬达尔－赫希曼指数	242	0.56	0.22	0.12	1

续表

变量名称	指标描述	观测值（个）	均值	标准差	最小值	最大值
干旱风险	关键期内德马顿系数与阈值离差之和的自然对数（原单位：毫米/摄氏度）	242	1.17	2.81	-6.91	4.35
经营规模	玉米承保面积（万亩）	242	1382.18	1511.84	0.05	5464.74
地方财政状况	1-实收保费/签单保费	242	0.11	0.09	-0.08	0.39
农业生产条件	有效灌溉面积/耕地面积	242	0.55	0.23	0.20	1
补贴水平	保费补贴/保费收入	242	0.78	0.11	0.40	1
国企主导型市场	1=国有保险公司农业保险市场份额超过50%；0=其他	242	0.74	0.63	0	1

第五节　实证结果分析

一　基准回归结果

由于 Hausman 检验结果均在 1% 的水平下拒绝了随机效应模型假设，本章选择固定效应模型分析市场竞争强度对玉米保险赔付率的影响。表 13-2 报告了以市场集中度作为核心解释变量的回归结果。列（1）为仅放入核心解释变量和干旱风险进行简单回归的结果。结果显示，市场集中度一次项的回归系数为正，二次项的回归系数为负，分别在 5% 和 1% 的水平下显著。玉米保险赔付率和市场集中度之间存在倒 U 形的非单调关系，且拐点位于市场集中度取值范围（0，1］，这与理论模型的预期是一致的。列（2）~ 列（5）在列（1）的基础上逐步添加了控制变量，结果显示赔付率和市场集中度之间的倒 U 形关系始终稳定存在，其他控制变量的影响也与预期一致。具体来说，当市场集中度接近 0.6 时，农业保险市场处于一定垄断水平，赔付率达到最高点。举例来说，如果限定市场上只有两家保险公司，这一市场集中度水平意味着两家公司占据的市场份额分别约为 70%和 30%；如果允许市场上存在更多的保险公司，则占比最大公司的市场份额应该超过 70%。即使考虑到不同地区的市场条件有所差异，上述结果至少说明了农业保险市场的适度竞争模式要求存在少数市场主导者和小规模的竞争者。

表 13 - 2　市场集中度对保险赔付水平的影响

变量	被解释变量：赔付率				
	（1）	（2）	（3）	（4）	（5）
市场集中度	2.825 ** （1.108）	3.066 *** （1.109）	3.316 *** （1.107）	3.346 *** （1.111）	3.431 *** （1.098）
市场集中度平方	- 2.554 *** （0.809）	- 2.685 *** （0.807）	- 2.954 *** （0.811）	- 2.964 *** （0.813）	- 3.140 *** （0.806）
干旱风险	- 0.034 ** （0.014）	- 0.036 ** （0.014）	- 0.037 *** （0.014）	- 0.037 *** （0.014）	- 0.038 *** （0.014）
经营规模		- 0.000 * （0.000）	- 0.000 ** （0.000）	- 0.000 ** （0.000）	- 0.000 ** （0.000）
地方财政状况			- 1.060 ** （0.501）	- 1.041 ** （0.503）	- 1.175 ** （0.500）
农业生产条件				- 0.249 （0.529）	- 0.039 （0.529）
补贴水平					- 1.094 ** （0.442）
常数项	- 0.120 （0.416）	- 0.179 （0.415）	- 0.144 （0.412）	- 0.017 （0.492）	0.778 （0.583）
时间趋势项	已控制	已控制	已控制	已控制	已控制
省级固定效应	已控制	已控制	已控制	已控制	已控制
Hausman P 值	0.000	0.000	0.000	0.000	0.000
观测值（个）	242	242	242	242	242
R^2	0.136	0.149	0.167	0.168	0.191

注：括号内为标准误；＊＊＊、＊＊、＊分别表示1%、5%、10%的显著性水平。

　　基于上文结果，本章进一步考察中国农业保险市场是否达到适度竞争水平。图 13 -2 报告了 2019 年中国 25 个省（自治区、直辖市）农业保险市场集中度概况。其中，黑龙江、重庆、广东、江苏、湖北、安徽6 个地区的市场集中度靠近适度水平，赔付率靠近最优拐点，未来应继续保持相对稳定的市场结构；上海、青海、宁夏3 个地区的市场集中度较高于最优水平，赔付率已越过最优拐点处于下降阶段。较高的垄断水平不利于限制保险公司的超额利润，但考虑到这些地区农业保险市场规模相对较小，不宜容纳过多保险公司同时开展业务，其结果存在一定的合理性，未来可继续保持或适度增加农业保险经营牌照的发放量，加强农业保险市场竞争。河南、湖南、山东、内蒙古等16个地区的市场集中度较低于最优水平，市场竞争强度较高。尤其是北京、天津以较小的农业保险市场规模容纳了多家保险公司，竞争激烈，既不利于抑制企业寻租行为，也不利于保险公司实现风险分散。这些地区应适当降低农业保险市场竞争强度，引导保险公司专注于提高业务水平。

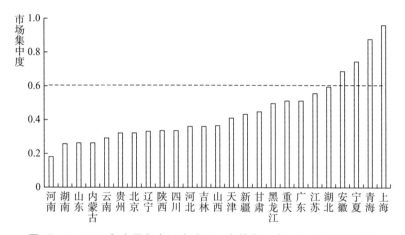

图 13 - 2　2019 年中国各省（自治区、直辖市）农业保险市场集中度

二　稳健性检验

表 13 - 3 报告了稳健性检验结果。其中，列（1）为剔除江苏和所有直辖市样本重新回归的结果。剔除江苏的理由在于它的农业保险市场竞争模式较为特殊，采取了类似西班牙和土耳其的"共保体"制度，政府和保险公司按固定比例划分承保和理赔责任。剔除直辖市是因为它们的区域面积不适合容纳多家保险公司同时展开竞争。剔除这些样本之后，本章仍可以观测到市场竞争强度与玉米保险赔付率之间存在稳定的倒 U 形关系。列（2）剔除了一些极端的超额赔付样本。尽管经过核对发现，这些极端赔付并不是数据统计上的错误，笔者仍希望避免那些过于极端的赔付样本对本章研究市场竞争的一般性规律产生干扰。回归结果显示，剔除极端赔付样本后，非单调关系依然成立。列（3）使用种植业保险数据替代玉米保险数据进行回归，以检验基准回归结果的稳健性。结果显示，市场集中度对

赔付率的非单调影响在种植业整体层面同样存在。列（4）在回归模型中以保险公司数量替代市场集中度作为核心解释变量。结果表明，即使放宽企业异质性假设，农业保险赔付水平与保险公司数量之间的非单调关系也成立。由此可见，本章基准模型的估计结果比较稳健，农业保险赔付率与市场竞争强度之间存在倒 U 形的非单调关系的研究假说得到了有效支持。

表 13 - 3 稳健性检验结果

变量	被解释变量：赔付率			
	（1）剔除江苏及直辖市	（2）剔除极端赔付	（3）改用种植业保险数据	（4）保险公司数量作为核心解释变量
市场集中度	2.366 ** (1.003)	1.479 * (0.812)	1.011 * (0.553)	
市场集中度平方	- 1.652 ** (0.756)	- 1.487 ** (0.603)	- 0.816 ** (0.412)	
保险公司数量				0.080 * (0.041)
保险公司数量平方				- 0.003 ** (0.002)
干旱风险	- 0.004 (0.015)	1.479 * (0.812)	1.394 *** (0.292)	- 0.036 ** (0.014)
经营规模	- 0.000 *** (0.000)	- 1.487 ** (0.603)	- 0.000 (0.000)	- 0.000 (0.000)
地方财政状况	- 0.480 (0.446)	- 0.010 (0.010)	0.059 (0.256)	- 0.816 (0.515)
农业生产条件	- 0.408 (0.559)	- 0.000 * (0.000)	- 0.371 (0.252)	- 0.320 (0.540)
补贴水平	- 1.340 *** (0.402)	- 0.758 ** (0.364)	- 0.131 (0.187)	- 0.592 (0.366)
常数项	0.932 * (0.552)	0.236 (0.389)	1.394 *** (0.292)	1.069 ** (0.425)
时间趋势项	已控制	已控制	已控制	已控制
观测值（个）	197	238	242	242
R^2	0.194	0.144	0.369	0.137

注：括号内为标准误；*** 、** 、* 分别表示 1%、5%、10% 的显著性水平。

三　异质性分析

中国作为典型的农业大国，玉米保险市场的政府管理、财政水平、政策支持和市场潜力等方面都存在较大差异。为进一步分析市场竞争强度影响保险赔付水平的区域差别，本章从政府干预度、地方财政状况、补贴水平、市场饱和程度四个方面展开讨论。表 13 - 4 报告了异质性分析结果。

表 13 - 4　异质性分析结果

变量	政府干预度		地方财政状况		补贴水平		市场饱和程度	
	非主产区	主产区	低应收保费率	高应收保费率	低补贴	高补贴	低饱和市场	高饱和市场
	（1）	（2）	（3）	（4）	（5）	（6）	（7）	（8）
市场集中度	4.041 *	2.686 **	4.042 **	2.996 *	2.856 **	6.973 ***	5.277 **	2.413 **
	(2.187)	(1.198)	(1.668)	(1.559)	(1.142)	(2.352)	(2.019)	(1.081)
市场集中度平方	- 4.050 ***	- 1.844 **	- 2.881 **	- 2.378 **	- 1.659 **	- 6.150 ***	- 5.210 ***	- 1.632 **
	(1.507)	(0.888)	(1.365)	(1.068)	(0.835)	(1.672)	(1.492)	(0.820)
干旱风险	- 0.048 **	- 0.006	- 0.024	- 0.047 **	- 0.000	- 0.058 ***	- 0.063 ***	0.011
	(0.019)	(0.021)	(0.018)	(0.022)	(0.016)	(0.021)	(0.022)	(0.013)
经营规模	- 0.000	- 0.000 **	- 0.000	- 0.000	- 0.000 ***	- 0.000	- 0.000 **	- 0.000
	(0.000)	(0.000)	(0.000)	(0.000)	(0.000)	(0.000)	(0.000)	(0.000)
地方财政状况	- 1.746 **	- 0.577			- 0.314	- 2.056 ***	- 2.346 ***	0.743
	(0.806)	(0.518)			(0.575)	(0.775)	(0.758)	(0.509)
农业生产条件	- 0.125	0.015	- 0.404	0.477	0.098 ***	0.042 *	- 0.150	- 0.575
	(0.767)	(0.660)	(0.552)	(1.368)	(0.023)	(0.023)	(1.074)	(0.507)
补贴水平	- 1.428 **	1.189	- 1.839 ***	- 0.169			- 2.240 ***	0.048
	(0.556)	(0.978)	(0.615)	(0.667)			(0.668)	(0.981)
常数项	1.257	- 1.309	0.795	0.032	- 1.250 *	- 0.302	1.536	- 0.070
	(0.941)	(0.906)	(0.747)	(1.193)	(0.750)	(0.788)	(1.027)	(0.909)
时间趋势项	已控制	已控制	已控制	已控制	已控制	已控制	已控制	已控制
观测值（个）	135	107	124	118	121	121	121	121
R^2	0.263	0.164	0.246	0.194	0.184	0.295	0.394	0.121

注：括号内为标准误；***、**、* 分别表示 1%、5%、10% 的显著性水平。

政府作为政策性农业保险体系的重要组成部分，对保险公司经营决策具有较强的干预能力。考虑到农业保险在经营过程中具有转移和分散农业风险、稳定农业生产的作用，玉米主产区的地方政府可能更加重视玉米的生产，既有能力也有动力对保险公司的赔付水平进行干预。列（1）～列（2）将2008～2019年玉米播种面积居全国前十位的省份划定为主产区，其余为非主产区。本章预期保险公司在非玉米主产区拥有更高的赔付自主权，其市场竞争和寻租行为引发的赔付水平波动更为凸显。结果表明，在非主产区能观察到赔付水平对市场竞争强度的变化更为敏感。

地方财政状况也会影响赔付水平。我国保险保费补贴政策采取"自下而上"的多级政府联动模式，中央政府提供配套补贴的先决条件是地方政府预先承担规定比例的补贴任务。因此，地方财政状况对于保险公司经营农业保险的决策存在较大的影响。应收保费率可以反映地方政府在农业保险经营过程中拖欠保险公司的保费补贴比例，在应收保费率较高的地区地方政府拖欠保费补贴的现象较为严重。基于这一事实，列（3）～列（4）按照应收保费率中位数将样本划分为低应收保费率和高应收保费率两组。本章预期高应收保费率地方政府提供保费补贴的能力较弱，保险公司从事寻租活动、竞争市场份额的预期收益较低。区域市场竞争结构对保险公司寻租决策的影响可能十分有限，保险公司赔付水平的变化幅度较小。结果表明，高应收保费率地区市场竞争强度的回归系数更小，赔付水平与市场竞争强度间的倒U形曲线较为平缓。

财政补贴是典型的由政府掌握分配权的稀缺资源，天然就是企业寻租活动的对象。寻租现象普遍发生于享有财政支持政策的行业。由于中国正处于经济转型时期，政府对经济有很强的控制力。企业能否取得经济资源来发展，在一定程度上取决于其与地方政府之间的关系。更高的保费补贴水平意味着更高的寻租回报率。本章预期农业保险保费补贴水平更高的地区，市场寻租活动也更加活跃。列（5）～列（6）按照农业保险保费补贴水平中位数将样本划分为高补贴和低补贴两组。结果显示，高补贴组的回归系数更大，高补贴地区的市场竞争强度和农业保险赔付率存在更强的非单调关系。

市场饱和程度也是影响农业保险市场竞争行为的重要因素。中国的农业保险市场是一个同质性较高的市场。因此，在一个较为成熟的高饱和农业保险市场上，不同企业所占有的份额相对稳定，市场格局很难发生大的改变。农业保险公司寻租的目的也更倾向于稳定与政府的关系而非拓展新的关系。相比较而言，一个有待开拓的低饱和市场往往能提供农业保险公司更高的寻租回报率和更强的竞争动机。列（7）～列（8）根据玉米保险保障广度①指标的中位数，将样本划分为低饱和市场和高饱和市场两组。结果显示，低饱和市场的回归系数是高饱和市场的两倍以上。市场竞争强度对农业保险赔付率的非单调影响在低饱和市场尤为显著。

四　企业所有权对寻租行为的影响

企业的异质性是研究企业行为时不可避免的问题，特别是在寻租活动中，国有保险公司由于与政府具有紧密的政治联系而享有较高的寻租回报率。本章通过构建国企主导型市场变量和市场竞争强度变量的交互项，检验市场竞争强度通过保险公司寻租行为影响赔付水平的机制是否存在。表13－5报告了企业所有权对赔付率和市场集中度之间非单调关系的调节作用。结果显示，市场集中度一次项以及一次项交互项的系数均为正，二次项以及二次项交互项的系数均为负。这表明在国有保险公司主导的市场中，赔付率与市场集中度之间的倒U形曲线更加陡峭。国有保险公司的高寻租回报率增强了市场竞争强度对保险赔付水平的影响，证明市场竞争强度会通过保险公司的寻租行为对赔付水平产生影响，本章的核心机制能够较好地反映农业保险市场的现实情况。

表 13－5　企业所有权对寻租行为的调节作用

变量	被解释变量：赔付率				
	（1）	（2）	（3）	（4）	（5）
市场集中度	1.873 (1.259)	2.097 (1.284)	2.218* (1.273)	2.207* (1.275)	3.385*** (1.292)
市场集中度平方	-1.638 (1.006)	-1.796* (1.021)	-1.935* (1.014)	-1.898* (1.016)	-2.932*** (1.038)
市场集中度×国企 主导型市场	1.069** (0.456)	0.896* (0.495)	0.953* (0.492)	1.017** (0.499)	1.125** (0.488)
市场集中度平方× 国企主导型市场	-1.199** (0.581)	-1.035* (0.610)	-1.143* (0.606)	-1.214** (0.613)	-1.219** (0.598)

---

① 玉米保险保障广度反映了玉米保险的覆盖率，计算方法为玉米承保面积除以玉米播种面积。

续表

变量	被解释变量：赔付率				
	（1）	（2）	（3）	（4）	（5）
干旱风险	−0.037 ***	−0.038 ***	−0.039 ***	−0.039 ***	−0.041 ***
	（0.014）	（0.014）	（0.014）	（0.014）	（0.014）
经营规模		−0.000	−0.000	−0.000	−0.000
		（0.000）	（0.000）	（0.000）	（0.000）
地方财政状况			−1.117 **	−1.087 **	−1.242 **
			（0.502）	（0.504）	（0.494）
农业生产条件				−0.424	−0.385
				（0.534）	（0.521）
补贴水平					−1.266 ***
					（0.375）
常数项	−0.024	−0.048	0.030	0.252	0.883
	（0.442）	（0.443）	（0.440）	（0.522）	（0.542）
时间趋势项	已控制	已控制	已控制	已控制	已控制
观测值（个）	242	242	242	242	242
R^2	0.159	0.162	0.182	0.184	0.227

注：括号内为标准误；*** 、** 、* 分别表示 1% 、5% 、10% 的显著性水平。

第十四章 中国农业保险高质量发展路径
与政策选择

农业保险作为新时期我国粮食安全体系的重要组成部分，承担着分散农业风险、维持粮食平稳供应的社会责任，正逐渐成为我国保障农民收入、稳定农业发展、巩固脱贫成果和应对国际规则挑战的重要政策工具。在我国农业保险进入高质量发展的新阶段，农业保险的发展要求也面临着从传统的"广覆盖"向"扩面、增品、提标"的全面转变。本章延续前文从保险需求、供给以及政策三个角度研判我国农业保险发展现状的分析框架，系统归纳我国农业保险发展道路上存在的关键误区，为农业保险高质量发展的路径重塑提供经验支持。基于此，本章进一步提出有针对性的政策建议，以期为政府相关部门的决策提供参考。

第一节 农业保险高质量发展路径解析：
误区与路径重塑

自政策性农业保险实施以来，我国农业保险事业在政府的高度财政支持下快速发展，目前已成为世界第一大农业保险市场。然而，在充分肯定我国农业保险事业取得瞩目成就的同时，也必须注意到我国的政策性农业保险起步较晚，农业保险的基层实践和顶层设计上仍存在尚未被充分认识的发展误区，导致农业保险实施效率及政策效果出现偏差，最终偏离农业保险高质量发展路径。从不同视角分析，主要表现在以下几个方面。

一 农业保险需求层面

第一，农业保险补贴难以改变农村信贷市场发育滞后的困境，信贷约束问题极大地抑制了农户的农业保险需求。我国政府在尚未完全摸清农业保险需求的情况下，自 2012 年以来，通过政策引导和增加补贴的形式推动农业保险快速发展。作为农业保险的具体管理者，基层组织为实现政策目标不得不采用"保费整村代付"和"规模户强制投保"的方式来提高农业保险参保率，而这种农户非主动参与的购买行为无疑会高估他们的真实意愿。从某种程度上来说，目前农业保险发展呈现的良好势态多半是由于"高额补贴"的政策拉动以及"半强制投保"的管理方式。尽管政府采取的保费补贴政策在一定程度上减轻了农民负担，但对农业保险需求的拉动作用较为有限。面对农村信贷市场发育滞后的现状，由信贷约束造成的需求不足问题仍是补贴难以完全克服的。

第二，农业保险公司宣传展业及理赔过程不规范，农户对农业保险的认知偏差扭曲了真实保险需求。在农业保险实施的全过程中，农户对农业保险的直观认知主要来源于保险公司的宣传展业和定损赔付两个环节。这两个环节中保险实施的偏差直接导致了农户对农业保险的认知偏差。具体来说，保险公司在宣传展业环节的通行做法是简单介绍农户投入金额、获得赔付的情况，而对农业保险的风险管理工具属性一概而过。这种模糊的宣传方式导致农户错误地预期农业保险可以提供稳定的报酬，进而产生农业保险等于投资理财的有偏认知。此外，由于政府为农业保险保费提供了高额补贴，保险公司在通常年份具有较大的利润空间。在定损赔付环节，保险公司通过"保费返还"方式提高农户农业保险购买意愿的现象屡见不鲜，这进一步加强了农户将农业保险视为稳定投资的错误认知。农户不论受灾与否都能获得返还的保费，因此农户对农业保险的现有需求是在过去错误不规范的赔付经历下产生。换言之，在现在的农业保险宣传和赔付方式下，农户的真实保险需求被高估了。

第三，加大补贴力度对农业保险需求的拉动作用存在减弱趋势，过度提高保费补贴水平对于社会整体福利而言得不偿失。对于任何政策的制定而言，政策效率都是判断一项政策是否值得推行的关键因素。尤其是在考察以农业保险补贴为代表的转移支付政策时，必须认识到通过提高补贴水平增加农户福利的代价可能是其他群体福利的损失。农户对农业保险价格的敏感性是政府通过提高补贴水平拉动农业保险需求的现实基础。然而，农户异质性、地区资源禀赋差异、自然风险多样性等问题造成农业保险的边际需求并不符合随价格下降匀速上升的规律。随着农业保险保费补贴水平提高，保险产品价格下降，农户对农业保险价格的敏感性也随之减弱，农业保险需求增加的趋势减缓。当补贴超过一定水平时，额外补贴带来的农户福利提升难以覆盖财政支出产生的社会福利损失。目前我国各级财政对农业保险的补贴比例约为80%，已接近农业保险补贴边际成本和收益的均衡点。尽管我国过去十多年间不断提高的保费补贴水平有力地促进了农业保险市场的发展，但进一步提高补贴水平的代价如何是政府今后应当审慎考虑的重点。

第四，农业保险实施行为不规范辅以保险教育缺位，形成了农户从"错误保险认知"到"需求低迷"的恶性循环。农业保险不规范赔付经历和保费不规范缴付方式在不同程度上降低了农户保险认知，特别是农户对于保险机制的理解。从缓解措施上来说，宣传教育能够有效提升农户保险总体认知，尤其是对保险机制的认知。从教育主体来说，农户对政府的信任偏好决定了政府的保险宣传教育效果会优于保险公司。事实上，保险公司在农业保险推广过程中也确实采用了"保险公司委托基层村干部进行培训"的方式。然而，存在两种障碍性因素导致目前宣传培训方式未能有效发挥作用。一方面，村干部群体自身对保险的认识不够全面，能传达给农户的信息就更为有限。基层保险宣传实践中采用"选择性宣传"导致相当部分的农户对农业保险信息来源获取极不充分。另一方面，保险教育的认知纠偏效果同样会受到农户农业保险不规范赔付经历的削弱。因此，保险不规范实施行为和保险宣传教育的缺位共同造成了农户从"错误保险认知"到"需求低迷"的恶性循环。

二　农业保险供给层面

第一，农业保险产品费率厘定与实际风险水平不符，忽略了外部气象信息在提升指数型农业保险效率上的应用价值。农业保险费率厘定是发挥农业保险风险管理作用的基础性工作，关乎农业保险最终的实施效果及巨额财政资金的补贴效率。我国农业保险采取"一省一费"的粗放定价方式，保险费率反映地区实际风险水平的误差较大，必然不利于农业保险的可持续发展。这种粗放的定价方式一方面是基于我国政策性农业保险起步较晚，缺乏足够的历史数据以供参考；另一方面则是在费率厘定过程中忽略了外部气象信息的应用价值。前者数据缺失问题难以在短期内得到解决，但后者具有极大的可操作性。以产量指数保险为例，研究表明将ENSO信息纳入产量指数保险的费率厘定过程提高了费率估计的准确性，并进一步增加了农户的福利，可在较大程度上缓解我国农业保险历史数据积累不足、费率估计不精确的问题。目前而言，我国尚未有保险产品在费率厘定时引入外部气象信息的尝试，外部气象信息在提升农业保险效率上的应用价值未能得到足够的重视。

第二，农业保险新科技的应用推广操之过急，尚未解决的技术短板及适用性问题阻碍农业保险高质量发展进程。在传统农业保险实践中，信息不对称、理赔成本高和监管难度大等问题是制约农业保险发展的重要因素。信息技术的应用在理论上可以缓解农业保险信息不对称问题，降低农业保险的经营管理成本。例如，在定损环节，利用遥感技术估测作物产量，具有定损速度快和节约人力成本的优势。以新技术赋能农业保险体系也因此被广泛认为是农业保险未来的发展方向，得到政府和保险经办机构的大力推广。然而，在实际操作层面，农业保险新技术的理论适用性及作用效果尚未得到实践的充分检验。一方面，保险新科技的发展本身存在技术壁垒，其应用效果受数据、平台、成本等多种因素影响。另一方面，通过新技术监测农业损失情况的前提是构建准确的作物估产模型，这受到当地历史数据可获得性的限制。对于数据缺失的地区，如果贸然采用相邻区域的数据进行替代也会导致模型的拟合优度下降，估测精度降低。考虑到这些现实约束，急于在农业保险领域推广新科技的应用反而可能会阻碍农业保险的高质量发展。

第三，多层次农业保险保障体系的构建缺乏基础理论指导，现有政策性农业保险与气象指数保险之间的关系界定不明。构建多层次农业保险保障体系是防范农业风险、维持粮食平稳供应的必然要求，通过对不同类型农业风险的分层覆盖，有针对性地实现有效的农业风险管理。构建这一保障体系的前提是需要有多种具有互补功能的农业保险种类，以及可以分层保障的农业风险。基于这样的要求，首先需要厘清目前我国现有的政策性农业保险与可能的其他类型农业保险之间的关系，如果它们是互补关系，那么就存在利用两类保险来构建农业保险保障体系的基础。然而，针对这一问题尚未有科学的理论能做出回答，仅仅依靠经验性的判断来指导多层次农业保险保障体系的构建显然是不妥的，极端情况下还存在不同类型农业保险功能重合、互相替代的可能。尤其是天气指数保险,尽管被认为可以缓解农业保险道德风险问题、降低管理成本而得到政府大力提倡,但其究竟能否和现有政策性农业保险形成有效的联动仍然存疑。

三 农业保险政策层面

第一,政策性农业保险补贴目标与最优政策工具的选择错配,现行补贴方式服务于政策性农业保险补贴目标的效率不高。在现实农业生产风险下,农民福利提升效果始终是评价农业补贴政策的出发点,也是财政支农模式选择的关键依据。基于不确定性视角下的农业保险保费补贴和直接收入补贴对农户福利都有提升作用,但二者功能实际上存在一定程度的重合。在现有补贴模式下两种功能相似的补贴政策重复安排极易出现效率的损失,明确两类方式补贴的差异化特征是政府兼顾农业风险管理效果以及政府补贴效率的必要依据。总体上看,补贴所带来的福利效应根据农户生产规模产生差异,直接收入补贴形式对小农户会带来更高的福利,而农业保险保费补贴给规模农户带来的福利更高,这缘于不同主体对农业保险需求层级、风险承受能力等方面的差异。因此,我国现行以直接收入补贴为主、农业保险保费补贴为辅的补贴模式是否能够最大化政府财政的效率值得商榷,忽略不同类型农民群体和区域风险差异的均一化补贴方式可能是一种低效行为。

第二,受制于农业保险保费补贴"包干制"模式,保险公司的保险赔付能力与农业生产者的风险保障需求错位。在农业保险保费补贴"包干制"模式下,管理费用补贴的设计比例在保费补贴中相对固定,而保险公司实际经营中发生的管理费用占总支出的比重却会随承保规模及灾害程度不同而大幅波动。受制于管理费用的刚性约束,保险公司完全有可能在农业风险上升时降低赔付水平以实现短期的盈亏平衡。因此,保险公司是否能够依据"小灾小赔,大灾大赔"的保险原则对受灾农户进行赔付存在极大的不确定性,在实践中具体表现为"协议赔付"现象屡禁不止,这极大地削弱了农业保险的风险管理功能。"大灾小赔,小灾大赔"的赔付问题一方面扭曲了农业保险风险转移的基本功能,降低了财政支农经费的使用效率;另一方面也不利于农户形成对农业保险的正确认知,阻碍了农业保险风险防范作用的发挥。

第三，农业保险市场准入制度下的竞争结构偏离适度竞争水平，保险公司的寻租竞争导致市场效率损失及财政"漏出"严重。农业保险作为新时期中国粮食安全体系的重要组成部分，在现有的市场准入模式下存在巨大的寻租空间。具体来说，由于地方政府享有较大的农业保险招投标流程与管理规范制定权力，基层政府对农业保险市场准入的自由裁量权很大，于是农业保险的招投标过程事实上成为一个"黑箱"。例如，保险公司可以通过公关游说地方政府为它们量身打造招投标标准，甚至部分地区直接向保险公司收取不合理的招标费用。为保证盈亏平衡，以获取经营利润为目标的农业保险公司在后期承保理赔过程中，存在挤占公司资金空间、降低保险赔付水平以及造成财政资金使用效率低下的风险。当前，我国大部分地区农业保险市场竞争强度超过适度水平并有继续增强的趋势，不利于减少寻租行为导致的市场效率损失及财政"漏出"。

第二节　政策建议

我国农业保险正处于发展转型时期，传统的发展道路和经验在新的发展目标下受到冲击，如何调整我国农业保险保障体系和发展路径以适配新时期的发展要求是政府推进农业保险高质量发展亟待解决的问题。上文系统梳理了我国农业保险发展道路上的主要误区，在此基础上，本节针对当前我国农业保险面临的一系列现实挑战，有针对性地提出重塑我国农业保险高质量发展路径的政策建议，以期为有关部门的决策提供参考，从而更好地发挥农业保险的农业生产"稳定器"作用，为农业撑起"保护伞"，让农民挑上"金扁担"。

一　释放农业保险有效需求

以农业保险需求提升为导向，将农户面临的现实约束和异质性需求特征作为主要政策抓手，具体包含如下建议。

第一，加快推动农村信贷市场建设，完善社会保障制度以缓解农业保险信贷约束。充分利用普惠金融发展的契机，深入推进农村信用体系建设，完善各级涉农信用信息系统，因地制宜建设地方征信平台，精准识别各类农村经济主体信用状况，以信用建设促进信用贷款投放；针对农村的实际情况与发展需要，设计灵活多样的信贷产品，在信贷资源配置、产品服务创新等方面予以政策倾斜；针对农户广泛关注的农村教育、医疗与养老问题，推进县域基本公共服务与金融服务融合发展，积极统筹完善城乡、地区之间的社会保障体系，最大限度地消除农户的后顾之忧，释放农户对保险的有效需求。

第二，纠正农户对农业保险认知误区，强化农业保险的风险转移工具属性。首先，在保险宣传阶段阐明保险风险管理工具属性，纠正农户把农业保险看作储蓄或理财的错误认知，着重强调农业保险的作用是预防农业生产经营中可能发生的风险。摒弃选择性介绍农户投入金额、获得金额的敷衍农业保险宣传方式。提高农户尤其是拥有更多话语权的规模大户对农业保险的正确认知，从而影响更多群体。其次，规范保险赔付实施行为。在保险宣传中加强对保险赔付方式的介绍，对于具体赔付机制进行讲解，通过与政府、村干部合作，提高农户对正确赔付方式的认可度。在赔付中，按照保险要求规范定损、公开公正，避免"保费返还"等错误赔付方式的发生，以提高农户对保险的认可度，提高农户对农业保险的需求。

第三，评估以补贴带动需求的有效区间，维持农业保险保费补贴政策的适度水平。政府在制定财政补贴预算时，应考虑农业保险保费补贴效率问题，综合考虑农业保险保费补贴对农户福利的提升和对社会福利的影响。当现有补贴水平达到福利最大化时，需及时改变补贴方向或领域，使政府财政支出效率最大化。此外，基于不同类型农户对农业保险的需求特征，因地制宜，防止"一刀切"的保险普及方式降低农业保险保费补贴的有效性。推行农业保险之前，首先要摸清当地农户真实的保险购买意愿。同时，考虑当地农业风险水平等因素，避免对不同地区不同农户推广完全同质化的农业保险。对于农业保险高需求的群体，可提供保障水平较高的农业保险，而对于农业保险低需求的群体，维持政策性基础农业保险的提供并辅以提供高水平农业保险，而非强制性统一购买高水平农业保险，以实现财政补贴的福利最大化。

第四，在政府主导下有重点地进行保险宣传教育，规范农业保险实施行为。加强农业保险宣传教育和规范保险实施行为的协同推进以提高农户保险认知水平，释放农业保险真实需求。从宣传教育角度出发，农户对政府的信任偏好决定了地方政府更适宜作为农业保险宣传教育的主体。在加大保险宣传力度的同时，需明确政府是主要的责任主体，并有针对性地纠正农户对农业保险机制认知的偏差。从保险实施角度来看，加强保险监督体系以规范各主体保险实施行为是必要的：一是要加强村干部保险工作检查，减少保险宣传工作疏漏以及规范保险缴付方式；二是要科学合理地进行保险赔付，确保农业保险产品在坚持保险机制的前提下实现"保本微利"目标。

二 提高农业保险供给能力

以农业保险供给升级为导向，提高农业保险供给侧的产品设计及服务水平，实现农业保险的高质量发展破局，具体包含如下建议。

第一，探索将外部气象信息纳入农业保险费率厘定过程。面对农业保险历史数据积累不足，保险产品费率厘定难以精准反映区域农业风险的现实困境，可尝试将 ENSO 等外部气象信息纳入农业保险产品的费率厘定过程。这种可预测的典型气候事件同时具备与农业产量的强关联性和数据的可获得性，有助于纠正历史数据积累不足导致的风险预测偏差，增强农业保险产品费率估计的准确性，为农户合理进行保险购买决策提供依据。在具体操作过程中，由于作物生长受到多方面因素的影响，因此不同地区不同作物对同一外部气象信息的外在表现有所差异。针对这一问题，在利用外部气象信息估计保险产品费率时应采取分地区、分品种逐步推进的方法，优先覆盖对外部气象信息较为敏感的地区和品种，如 ENSO 信息在水稻保险产品的费率估计上具有更高的价值及优先度。

第二，发挥服务型政府职能，为农业保险科技的应用推广创造良好的市场环境。新技术在农业保险领域的融合应用是未来农业保险发展的必然趋势。国家要加快农业保险科技规划和部署，为农业保险科技的创新和成果转化营造畅通的市场环境，将农业保险科技发展作为农业保险高质量发展的重要内容和驱动引擎。同时，要构建政府农业保险大数据管理与服务平台，实现农业保险数据共享、监管支撑、服务提升和决策支持，提升农业保险信息化和数字化水平。值得注意的是，尽管遥感等技术在农业保险领域的应用可以对地类和作物进行精准识别，但由于技术、数据受限，新技术应用于农业保险服务仍需要在发展中不断改进。政府在对农业保险新技术进行大范围的普及之前，有必要考察新技术是否在理论和实际上都具有较强适用性、新技术的应用推广条件是否成熟等一系列问题。否则，贸然推广尚不成熟的新科技反而可能阻碍农业保险的高质量发展。

第三，构建多层次农业保险保障体系，满足不同经营模式的风险管理需求。多层次农业保险保障体系本质上是利用不同类型的保险产品分别适应不同的风险，共同构成相对完整的风险管理机制，前提是需要有多种具有互补功能的农业保险种类，以及可以分层保障的农业风险。从这一角度出发，政府在构建多层次农业保险保障体系时，首要任务是明确不同类型保险关系并划清其适用范围。从目前来看，现行政策性农业保险和气象指数保险较为符合互补性要求，适宜作为我国多层次农业保险保障体系的基础。具体来说，政府可以将气象指数保险作为多层次保险保障体系的第一层，由政府进行补贴，重点保障灾害造成的高于20%、低于50%的减产损失，针对分散农业生产中的各种系统性风险，建立普惠性的、较低保障水平的基本农业风险管理层。完全成本保险作为多层次农业保险保障体系的第二层，采取商业性运作模式，重点保障超过50%的减产损失，针对分散农业生产中的个体风险。在此基础上，未来进一步完善多层次农业保险保障体系的方向还包括对不同规模农户采用差异化合同、提升多样化农业保险的保障水平等。

三　完善农业保险制度安排

以农业保险制度完善为导向，论述我国政策性农业保险补贴目标、农业保险保费补贴制度、农业保险市场供给运行方式，具体包含如下建议。

第一，明确中国政策性农业保险补贴目标，提供差异化的财政支持政策。首先，政府应该判断直接收入补贴和保险保费补贴两种农业支持形式在农业风险处境下的有效边界。当政策性农业保险补贴主要目标为转移支付时，直接收入补贴可能在多数情况下更为有效。当政策性农业保险补贴主要目标是为农民提供风险保障时，保险保费补贴需要与其他补贴手段进行整合。因此，政府应根据政策性农业保险补贴目标，选用相匹配的财政支持手段，从而实现财政支农惠农的最优效果。其次，在制定补贴政策时也需要考察个体和区域异质性，区分不同类型农民群体以及风险发生区划对其进行差异化补贴，实现在财政约束条件下的补贴效率提升。此外，补贴还需关注农业保险实施过程中相关产品的升级，诸如加强监管进而减少保险保费补贴"漏出"、提升农业保险保障水平等。

第二，探索保险管理费用显性补贴方式，实行保费补贴与管理费用补贴双轨运行。保险公司管理成本的"隐形化"不仅限制了农业保险赔付水平的提高，在极端情况下也可能造成保险公司套取国家财政资金问题，因此，让保险保费补贴与管理费用补贴双轨运行迫在眉睫。首先，考虑到赔付水平的变化来源于风险上升造成的管理费用变动，一种可行的思路是专门对可变的管理费用进行补贴。例如，根据承保范围内的实际受灾面积对保险公司进行补贴，不仅可以在一定程度上抵销定损成本上升带来的保险公司管理费用增加，缓解重大灾害发生造成管理费用上升挤压赔付空间的问题，还可以释放可能的特定农产品"黄箱"支持政策的操作空间。其次，引发赔付乱象的主要原因还是保险公司不能厘定差异化的保险费率。从长效机制角度出发，改革"一省一费"制度有助于保险公司的成本收益实现长期均衡，更能让农业保险发挥应有的惠农功能。

第三，引导农业保险市场的有限竞争模式，压缩农业保险公司寻租空间。在农业保险市场准入制度下，一方面银保监会可以适当减少农业保险经营牌照的发放量，加强对农业保险公司经营资质的考察；另一方面地方政府也可以在招投标过程中对中标公司数量或市场份额做出限制，例如明确规定在一个县的范围内仅允许存在一家农业保险公司，通过减少农业保险经营主体的数量在一定程度上抑制寻租行为。从长效机制角度出发，尽管寻租行为无法从根源上予以杜绝，通过农业保险的制度优化不断压缩寻租空间才是实现农业保险市场可持续发展的治本之策。针对农业保险经营主体不规范竞争的问题，应当由银保监会负责完善农业保险公司的市场准入退出制度，通过淘汰机制清退违规经营的农业保险公司，从而达到限制恶性寻租竞争的目的。同时对于部分地方政府在农业保险招投标过程中肆意"设租"的现象，应当由上级政府牵头建立农业保险的第三方监督和考核体系，确保政府分配稀缺资源的权力行驶在轨道上，这有助于实现农业保险市场的有序高效运行。

参考文献

蔡胜勋，2016，《新形势下我国农产品期货市场发展路径研究》，《金融理论与实践》第 5 期。

曹蕾、周朝宁、王翌秋，2019，《农机保险支付意愿及制度优化设计》，《农业技术经济》第 11 期。

曹历娟、洪伟，2009，《世界粮食危机背景下我国的粮食安全问题》，《南京农业大学学报》（社会科学版）第 2 期。

柴智慧、赵元凤，2019，《农险市场中的保险公司道德风险研究》，《保险研究》第 7 期。

柴智慧、赵元凤，2015，《农业保险"协议"理赔的产生机理与现实考察——以内蒙古自治区为例》，《农村经济》第 9 期。

晁娜娜、杨汭华，2019，《新疆棉农农业保险购买意愿与行为差异分析》，《北京航空航天大学学报》（社会科学版）第 3 期。

车丽华，2011，《我国非正规金融现状与规制的法律思考》，《求索》第 10 期。

陈东景、徐中民、程国栋、张志强、苏志勇、林清、张海涛，2003，《恢复额济纳旗生态环境的支付意愿研究》，《兰州大学学报》第 3 期。

陈璐，2004，《我国农业保险业务萎缩的经济学分析》，《农业经济问题》第 11 期。

陈强，2010，《高级计量经济学及 Stata 应用》，高等教育出版社。

陈盛伟、牛浩，2017，《市场竞争下农业保险发展速度的实证分析——基于山东省 16 地市的面板数据》，《农业经济问题》第 5 期。

陈素英、张喜英、毛任钊等，2009，《播期和播量对冬小麦冠层光合有效辐射和产量的影响》，《中国生态农业学报》第 4 期。

陈新建、陶建平，2008，《湖北省水稻生产风险区划的实证研究》，《统计与决策》第 19 期。

陈雨露，2010，《中国农村金融发展的五个核心问题》，《中国金融》第 Z1 期。

程百川，2017，《完善我国农产品期货市场建设的思考》，《金融发展研究》第 7 期。

程广燕，2008，《我国大豆生产风险评估与防范对策研究》，博士学位论文，中国农业科学院。

程静、刘飞、陶建平，2018，《风险认知、风险管理与农险需求——基于行为金融视角的实证研究》，《南京农业大学学报》（社会科学版）第 3 期。

程静，2011，《农业旱灾脆弱性及其风险管理研究》，博士学位论文，华中农业大学。

程真波、李俊宏，2019，《"保险 + 期货"在农业风险管理中的应用——来自供给侧的视角》，《中国证券期货》第 2 期。

邓忠奇、庞瑞芝、陈甬军，2022，《从市场势力到有效市场势力——以中国化学药品制剂制造业为例》，《管理世界》第 1 期。

杜鹏，2011，《农户农业保险需求的影响因素研究——基于湖北省五县市 342 户农户的调查》，《农业经济问题》第 11 期。

杜文博，2018，《我国农村金融现状及发展对策探究》，《现代商贸工业》第 8 期。

杜晓山，2002，《农村金融体系框架、农村信用社改革和小额信贷》，《中国农村经济》第 8 期。

杜晓山、孙若梅，2000，《中国小额信贷的实践和政策思考》，《财贸经济》第 7 期。

顿姣、魏君英、何蒲明，2017，《农产品期货和农业保险联动机制研究》，《改革与战略》第 9 期。

冯冠胜，2004，《农业风险管理中政府介入问题研究》，博士学位论文，浙江大学。

冯文丽、苏晓鹏，2003，《美国农业保险制度变迁的经济学分析》，《金融教学与研究》第 1 期。

冯文丽、苏晓鹏，2020，《农业保险助推乡村振兴战略实施的制度约束与改革》，《农业经济问题》第 4 期。

付小鹏、梁平，2017，《政策性农业保险试点改变了农民多样化种植行为吗》，《农业技术经济》第 9 期。

傅京燕，2009，《产业特征，环境规制与大气污染排放的实证研究——以广东省制造业为例》，《中国人口·资源与环境》第 2 期。

傅娟，2008，《中国垄断行业的高收入及其原因：基于整个收入分布的经验研究》，《世界经济》第 7 期。

盖豪、颜廷武、周晓时，2021，《政策宣传何以长效？——基于湖北省农户秸秆持续还田行为分析》，《中国农村观察》第 6 期。

甘犁、赵乃宝、孙永智，2018，《收入不平等、流动性约束与中国家庭储蓄率》，《经济研究》第 12 期。

高辉、王永光，2007，《ENSO 对中国夏季降水可预测性变化的研究》，《气象学报》第 1 期。

高凌云、屈小博、贾鹏，2014，《中国工业企业规模与生产率的异质性》，《世界经济》第 6 期。

高玉强、沈坤荣，2014，《欧盟与美国的农业补贴制度及对我国的启示》，《经济体制改革》第 2 期。

耿仲钟、肖海峰，2018，《农业支持政策改革：释放多大的黄箱空间》，《经济体制改革》第 3 期。

龚道溢、王绍武，1999，《近百年 ENSO 对全球陆地及中国降水的影响》，《科学通报》第 3 期。

郭军、谭思、孔祥智，2019，《农户农业保险排斥的区域差异：供给不足还是需求不足——基于北方 6 省 12 县种植业保险的调研》，《农业技术经济》第 2 期。

郭庆宾、骆康、虞婧婕，2018，《农业补贴对农户的福利效应研究——以江汉平原为例》，《农业经济与管理》第 1 期。

郭庆，2006，《农业产业化的风险与防范》，《安徽农业科学》第 21 期。

郭晓亭、蒲勇健、林略，2004，《风险概念及其数量刻画》，《数量经济技术经济研究》第 2 期。

何广文、何婧，2017，《金融需求新特征及深化金融服务的路径探讨——基于农业供给侧结构性改革背景》，《农村金融研究》第 4 期。

何小伟、庹国柱、李文中，2014，《政府干预、寻租竞争与农业保险的市场运作——基于江苏省淮安市的调查》，《保险研究》第 8 期。

何小伟、王克，2017，《从农业直补到保险的间接补贴》，《中国保险》第 11 期。

何德旭、苗文龙，2015，《金融排斥、金融包容与中国普惠金融制度的构建》，《财贸经济》第 3 期。

河北省财政厅课题组，2019，《河北省政策性农业保险经营主体市场准入与动态考评制度研究》，《农村金融研究》第 12 期。

洪昕，2019，《作物产量预测的遥感方法》，《农业与技术》第 16 期。

洪雪，2017，《基于水稻高光谱遥感数据的植被指数产量模型研究》，硕士学位论文，沈阳农业大学。

洪正，2011，《新型农村金融机构改革可行吗？——基于监督效率视角的分析》，《经济研究》第 2 期。

花拥军、张宗益，2009，《极值 BMM 与 POT 模型对沪深股市极端风险的比较研究》，《管理工程学报》第 4 期。

黄健熙、罗倩、刘晓暄、张洁，2016，《基于时间序列 MODIS NDVI 的冬小麦产量预测方法》，《农业机械学报》第 2 期。

黄英君，2009，《中国农业保险制度的变迁与创新》，《保险研究》第 2 期。

黄琦、陶建平，2016，《2008~2014 年家庭农场研究动态及展望——基于文献计量方法》，《经济体制改革》第 4 期。

黄亚林，2018，《我国农产品期货市场发展方向及路径探讨》，《经济论坛》第 5 期。

黄延信、李伟毅，2013，《加快制度创新推进农业保险可持续发展》，《农业经济问题》第 2 期。

黄渊基、王韧、刘莹，2018，《基于 DEA-Tobit 面板模型的农业保险补贴扶贫效率影响因素分析——以湖南省为例》，《农村经济》第 5 期。

黄祖辉、金铃、陈志钢、喻冰心，2011，《经济转型时期农户的预防性储蓄强度：来自浙江省的证据》，《管理世界》第 5 期。

江生忠、贾士彬、江时鲲，2015，《我国农业保险保费补贴效率及其影响因素分析——基于 2010~2013 年省际面板数据》，《保险研究》第 12 期。

江生忠、朱文冲，2021，《基于 Logit 模型对新型农业经营主体农业保险购买偏好的特征研究》,《财经理论与实践》第 2 期。

江振娜、谢志忠,2016,《农户借贷交易费用的比较分析及启示——基于正规金融与非正规金融的视角》,《农村经济》第 2 期。

姜岩、褚保金,2010,《交易成本视角下的农业保险研究——以江苏省为例》,《农业经济问题》第 6 期。

雷宏军、程运平、潘红卫、刘鑫、徐建新,2015,《河南省农业旱灾风险评估研究》,《中国农村水利水电》第 11 期。

李斌、徐富明、张军伟、刘腾飞、蒋多、邓子鹃,2012,《内在锚与外在锚对锚定效应及其双加工机制的影响》,《心理科学》第 1 期。

李春霄、贾金荣,2012,《金融排斥、收入差异与粮食安全》,《经济与管理研究》第 12 期。

李丹、倪闻阳、刘从敏、杨朝博,2016,《新型农业经营主体政策性农业保险购买意愿影响因素剖析》,《财会月刊》第 26 期。

李登旺、仇焕广、吕亚荣、韩炜,2015,《欧美农业补贴政策改革的新动态及其对我国的启示》,《中国软科学》第 8 期。

李干琼、许世卫、李哲敏、董晓霞,2012,《基于非参数核密度估计的中国水果市场收益率分布研究》,《统计与决策》第 7 期。

李干琼、许世卫、孙益国、李哲敏,2011,《中国蔬菜市场价格短期波动与风险评估》,《中国农业科学》第 7 期。

李谷成、范丽霞、闵锐,2011,《资源、环境与农业发展的协调性——基于环境规制的省级农业环境效率排名》,《数量经济技术经济研究》第 10 期。

李剑,2017,《基于"价格泡沫"视角的农产品期货市场风险评价、传导与预警研究》,博士学位论文,华中农业大学。

李娟,2019,《农业国内支持与国际贸易争端:一个案例的分析与思考》,《对外经贸实务》第 7 期。

李军,1996,《农业保险的性质、立法原则及发展思路》,《中国农村经济》第 1 期。

李铭、张艳,2019,《"保险+期货"服务农业风险管理的若干问题》,《农业经济问题》第 2 期。

李朋磊、张骁、王文辉、郑恒彪、姚霞、朱艳、曹卫星、程涛,2021,

《基于高光谱和激光雷达遥感的水稻产量监测研究》，《中国农业科学》第 14 期。

李世奎、霍治国、王素艳、刘荣花、盛绍学、刘锦銮、马树庆、薛昌颖，2004，《农业气象灾害风险评估体系及模型研究》，《自然灾害学报》第 1 期。

李晓燕、翟盘茂，2000，《ENSO 事件指数与指标研究》，《气象学报》第 1 期。

林乐芬、陈燕，2017，《农户对政策性农业保险理赔评价及影响因素分析——以江苏省养殖业为例》，《南京农业大学学报》（社会科学版）第 3 期。

林毅夫，2006，《缓解"三农"问题要靠金融创新》，《中国农村信用合作》第 3 期。

刘滨、康小兰、殷秋霞、黄敏，2014，《农业补贴政策对不同资源禀赋农户种粮决策行为影响机理研究——以江西省为例》，《农林经济管理学报》第 4 期。

刘福星、贺娟、陶建平，2020，《社会资本、农户素养与农险购买意愿分析》，《调研世界》第 7 期。

刘金霞，2004，《农业风险管理理论方法及其应用研究》，博士学位论文，天津大学。

刘璐、韩浩、马文杰，2016，《政府支农政策对农业保险需求的影响机制研究》，《农业经济问题》第 10 期。

刘小康、谷洪波，2011，《农业自然（巨灾）风险度量的数理方法研究》，《浙江农业学报》第 4 期。

刘小雪、申双和、刘荣花，2013，《河南夏玉米产量灾损的风险区划》，《中国农业气象》第 5 期。

刘亚洲、钟甫宁，2019，《风险管理 VS 收入支持：我国政策性农业保险的政策目标选择研究》，《农业经济问题》第 4 期。

刘勇政、冯海波，2011，《腐败、公共支出效率与长期经济增长》，《经济研究》第 9 期。

刘振功，2016，《基于遥感技术的农业保险业务模式创新研究》，硕士学位论文，山东大学。

卢冲、庄天慧，2016，《精准匹配视角下驻村干部胜任力与贫困村脱贫成效研究》，《南京农业大学学报》（社会科学版）第 5 期。

吕开宇、张崇尚，2013，《政策性农业保险施行中存在的问题及对策》，
　　《经济纵横》第 10 期。

吕勇斌、邓薇、颜洁，2015，《金融包容视角下我国区域金融排斥测度与
　　影响因素的空间分析》，《宏观经济研究》第 12 期。

马彪、张琛、彭超，2020，《农户分化背景下农业保险的功能实现研究》，
　　《保险研究》第 9 期。

马九杰、沈杰，2010，《中国农村金融排斥态势与金融普惠策略分析》，
　　《农村金融研究》第 5 期。

马磊，2019，《中国农村非正规金融研究述评——经济学与社会学的视
　　角》，《现代经济探讨》第 4 期。

马述忠、刘梦恒，2016，《农业保险促进农业生产率了吗？——基于中国
　　省际面板数据的实证检验》，《浙江大学学报》（人文社会科学版）第
　　6 期。

蒙继华、付伟、徐晋、程志强、董文全、李晓松、赵俊峰、李亚方、毛辉
　　辉，2017，《遥感在种植业保险估损中的应用》，《遥感技术与应用》
　　第 2 期。

穆月英、陈家骥，1994，《两类风险　两种对策——兼析农业自然风险与
　　市场风险的界限》，《农业经济问题》第 8 期。

穆月英，2010，《关于农业补贴政策的作用和局限性的思考》，《理论探讨》
　　第 1 期。

倪洪兴，2014，《开放视角下中国粮食安全战略再认识》，《山西农经》第
　　1 期。

聂荣，2006，《农业风险及其规避机制的研究》，博士学位论文，中国农业
　　科学院。

聂荣、闫宇光、王新兰，2013，《政策性农业保险福利绩效研究——基于
　　辽宁省微观数据的证据》，《农业技术经济》第 4 期。

宁满秀、苗齐、邢鹂、钟甫宁，2006，《农户对农业保险支付意愿的实证
　　分析——以新疆玛纳斯河流域为例》，《中国农村经济》第 6 期。

牛浩、陈盛伟，2019，《"弱竞争"的市场模式提升了农业保险发展速度
　　吗？》，《保险研究》第 8 期。

牛浩、陈盛伟，2019，《"弱竞争"的市场模式提升了农业保险发展速度吗?》，《保险研究》第 8 期。

牛浩、李政、孙乐、陈盛伟，2021，《市场竞争加强背景下农业保险公司的双重经营困境》，《保险研究》第 3 期。

潘小军，2018，《我国期货市场存在问题及优化策略》，《市场研究》第 11 期。

潘勇辉，2008，《财政支持农业保险的国际比较及中国的选择》，《农业经济问题》第 7 期。

彭可茂、席利卿、彭开丽，2012，《环境规制对中国油料作物产出影响的研究——基于距离函数对技术效率的测度》，《统计与信息论坛》第 2 期。

齐皓天、徐雪高、朱满德、袁祥州，2017，《农业保险补贴如何规避 WTO 规则约束：美国做法及启示》，《农业经济问题》第 7 期。

齐伟、张吉旺、王空军、刘鹏、董树亭，2010，《干旱胁迫对不同耐旱性玉米杂交种产量和根系生理特性的影响》，《应用生态学报》第 1 期。

邱波、郑龙龙，2016，《巨灾风险视角下的我国政策性农业保险效率研究》，《农业经济问题》第 5 期。

邱甲贤、聂富强、童牧、胡根华，2016，《第三方电子交易平台的双边市场特征——基于在线个人借贷市场的实证分析》，《管理科学学报》第 1 期。

邱雪林，2019，《我国农村非正规金融机构的风险分析》，《市场研究》第 6 期。

冉光和，2015，《现代农村金融制度构建与创新》，科学出版社。

任宗悦、刘晓静、刘家福、陈鹏，2020，《近 60 年东北地区春玉米旱涝趋势演变研究》，《中国生态农业学报》（中英文）第 2 期。

邵传林，2014，《农村非正规金融问题的理论述评》，《首都经济贸易大学学报》第 2 期。

邵传林、赵明霄、王莹莹，2012，《农村非正规金融的兴起逻辑，现实困局与合法化难题》，《经济体制改革》第 6 期。

施红，2010，《政策性农业保险中的保险公司激励机制研究》，《保险研究》第 5 期。

施建祥、秦倩祺，2008，《基于极值理论的地震巨灾债券定价》，《统计与决策》第 21 期。

史岩，2018，《美国农业保险补贴规避 WTO 规则约束的策略研究》，《世界农业》第 1 期。

宋燕平、费玲玲，2013，《我国农业环境政策演变及脆弱性分析》，《农业经济问题》第 10 期。

孙静，2016，《我国农产品期货市场存在的问题及对策研究》，《中国市场》第 46 期。

孙良媛、张岳恒，2001，《转型期农业风险的特点与风险管理》，《农业经济问题》第 8 期。

孙香玉，2008，《保险认知、政府公信度与农业保险的需求——江苏省淮安农户农业保险支付意愿的实证检验》，《南京农业大学学报》（社会科学版）第 1 期。

孙香玉、吴冠宇、张耀启，2016，《传统农业保险与天气指数保险需求：替代还是互补？——以新疆棉花农业保险为例》，《南京农业大学学报》（社会科学版）第 5 期。

孙香玉、钟甫宁，2009a，《福利损失、收入分配与强制保险——不同农业保险参与方式的实证研究》，《管理世界》第 5 期。

孙香玉、钟甫宁，2009b，《农业保险补贴效率的影响因素分析——以新疆、黑龙江和江苏省农户的支付意愿数据为例》，《广东金融学院学报》第 7 期。

孙香玉、钟甫宁，2008，《对农业保险补贴的福利经济学分析》，《农业经济问题》第 2 期。

庹国柱，2018，《从 40 年政策变化喜看我国农业保险蓬勃发展》，《保险研究》第 12 期。

庹国柱、丁少群，1994，《论农作物保险区划及其理论依据——农作物保险区划研究之一》，《当代经济科学》第 3 期。

庹国柱、李军，2003，《我国农业保险试验的成就、矛盾及出路》，《金融研究》第 9 期。

庹国柱、李志刚，2020，《关于农险中农户自缴 20% 保费问题的探析——兼论政策性农险产品政府定价的必要性和可行性》，《保险理论与实践》第 4 期。

庹国柱，2017，《论农业保险市场的有限竞争》，《保险研究》第 2 期。

庹国柱、王国军，2002，《中国农业保险与农村社会保障制度研究》，首都经济贸易大学出版社。

庹国柱，2019，《我国农业保险政策及其可能走向分析》，《保险研究》第 1 期。

庹国柱、杨翠迎、丁少群，2001，《农民的风险，谁来担？——陕西、福建六县农村保险市场的调查》，《中国保险》第 3 期。

庹国柱、张峭，2018，《论我国农业保险的政策目标》，《保险研究》第 7 期。

庹国柱、朱俊生，2007，《试论政策性农业保险的财政税收政策》，《经济与管理研究》第 5 期。

庹国柱、朱俊生，2014，《完善我国农业保险制度需要解决的几个重要问题》，《保险研究》第 2 期。

万广华、史清华、汤树梅，2003，《转型经济中农户储蓄行为：中国农村的实证研究》，《经济研究》第 5 期。

汪桂霞，2019，《政策性农业保险和农户保险知识认知调研分析——基于全国 757 个行政村的调查数据》，《科学·经济·社会》第 3 期。

汪三贵，2001，《信贷扶贫能帮助穷人吗？》，《调研世界》第 5 期。

王川，2010，《基于 VaR 的我国粮食期货市场基差风险度量与分析》，《农村经济与科技》第 7 期。

王川，2009，《我国粮食期货市场与现货市场价格关系的研究》，博士学位论文，中国农业科学院。

王根芳、陶建平，2012，《农业保险、自然垄断与保险补贴福利》，《中南财经政法大学学报》第 4 期。

王洪波，2016，《我国不同经营主体农业保险需求差异性研究——基于新型经营主体与传统农户视角的分析》，《价格理论与实践》第 6 期。

王静、杨建州，2017，《非正规金融促进农村经济增长的实证分析》，《台湾农业探索》第 2 期。

王克，2019，《加拿大农业支持政策和农业保险：发展和启示》，《世界农业》第 3 期。

王克，2014，《中国农作物保险效果评估及相关政策改善研究》，博士学位论文，中国农业科学院。

王晓红，2020，《精准扶贫视角下提升我国农业保险财政补贴效率研究》，《理论探讨》第 1 期。

王晓君，2014，《环境规制视角下我国区域农业生产效率研究》，硕士学位论文，兰州大学。

王晓燕，2003，《浅谈农业风险的识别及控制》，《现代化农业》第 8 期。

王彦超、蒋亚含，2020，《竞争政策与企业投资——基于〈反垄断法〉实施的准自然实验》，《经济研究》第 8 期。

王煜宇、邓怡，2017，《农村金融政策异化：问题、根源与法制化破解方案》，《西南大学学报》（社会科学版）第 2 期。

王远东，2017，《新形势下农业保险的保费分解与政府财政补贴方式选择探讨》，《农技服务》第 24 期。

魏凤英、曹鸿兴，1998，《华北干旱异常的地域特征》，《应用气象学报》第 2 期。

温涛、冉光和、熊德平，2005，《中国金融发展与农民收入增长》，《经济研究》第 9 期。

吴波、杨娜、戴维序、陈克文、祖笑锋，2020，《浅谈遥感技术在农业保险中的应用——以菏泽市单县玉米涝灾定损为例》，《农村实用技术》第 5 期。

吴东立、李洪旭，2008，《制度变迁下我国农业风险管理体系重构：一个框架性设计》，《农业经济》第 3 期。

吴国华，2013，《进一步完善中国农村普惠金融体系》，《经济社会体制比较》第 4 期。

吴毅，2002，《双重边缘化：村干部角色与行为的类型学分析》，《管理世界》第 11 期。

西爱琴、陆文聪、梅燕，2006，《农户种植业风险及其认知比较研究》，《西北农林科技大学学报》（社会科学版）第 4 期。

西爱琴，2006，《农业生产经营风险决策与管理对策研究》，博士学位论文，浙江大学。

夏后学、谭清美、白俊红，2019，《营商环境、企业寻租与市场创新——

来自中国企业营商环境调查的经验证据》，《经济研究》第 4 期。

肖海清、孟生旺，2013，《极值理论及其在巨灾再保险定价中的应用》，《数理统计与管理》第 2 期。

肖卫东、张宝辉、贺畅、杜志雄，2013，《公共财政补贴农业保险：国际经验与中国实践》，《中国农村经济》第 7 期。

肖小勇、李崇光，2013，《我国大蒜出口的"大国效应"研究》，《国际贸易问题》第 8 期。

谢凤杰、吴东立、陈杰，2016，《美国 2014 年新农业法案中农业保险政策改革及其启示》，《农业经济问题》第 5 期。

谢家智，2000，《我国农村金融组织体系重构的思考》，《财经理论与实践》第 6 期。

谢平、徐忠，2006，《公共财政、金融支农与农村金融改革——基于贵州省及其样本县的调查分析》，《经济研究》第 4 期。

谢谦、罗健，2019，《农业保险需求影响因素荟萃回归分析》，《经济评论》第 2 期。

解强，2008，《极值理论在巨灾损失拟合中的应用》，《金融发展研究》第 7 期。

熊远、蒋远胜，2013，《中国农业银行三农金融事业部改革成效及问题分析——以四川省为例》，《农业经济问题》第 2 期。

徐斌、孙蓉，2016，《粮食安全背景下农业保险对农户生产行为的影响效应——基于粮食主产区微观数据的实证研究》，《财经科学》第 6 期。

徐雪高、沈杰，2010，《我国农业自然灾害风险现状、成因及应对机制》，《天府新论》第 1 期。

许武成、马劲松、王文，2005，《关于 ENSO 事件及其对中国气候影响研究的综述》，《气象科学》第 2 期。

薛昌颖，2016，《基于作物模型的河南省旱稻干旱风险评估》，《气象与环境科学》第 2 期。

杨军、张龙耀、马倩倩、黄馨谊，2016，《县域普惠金融发展评价体系研究——基于江苏省 52 个县域数据》，《农业经济问题》第 11 期。

杨俊、杨钢桥，2011，《风险状态下不同类型农户农业生产组合优化——基于 target-MOTAD 模型的分析》，《中国农村观察》第 1 期。

杨平、张丽娟、赵艳霞、姜蓝齐、乔赛男、张晓慧，2015，《黄淮海地区夏玉米干旱风险评估与区划》，《中国生态农业学报》第 1 期。

杨庆芳、涂维亮，2015，《基于 BP 神经网络的蔬菜产业化生产风险分析》，《长江大学学报》（自然科学版）第 21 期。

杨汝岱、陈斌开、朱诗娥，2011，《基于社会网络视角的农户民间借贷需求行为研究》，《经济研究》第 11 期。

杨晓娟、张仁和、路海东、薛吉全、刘园、姚宁、栾庆祖、白薇、梁炜、刘布春，2020，《基于 CERES-Maize 模型的玉米水分关键期干旱指数天气保险：以陕西长武为例一》，《中国农业气象》第 10 期。

姚梅洁、康继军、华莹，2017，《金融排斥对中国县域经济影响研究：实现路径与动态特征》，《财经研究》第 8 期。

叶明华、庹国柱，2016，《农业保险与农产品期货》，《中国金融》第 8 期。

叶明华、汪荣明、吴苹，2014，《风险认知、保险意识与农户的风险承担能力——基于苏、皖、川 3 省 1554 户农户的问卷调查》，《中国农村观察》第 6 期。

叶明华、朱俊生，2018，《新型农业经营主体与传统小农户农业保险偏好异质性研究——基于 9 个粮食主产省份的田野调查》，《经济问题》第 2 期。

叶青、易丹辉，2000，《中国证券市场风险分析基本框架的研究》，《金融研究》第 6 期。

叶作亮、王雪乔、宝智红、陈滨桐，2011，《C2C 环境中顾客重复购买行为的实证与建模》，《管理科学学报》第 12 期。

易福金、陆宇、王克，2022，《大灾小赔，小灾大赔：保费补贴"包干制"模式下的农业生产风险与赔付水平悖论——以政策性玉米保险为例》，《中国农村经济》第 3 期。

殷小丽，2017，《农村非正规金融的现状，问题及解决思路——以泰州地区为例》，《江苏科技大学学报》（社会科学版）第 3 期。

尹志超、吴雨、甘犁，2015，《金融可得性，金融市场参与和家庭资产选择》，《经济研究》第 3 期。

于鑫鑫、谢金华、杨钢桥、黄丹，2021，《社会网络、保险认知对农户农业保险参保行为的影响》，《中国农业大学学报》第 12 期。

于信芳、罗一英、庄大方、王世宽、王勇，2014，《土地覆盖变化检测方法比较——以内蒙古草原区为例》，《生态学报》第 24 期。

于洋、王尔大，2009，《政策性补贴对中国农业保险市场影响的协整分析》，《中国农村经济》第 3 期。

余明桂、回雅甫、潘红波，2010，《政治联系、寻租与地方政府财政补贴有效性》，《经济研究》第 3 期。

原毅军、谢荣辉，2014，《环境规制的产业结构调整效应研究——基于中国省际面板数据的实证检验》，《中国工业经济》第 8 期。

曾玉珍、穆月英，2011，《农业风险分类及风险管理工具适用性分析》，《经济经纬》第 2 期。

张琛、彭超、孔祥智，2019，《农户分化的演化逻辑、历史演变与未来展望》，《改革》第 2 期。

张杰，2007，《中国农村金融制度调整的绩效：金融需求视角》，中国人民大学出版社。

张峭、王川、王克，2010，《我国畜产品市场价格风险度量与分析》，《经济问题》第 3 期。

张峭、王克，2007，《农作物生产风险分析的方法和模型》，《农业展望》第 8 期。

张峭、王克、汪必旺、李越，2016，《农业风险综合管理：一个理论框架》，《农业展望》第 3 期。

张峭、王克，2011，《我国农业自然灾害风险评估与区划》，《中国农业资源与区划》第 3 期。

张峭、徐磊，2007，《中国农业风险管理体系：一个框架性设计》，《农业展望》第 7 期。

张峭、赵思健，2022，《中国农业保险科技发展意义、挑战及建议》，《科技中国》第 3 期。

张卫国、任燕燕、花小安，2011，《地方政府投资行为、地区性行政垄断与经济增长》，《经济研究》第 8 期。

张伟、黄颖、何小伟、徐静，2020，《贫困地区农户因灾致贫与政策性农业保险精准扶贫》，《农业经济问题》第 12 期。

张小东，2020，《遥感技术与保险应用：适用与挑战》，《金融理论与实践》

第 2 期。

张旭光、赵元凤，2014，《农业保险财政补贴效率的评价研究——以内蒙古自治区为例》，《农村经济》第 5 期。

张燕媛、展进涛、陈超，2017，《专业化、认知度对养殖户生猪价格指数保险需求的影响》，《中国农村经济》第 2 期。

张跃华、顾海英，2004，《准公共品、外部性与农业保险的性质——对农业保险政策性补贴理论的探讨》，《中国软科学》第 9 期。

张跃华、施红，2007，《补贴、福利与政策性农业保险——基于福利经济学的一个深入探讨》，《浙江大学学报》（人文社会科学版）第 6 期。

张跃华、庹国柱、符厚胜，2016，《市场失灵、政府干预与政策性农业保险理论——分歧与讨论》，《保险研究》第 7 期。

张宗良，2019，《WTO 规则下农业保险补贴的发展逻辑与策略》，《陇东学院学报》第 3 期。

张祖荣，2013，《农业保险的保费分解与政府财政补贴方式选择》，《财经科学》第 5 期。

张祖荣，2017，《我国农业保险保费补贴资金使用效果评价：方法与证据》，《财政研究》第 8 期。

赵翠萍、郑艳玲、张颖，2022，《风险感知、保险认知与农户参保行为的实证研究》，《河南农业大学学报》第 3 期。

赵羽、左停，2014，《农村金融抑制背景下非正规金融发展现状与治理》，《内蒙古社会科学》（汉文版）第 5 期。

赵玉、祁春节，2014，《大宗农产品价格风险评估——基于小波神经网络 – Bootstrap 方法的实证研究》，《技术经济》第 3 期。

郑冬晓、杨晓光，2014，《ENSO 对全球及中国农业气象灾害和粮食产量影响研究进展》，《气象与环境科学》第 4 期。

郑军、汪运娣，2016，《农业保险的经营模式与财政补贴政策：中美比较及启示》，《农村经济》第 8 期。

郑军、朱甜甜，2014，《经济效率和社会效率：农业保险财政补贴综合评价》，《金融经济学研究》第 3 期。

中国农业年鉴编辑委员会，2006，《中国农业年鉴 2006》，中国农业出版社。

钟甫宁，2016，《从供给侧推动农业保险创新》，《农村工作通讯》第 15 期。

钟甫宁、宁满秀、邢鹂、苗齐，2007，《农业保险与农用化学品施用关系研究——对新疆玛纳斯河流域农户的经验分析》，《经济学》（季刊）第 1 期。

周丹、张勃、罗静、张春玲、安美玲、王东，2014，《基于 SPEI 的华北地区近 50 年干旱发生强度的特征及成因分析》，《自然灾害学报》第 4 期。

周静，2020，《我国粮食补贴：政策演进、体系构成及优化路径》，《西北农林科技大学学报》（社会科学版）第 6 期。

周稳海、赵桂玲、尹成远，2014，《农业保险发展对农民收入影响的动态研究——基于面板系统 GMM 模型的实证检验》，《保险研究》第 5 期。

朱满德、程国强，2015，《中国农业的黄箱政策支持水平评估：源于 WTO 规则一致性》，《改革》第 5 期。

祝仲坤、陈传波、冷晨昕，2016，《市场结构如何影响了农业保险规模——基于 2007—2013 年的省际面板数据》，《保险研究》第 2 期。

卓志、王伟哲，2011，《巨灾风险厚尾分布：POT 模型及其应用》，《保险研究》第 8 期。

Acemoglu, D. and Verdier, T., 1998, "Property Rights, Corruption and the Allocation of Talent: A General Equilibrium Approach", *The Economic Journal*, Vol. 108 (450): 1381 – 1403.

Adzawla, W., Kudadze, S., Mohammed, A. R. and Ibrahim, I. I., 2019, "Climate Perceptions, Farmers' Willingness-to-Insure Farms and Resilience to Climate Change in Northern Region, Ghana", *Environmental Development*, Vol. 32: 100 – 466.

Ajzen, I. and Fishbein, M., 1977, "Attitude-Behavior Relations: A Theoretical Analysis and Review of Empirical Research", *Psychological Bulletin*, Vol. 84 (5): 888.

Angrist, J. D. and Keueger, A. B., 1991, "Does Compulsory School Attendance Affect Schooling and Earnings?", *The Quarterly Journal of Economics*, Vol. 106 (4): 979 – 1014.

Annan, F., Tack, J., Harri, A. and Coble, K., 2013, "Spatial Pattern of

Yield Distributions: Implications for Crop Insurance", *American Journal of Agricultural Economics*, Vol. 96 (1): 253 – 268.

Apergis, N. and Rezitis, A., 2003, "Food Price Volatility and Macroeconomic Factor Volatility: 'Heat Waves' or 'meteor Showers'?", *Applied Economics Letters*, Vol. 10 (3): 155 – 160.

Artzner, P., Delbaen, F., Eber, J. M., Heath, D., 1999, "Coherent Measures of Risk", *Mathematical Finance*, Vol. 9 (3): 203 – 228.

Atwood, J., Shaik, S. and Watts, M., 2003, "Are Crop Yields Normally Distributed? A Reexamination", Vol. 85 (4): 888 – 901.

Atzberger, C., 2013, "Advances in Remote Sensing of Agriculture: Context Description, Existing Operational Monitoring Systems and Major Information Needs", *Remote Sensing*, Vol. 5 (2): 949 – 981.

Atzberger, C. and Eilers, P. H. C., 2011, "Evaluating the Effectiveness of Smoothing Algorithms in the Absence of Ground Reference Measurements", *International Journal of Remote Sensing*, Vol. 32 (13): 3689 – 3709.

Babcock, B. A. and Hart, C. E., 2005, "Influence of the Premium Subsidy on Farmers' Crop Insurance Coverage Decisions", Center for Agricultural and Rural Development (CARD) Publications.

Babcock, B. A. and Hennessy, D. A., 1996, "Input Demand under Yield and Revenue Insurance", *American Journal of Agricultural Economics*, Vol. 78 (2): 416 – 427.

Barabasi, A. L., 2005, "The Origin of Bursts and Heavy Tails in Human Dynamics", *Nature*, Vol. 435 (7039): 207 – 211.

Bardsley, P., Abey, A. and Davenport, S. V., 1984, "The Economics of Insuring Crops against Drought", *Australian Journal of Agricultural Economics*, Vol. 28 (1): 1 – 14.

Binswanger-Mkhize, H. P., 2012, "Is There Too Much Hype about Index-Based Agricultural Insurance?", *Journal of Development Studies*, Vol. 48 (2): 187 – 200.

Blundell, R., Griffith, R. and Van Reenen, J., 1999, "Market Share, Market Value and Innovation in a Panel of British Manufacturing Firms", *The*

Review of Economic Studies, Vol. 66 （3）: 529 – 554.

Bollerslev, T. , 1986, "Generalized Autoregressive Conditional Heteroskedasticity", *Journal of Econometrics*, Vol. 31 （3）: 307 – 327.

Bolton, D. K. and Friedl, M. A. , 2013, "Forecasting Crop Yield Using Remotely Sensed Vegetation Indices and Crop Phenology Metrics", *Agricultural and Forest Meteorology*, Vol. 173: 74 – 84.

Botts, R. R. , Boles, J. N. , 1958, "Use of Normal-Curve Theory in Crop Insurance Ratemaking", *Journal of Farm Economics*, Vol. 40 （3）: 733 – 740.

Braun, M. and Muermann, A. , 2004, "The Impact of Regret on the Demand for Insurance", *Journal of Risk and Insurance*, Vol. 71 （4）: 737 – 767.

Brick, K. , Visser, M. , 2015, "Risk Preferences, Technology Adoption and Insurance Uptake: A Framed Experiment", *Journal of Economic Behavior & Organization*, Vol. 118: 383 – 396.

Buccirossi, P. , Ciari, L. , Duso, T. , Spagnolo, G. and Vitale, C. , 2013, "Competition Policy and Productivity Growth: An Empirical Assessment", *Review of Economics and Statistics*, Vol. 95 （4）: 1324 – 1336.

Cai, H. , Chen, Y. , Fang, H. , Zhou, L. A. , 2015a, "The Effect of Microinsurance on Economic Activities: Evidence from a Randomized Field Experiment", *Review of Economics and Statistics*, Vol. 97 （2）: 287 – 300.

Cai, J. , De Janvry, A. and Sadoulet, E. , 2015b, "Social Networks and the Decision to Insure", *American Economic Journal: Applied Economics*, Vol. 7 （2）: 81 – 108.

Carter, M. , De Janvry, A. , Sadoulet, E. and Sarris, A. , 2017, "Index Insurance for Developing Country Agriculture: A Reassessment", *Annual Review of Resource Economics*, Vol. 9 （1）: 421 – 438.

Coble, K. H. , Knight, T. O. , Pope, R. D. and Williams, J. R. , 1996, "Modeling Farm-Level Crop Insurance Demand with Panel Data", *American Journal of Agricultural Economics*, Vol. 78 （2）: 439 – 447.

Cole, S. A. and Xiong, W. , 2017, "Agricultural Insurance and Economic Development", *Annual Review of Economics*, Vol. 9: 235 – 262.

De Leeuw, J. , Vrieling, A. , Shee, A. , Atzberger, C. , Hadgu, K. M. ,

Biradar, C. M. , Keah, H. and Turvey, C. , 2014, "The Potential and Uptake of Remote Sensing in Insurance: A Review", *Remote Sensing*, Vol. 6 (11): 10888 – 10912.

De Loecker, J. , Eeckhout, J. and Unger, G. , 2020, "The Rise of Market Power and the Macroeconomic Implications", *The Quarterly Journal of Economics*, Vol. 135 (2): 561 – 644.

Deng, X. , Barnett, B. J. and Vedenov, D. V. , 2007, "Is There a Viable Market for Area-Based Crop Insurance?", *American Journal of Agricultural Economics*, Vol. 89 (2): 508 – 519.

Dong, F. , Lu, J. and Featherstone, A. M. , 2012, "Effects of Credit Constraints on Household Productivity in Rural China", *Agricultural Finance Review*, Vol. 72 (3): 402 – 415.

Donohue, R. J. , Lawes, R. A. , Mata, G. , Gobbett, D. and Ouzman, J. , 2018, "Towards a National, Remote-Sensing-Based Model for Predicting Field-Scale Crop Yield", *Field Crops Research*, Vol. 227: 79 – 90.

Duflo, E. , Glennerster, R. and Kremer, M. , 2007, "Using Randomization in Development Economics Research: A Toolkit", *Handbook of Development Economics*, Vol. 4: 3895 – 3962.

Du, J. and Mickiewicz, T. , 2016, "Subsidies, Rent Seeking and Performance: Being Young, Small or Private in China", *Journal of Business Venturing*, Vol. 31 (1): 22 – 38.

Du, X. , Feng, H. and Hennessy, D. A. , 2016, "Rationality of Choices in Subsidized Crop Insurance Markets", *American Journal of Agricultural Economics*, Vol. 99 (3): 732 – 756.

Du, X. , Feng, H. and Hennessy, D. A. , 2017, "Rationality of Choices in Subsidized Crop Insurance Markets", *American Journal of Agricultural Economics*, Vol. 99 (3): 732 – 756.

Enjolras, G. , Capitanio, F. , Aubert, M. , et al. , 2012, "Direct Payments, Crop Insurance and the Volatility of Farm Income. Some Evidence in France and in Italy", *European Association of Agricultural Economists*, Vol. 13 (1) .

Epley, N. and Gilovich, T. , 2001, "Putting Adjustment Back in the Anchoring and Adjustment Heuristic: Differential Processing of Self-Generated and Experimenter-Provided Anchors", *Psychological Science*, Vol. 12 (5): 391 – 396.

Fletschner, D. , Guirkinger, C. and Boucher, S. , 2010, "Risk, Credit Constraints and Financial Efficiency in Peruvian Agriculture", *The Journal of Development Studies*, Vol. 46 (6): 981 – 1002.

Fortin, J. G. , Anctil, F. , Parent, L. É. and Bolinder, M. A. , 2011, "Site-Specific Early Season Potato Yield Forecast by Neural Network in Eastern Canada", *Precision Agriculture*, Vol. 12 (6): 905 – 923.

Fraser, R. W. , 1992, "An Analysis of Willingness-to-Pay for Crop Insurance", *Australian Journal of Agricultural Economics*, Vol. 36 (1): 83 – 95.

Gallagher, P. , 1987, "U. S. Soybean Yields: Estimation and Forecasting with Nonsymmetric Disturbances", *American Journal of Agricultural Economics*, Vol. 69 (4): 796 – 803.

Gautam, M. , Hazell, P. and Alderman, H. , 1994, *Rural Demand for Drought Insurance*, World Bank Publications.

Ghosh, R. K. , Gupta, S. , Singh, V. and Ward, P. S. , 2021, "Demand for Crop Insurance in Developing Countries: New Evidence from India", *Journal of Agricultural Economics*, Vol. 72 (1): 293 – 320.

Giné, X. , Townsend, R. and Vickery, J. , 2007, *Patterns of Rainfall Insurance Participation in Rural India*, The World Bank.

Giot, P. , Laurent, S. , Petitjean, M. , 2010, "Trading Activity, Realized Volatility and Jumps", *Journal of Empirical Finance*, Vol. 17 (1): 168 – 175.

Goodwin, B. K. and Hungerford, A. , 2014, "Copula-Based Models of Systemic Risk in Us Agriculture: Implications for Crop Insurance and Reinsurance Contracts", *American Journal of Agricultural Economics*, Vol. 97 (3): 879 – 896.

Goodwin, B. K. and Ker, A. P. , 1998, "Nonparametric Estimation of Crop Yield Distributions: Implications for Rating Group-Risk Crop Insurance Contracts", *American Journal of Agricultural Economics*, Vol. 80 (1):

139 – 153.

Goodwin, B. K. and Smith, V. H., 1996, *The Economics of Crop Insurance and Disaster Aid*, American Enterprise Institute.

Goodwin, B. K. and Smith, V. H., 2013, "What Harm Is Done by Subsidizing Crop Insurance?", *American Journal of Agricultural Economics*, Vol. 95 (2): 489 – 497.

Goodwin, B. K., 1993, "An Empirical Analysis of the Demand for Multiple Peril Crop Insurance", *American Journal of Agricultural Economics*, Vol. 75 (2): 425 – 434.

Goodwin, B. K., 2001, "Problems with Market Insurance in Agriculture", *American Journal of Agricultural Economics*, *American Journal of Agricultural Economics*, Vol. 83 (3): 643 – 649.

Goodwin, B. K., Roberts, M. C. and Coble, K. H., 2000, "Measurement of Price Risk in Revenue Insurance: Implications of Distributional Assumptions", *Journal of Agricultural and Resource Economics*: 195 – 214.

Gray, A. W., Richardson, J. W. and McClaskey, J., 1995, "Farm-Level Impacts of Revenue Assurance", *Review of Agricultural Economics*, Vol. 17 (2): 171 – 183.

Greenstone, M., and Gayer, T., 2009, "Quasi – Experimental and Experimental Approaches to Environmental Economics", *Journal of Environmental Economics & Management*, Vol. 57 (1): 21 – 44.

Guo, M., Jia, X., Huang, J., Kumar, K. B. and Burger, N. E., 2015, "Farmer Field School and Farmer Knowledge Acquisition in Rice Production: Experimental Evaluation in China", *Agriculture, Ecosystems & Environment*, Vol. 209: 100 – 107.

Harri, A., Coble, K. H., Ker, A. P. and Goodwin, B. J., 2011, "Relaxing Heteroscedasticity Assumptions in Area-Yield Crop Insurance Rating", *American Journal of Agricultural Economics*, Vol. 93 (3): 707 – 717.

Harri, A., Erdem, C., Coble, K. H. and Knight, T. O., 2009, "Crop Yield Distributions: A Reconciliation of Previous Research and Statistical Tests for Normality", *Applied Economic Perspectives and Policy*, Vol. 31

(1): 163 – 182.

Harrison, G. W., and Ng, J. M., 2016, "Evaluating the Expected Welfare Gain from Insurance", *Journal of Risk and Insurance*, Vol. 83 (1): 91 – 120.

Hazell, P. and Skees, J. R., 2006, "Insuring against Bad Weather: Recent Thinking", RAO Conference Paper.

Hazell, P., Bassoco, L. M. and Arcia, G., 1986, "A Model for Evaluating Farmers' Demand for Insurance: Applications in Mexico and Panama", Food Policy Research Institute Working Paper.

Hazell, P. B., 1992, "The Appropriate Role of Agricultural Insurance in Developing Countries", *Journal of International Development*, Vol. 4 (6): 567 – 581.

Hennessy, D. A., Babcock, B. A. and Hayes, D. J., 1997, "Budgetary and Producer Welfare Effects of Revenue Insurance", *American Journal of Agricultural Economics*, Vol. 79 (3): 1024 – 1034.

Hill, R. V., Robles, M. and Ceballos, F., 2016, "Demand for a Simple Weather Insurance Product in India: Theory and Evidence", *American Journal of Agricultural Economics*, Vol. 98 (4): 1250 – 1270.

Hinrichs, J., Mußhoff, O., Odening, M., 2008, "Economic Hysteresis in Hog Production", *Applied Economics*, Vol. 40 (3): 333 – 340.

Hoff, K. and Stiglitz, J. E., 1990, "Introduction: Imperfect Information and Rural Credit Markets: Puzzles and Policy Perspectives", *The World Bank Economic Review*, Vol. 4 (3): 235 – 250.

Holland, P. W., 1988, "Causal Inference, Path Analysis and Recursive Structural Equations Models", *ETS Research Report Series*, Vol. 1: 1 – 50.

Horowitz, J. K. and Lichtenberg, E., 1993, "Insurance, Moral Hazard, and Chemical Use in Agriculture", *American Journal of Agricultural Economics*, Vol. 75 (4): 926 – 935.

Iizumi, T., Luo, J. J., Challinor, A. J., Sakurai, G., Yokozawa, M., Sakuma, H., Brown, M. E. and Yamagata, T., 2014, "Impacts of El Niño Southern Oscillation on the Global Yields of Major Crops", *Nature*

Communications, Vol. 5 (1): 1-7.

Imbens, G. W., and Angrist, J. D., 1994, " Identification and Estimation of Local Average Treatment Effects", *Econometrica*, Vol. 62 (2): 467.

Jacowitz, K. E. and Kahneman, D., 1995, "Measures of Anchoring in Estimation Tasks", *Personality and Social Psychology Bulletin*, Vol. 21 (11): 1161-1166.

Just, R. E. and Weninger, Q., 1999, "Are Crop Yields Normally Distributed?", *American Journal of Agricultural Economics*, Vol. 81 (2): 287-304.

Just, R. E., Calvin, L. and Quiggin, J., 1999, "Adverse Selection in Crop Insurance: Actuarial and Asymmetric Information Incentives", *American Journal of Agricultural Economics*, Vol. 81 (4): 834-849.

Kahneman, D., and Tversky, A., 1979, "Prospect Theory: An Analysis of Decision under Risk", *Econometrica*, Vol. 47 (2).

Kaul, M., Hill, R. L. and Walthall, C., 2005, "Artificial Neural Networks for Corn and Soybean Yield Prediction", *Agricultural Systems*, Vol. 85 (1): 1-18.

Kempson, H. E. and Whyley, C. M., 1999, "Understanding and Combating Financial Exclusion", *Insurance Trends*, Vol. 21: 18-22.

Ker, A. P. and Coble, K., 2003, "Modeling Conditional Yield Densities", *American Journal of Agricultural Economics*, Vol. 85 (2): 291-304.

Ker, A. P. and Goodwin, B. K., 2000, "Nonparametric Estimation of Crop Insurance Rates Revisited", *American Journal of Agricultural Economics*, Vol. 82 (2): 463-478.

Ker, A. P., Tolhurst, T. N. and Liu, Y., 2015, "Bayesian Estimation of Possibly Similar Yield Densities: Implications for Rating Crop Insurance Contracts", *American Journal of Agricultural Economics*, Vol. 98 (2): 360-382.

Kornai, J., 1979, "Resource-Constrained versus Demand-Constrained Systems", *Econometrica: Journal of the Econometric Society*: 801-819.

Kunreuther, H., 1996, "Mitigating Disaster Losses through Insurance", *Journal of Risk and Uncertainty*, Vol. 12 (2-3): 171-187.

Lapp, J. S. and Smith, V. H. , 1992, "Aggregate Sources of Relative Price Variability among Agricultural Commodities", *American Journal of Agricultural Economics*, Vol. 74 (1): 1 – 9.

Liaghat, S. and Balasundram, S. K. , 2010, "A Review: The Role of Remote Sensing in Precision Agriculture", *American Journal of Agricultural and Biological Sciences*, Vol. 5 (1): 50 – 55.

Liu, C. A. , Chen, Z. X. , Yun, S. , Chen, J. S. , Hasi, T. and Pan, H. Z. , 2019a, "Research Advances of SAR Remote Sensing for Agriculture Applications: A Review", *Journal of Integrative Agriculture*, Vol. 18 (3): 506 – 525.

Liu, X. , Tang, Y. , Ge, J. and Miranda, M. J. , 2019b, "Does Experience with Natural Disasters Affect Willingness-to-Pay for Weather Index Insurance? Evidence from China", *International Journal of Disaster Risk Reduction*, Vol. 33: 33 – 43.

Liu, Y. and Myers, R. J. , 2016, "The Dynamics of Microinsurance Demand in Developing Countries under Liquidity Constraints and Insurer Default Risk", *Journal of Risk and Insurance*, Vol. 83 (1): 121 – 138.

Liu, Y. , Chen, K. and Hill, R. V. , 2020, "Delayed Premium Payment, Insurance Adoption, and Household Investment in Rural China", *American Journal of Agricultural Economics*, Vol. 102 (4): 1177 – 1197.

Mahul, O. , 2003, "Hedging Price Risk in the Presence of Crop Yield and Revenue Insurance", *European Review of Agricultural Economics*, Vol. 30 (2): 217 – 239.

Mahul, O. , 1999, "Optimum Area Yield Crop Insurance", *American Journal of Agricultural Economics*, Vol. 81 (1): 75 – 82.

Makaudze, E. M. and Miranda, M. J. , 2010, "Catastrophic Drought Insurance Based on the Remotely Sensed Normalised Difference Vegetation Index for Smallholder Farmers in Zimbabwe", *Agrekon*, Vol. 49 (4): 418 – 432.

Makki, S. S. and Somwaru, A. , 1999, "Demand for Yield & Revenue Insurance: Factoring in Risk, Income & Cost", *Agricultural Outlook*.

Makki, S. S. , 2002, "Crop Insurance: Inherent Problems and Innovative Solutions", *Agricultural Policy for the 21st Century*: 109 – 126.

Manfredo, M. R. and Leuthold, R. M., 2001, "Market Risk and the Cattle Feeding Margin: An Application of Value-at-Risk", *Agribusiness: An International Journal*, Vol. 17 (3): 333 – 353.

Markowitz, H. M., 1952, "Portfolio Selection", *Journal of Finance*, (7): 77 – 91.

Miller, J. L., 1981, "A New Role for Federal Crop Insurance", *Economic Perspectives*, Vol. 4: 18.

Miranda, M. J. and Glauber, J. W., 1997, "Systemic Risk, Reinsurance, and the Failure of Crop Insurance Markets", *American Journal of Agricultural Economics*, Vol. 79 (1): 206 – 215.

Miranda, M. J., 1991, "Area-Yield Crop Insurance Reconsidered", *American Journal of Agricultural Economics*, Vol. 73 (2): 233 – 242.

Miranowski, J. A., Ernst, U. F. and Cummings, F. H., 1974, Crop Insurance and Information Services to Control Use of Pesticides, US Government Printing Office.

Mosnier, C. J., 2015, "Self-Insurance and Multi-Peril Grassland Crop Insurance: The Case of French Suckler Cow Farms", *Agricultural Finance Review*, Vol. 75 (4): 533 – 551.

Moss, C. B. and Shonkwiler, J., 1993, "Estimating Yield Distributions with a Stochastic Trend and Nonnormal Errors", *American Journal of Agricultural Economics*, Vol. 75 (4): 1056 – 1062.

Murphy, K. M., Shleifer, A. and Vishny, R. W., 1993, "Why Is Rent-Seeking So Costly to Growth?", *The American Economic Review*, Vol. 83 (2): 409 – 414.

Mushinski, D. W., 1999, "An Analysis of Offer Functions of Banks and Credit Unions in Guatemala", *The Journal of Development Studies*, Vol. 36 (2): 88 – 112.

Nadolnyak, D., Vedenov, D. and Novak, J., 2008, "Information Value of Climate-Based Yield Forecasts in Selecting Optimal Crop Insurance Coverage", *American Journal of Agricultural Economics*, Vol. 90 (5): 1248 – 1255.

Nelson, C. H. and Loehman, E. T. , 1987, "Further toward a Theory of Agricultural Insurance", *American Journal of Agricultural Economics*, Vol. 69 (3): 523 – 531.

Nelson, C. H. and Preckel, P. V. , 1989, "The Conditional Beta Distribution as a Stochastic Production Function", *American Journal of Agricultural Economics*, Vol. 71 (2), : 370 – 378.

Paltasingh, K. R. , Goyari, P. and Mishra, R. K. , 2012, " Measuring Weather Impact on Crop Yield Using Aridity Index: Evidence from Odisha", *Agricultural Economics Research Review*, Vol. 25 (347 – 2016 – 17010): 205 – 216.

Pantazi, X. E. , Moshou, D. , Alexandridis, T. , Whetton, R. L. and Mouazen, A. M. , 2016, "Wheat Yield Prediction Using Machine Learning and Advanced Sensing Techniques", *Computers and Electronics in Agriculture*, Vol. 121: 57 – 65.

Patrlck, G. F. , 1988, "Mallee Wheat Farmers' Demand for Crop and Rainfall Insurance", *Australian Journal of Agricultural Economics*, Vol. 32 (1): 37 – 49.

Pearce, W. and Raman, S. , 2014, "The New Randomised Controlled Trials (Rct) Movement in Public Policy: Challenges of Epistemic Governance", *Policy Sciences*, Vol. 47 (4): 387 – 402.

Peltzman, S. , 1976, "Toward a More General Theory of Regulation", *The Journal of Law and Economics*, Vol. 19 (2): 211 – 240.

Perales, G. B. , 2009, "Price Volatility Forecasts for Agricultural Commodities: An Application of Volatility Models, Option Implieds and Composite Approaches Forfutures Prices of Corn and Wheat ", *Revista de Administración, Finanzas y Economía (Journal of Management, Finance and Economics)*, Vol. 3 (2): 40 – 59.

Peters, A. J. , Griffin, S. C. , Viña, A. and Ji, L. , 2000, "Use of Remotely Sensed Data for Assessing Crop Hail Damage", *PE&RS, Photogrammetric Engineering & Remote Sensing*, Vol. 66 (11): 1349 – 1355.

Phillips, A. , 1966, "Patents, Potential Competition, and Technical Progress", *The American Economic Review*, Vol. 56 (1/2): 301 – 310.

Quiggin, J. C., 1986, "A Note on the Viability of Rainfall Insurance", *Australian Journal of Agricultural Economics*, Vol. 30 (1): 63 – 69.

Ramirez, O. A., Misra, S. and Field, J., 2003, "Crop-Yield Distributions Revisited", *American Journal of Agricultural Economics*, Vol. 85 (1): 108 – 120.

Rockafellar, R. T. and Uryasev, S., 2002, "Conditional Value-at-Risk for General Loss Distributions", *Journal of Banking & Finance*, Vol. 26 (7): 1443 – 1471.

Rojas, O., Vrieling, A. and Rembold, F., 2011, "Assessing Drought Probability for Agricultural Areas in Africa with Coarse Resolution Remote Sensing Imagery", *Remote Sensing of Environment*, Vol. 115 (2): 343 – 352.

Sakurai, T. and Reardon, T., 1997, "Potential Demand for Drought Insurance in Burkina Faso and Its Determinants", *American Journal of Agricultural Economics*, Vol. 79 (4): 1193 – 1207.

Salazar, O., Nájera, F., Tapia, W. and Casanova, M., 2017, "Evaluation of the Daisy Model for Predicting Nitrogen Leaching in Coarse-Textured Soils Cropped with Maize in the Mediterranean Zone of Chile", *Agricultural Water Management*, Vol. 182: 77 – 86.

Scherer, F. M., 1967, "Market Structure and the Employment of Scientists and Engineers", *The American Economic Review*, Vol. 57 (3): 524 – 531.

Shaik, S., Coble, K. H., Knight, T. O., Baquet, A. E. and Patrick, G. F., 2008, "Crop Revenue and Yield Insurance Demand: A Subjective Probability Approach", *Journal of Agricultural Applied Economics*, Vol. 40 (1379 – 2016 – 112787): 757.

Shanmugapriya, P., Rathika, S., Ramesh, T. and Janaki, P., 2019, "Applications of Remote Sensing in Agriculture—A Review", *International Journal of Current Microbiology and Applied Sciences*, Vol. 8 (1): 2270 – 2283.

Sherrick, B. J., Barry, P. J., Ellinger, P. N. and Schnitkey, G. D., 2004a, "Factors Influencing Farmers' Crop Insurance Decisions", *American Journal of Agricultural Economics*: 103 – 114.

Sherrick, B. J. , Zanini, F. C. , Schnitkey, G. D. and Irwin, S. H. , 2004b, "Crop Insurance Valuation under Alternative Yield Distributions", *American Journal of Agricultural Economics*, Vol. 86 (2): 406 – 419.

Sishodia, R. P. , Ray, R. L. and Singh, S. K. , 2020, "Applications of Remote Sensing in Precision Agriculture: A Review", *Remote Sensing*, Vol. 12 (19): 3136.

Skees, J. R. , Black, J. R. and Barnett, B. J. , 1997, "Designing and Rating an Area Yield Crop Insurance Contract", *American Journal of Agricultural Economics*, Vol. 79 (2): 430 – 438.

Skees, J. R. , 1993, The Political Economy of a Crop Insurance Experiment, Charles H. Dyson School of Applied Economics and Management, Cornell University.

Smith, A. M. , Daub, N. , and Nadeau, C. , 2005, "Assessing Hail Damage in Agricultural Crops Using MERIS Data", *Proceedings of the 26th Canadian Symposium on Remote Sensing*, Wolfville, NS, Canada.

Smith, K. , 2013, *Environmental Hazards: Assessing Risk and Reducing Disaster*, Routledge.

Smith, V. H. and Baquet, A. E. , 1996, "The Demand for Multiple Peril Crop Insurance: Evidence from Montana Wheat Farms", *American Journal of Agricultural Economics*, Vol. 78 (1): 189 – 201.

Smith, V. H. and Glauber, J. W. , 2012, "Agricultural Insurance in Developed Countries: Where Have We Been and Where Are We Going?", *Applied Economic Perspectives and Policy*, Vol. 34 (3): 363 – 390.

Stokes, J. R. , Nayda, W. I. and English, B. C. , 1997, "The Pricing of Revenue Assurance", *American Journal of Agricultural Economics*, Vol. 79 (2): 439 – 451.

Stone, C. J. , 1986, "Generalized Additive Models: Comment", *Statistical Science*, Vol. 1 (3): 312 – 314.

Strack, F. and Mussweiler, T. , 1997, "Explaining the Enigmatic Anchoring Effect: Mechanisms of Selective Accessibility", *Journal of Personality and Social Psychology*, Vol. 73 (3): 437.

Tack, J. B. and Ubilava, D. , 2015, "Climate and Agricultural Risk: Measuring the Effect of ENSO on Us Crop Insurance", *Agricultural Economics*, Vol. 46 (2): 245 – 257.

Taylor, J. R. , 1982, *An Introduction to Error Analysis*, University Science Books.

Tirole, J. , 2015, "Market Failures and Public Policy", *American Economic Review*, Vol. 105 (6): 1665 – 1682.

Towery, N. G. , 1980, Some Applications of Remote Sensing of Crop-Hail Damage in the Insurance Industry, Circular No. 143.

Tripp, R. , Wijeratne, M. , and Piyadasa, V. H. , 2005, " What Should We Expect from Farmer Field Schools? A Sri Lanka Case Study", *World Development*, Vol. 33 (10): 1705 – 1720.

Tsonis, A. A. , Elsner, J. B. , Hunt, A. G. and Jagger, T. H. , 2005, "Unfolding the Relation between Global Temperature and ENSO", *Geophysical Research Letters*, Vol. 32 (9).

Turvey, C. G. and Mclaurin, M. K. , 2012, "Applicability of the Normalized Difference Vegetation Index (NDVI) in Index-Based Crop Insurance Design", *Weather, Climate, and Society*, Vol. 4 (4): 271 – 284.

Turvey, C. G. , 1992, "An Economic Analysis of Alternative Farm Revenue Insurance Policies", *Canadian Journal of Agricultural Economics/Revue Canadienne D'agroeconomie*, Vol. 40 (3): 403 – 426.

Turvey, C. G. , Zhao, J. , 1999, "Parametric and Non – Parametric Crop Yield Distributions and Their Effects on All – Risk Crop Insurance Premiums", *Department of Agricultural Economics and Business*, 1999.

Tversky, A. and Kahneman, D. , 1974, "Judgment under Uncertainty: Heuristics and Biases: Biases in Judgments Reveal Some Heuristics of Thinking under Uncertainty", *Science*, Vol. 185 (4157): 1124 – 1131.

Van Asseldonk, M. A. P. M. , Pietola, K. and Niemi, J. K. , 2013, "Trade-Offs between Catastrophic Assistance and Subsidized Insurance in European Agriculture", *Outlook on Agriculture*, Vol. 42 (4): 225 – 231.

Vedenov, D. V. and Barnett, B. J. , 2004, "Efficiency of Weather Derivatives as Primary Crop Insurance Instruments", *Journal of Agricultural and Resource Economics*, Vol. 29 （3）: 387 – 403.

Von Neumann, J., and Morgenstern, O., 1944, *Theory of Games and Economic Behavior*. Princeton, NJ: Princeton University Press.

Wang, A. X., Tran, C., Desai, N., et al., 2018, " Deep Transfer Learning for Crop Yield Prediction with Remote Sensing Data", *Proceedings of the 1st ACM SIGCAS Conference on Computing and Sustainable Societies*: 1 – 5.

Wang, H. H., Hanson, S. D., Myers, R. J. and Black, J. R., 1998, "The Effects of Crop Yield Insurance Designs on Farmer Participation and Welfare", *American Journal of Agricultural Economics*, Vol. 80 （4）: 806 – 820.

Wang, Q. S., 2010, "The Farmers Behavior in Agricultural Insurance under the Von · Neuman-Morgenstern Utility Model", *Agriculture and Agricultural Science Procedia*, Vol. 1: 226 – 229.

Whitcraft, A. K., Becker-Reshef, I., Killough, B. D. and Justice, C. O., 2015, "Meeting Earth Observation Requirements for Global Agricultural Monitoring: An Evaluation of the Revisit Capabilities of Current and Planned Moderate Resolution Optical Earth Observing Missions", *Remote Sensing*, Vol. 7 （2）: 1482 – 1503.

Wilson, R. W., 1977, "The Effect of Technological Environment and Product Rivalry on R&D Effort and Licensing of Inventions", *The Review of Economics and Statistics*: 171 – 178.

Wright, B. D., and Hewitt, J. A., 1994, "All – Risk Crop Insurance: Lessons from Theory and Experience", *Economics of Agricultural Crop Insurance: Theory and Evidence*: 73 – 112.

Wu, J. and Adams, R. M., 2001, "Production Risk, Acreage Decisions and Implications for Revenue Insurance Programs", *Canadian Journal of Agricultural Economics*, Vol. 49 （1）: 19 – 35.

Yamaguchi, S., Mino, Y., and Uddin, S., 2011, "Strategies and Future Attempts to Reduce Stigmatization and Increase Awareness of Mental Health Problems among Young People: A Narrative Review of Educational Interventions", *Psychiatry and Clinical Neurosciences*, Vol. 65 （5）: 405 – 415.

Yang, X., Liu, Y., Bai, W. and Liu, B., 2015, "Evaluation of the Crop Insurance Management for Soybean Risk of Natural Disasters in Jilin Province, China", *Natural Hazards*, Vol. 76 (1): 587 – 599.

Ye, T., Nie, J., Wang, J., Shi, P. and Wang, Z., 2015, "Performance of Detrending Models of Crop Yield Risk Assessment: Evaluation on Real and Hypothetical Yield Data", *Stochastic Environmental Research and Risk Assessment*, Vol. 29 (1): 109 – 117.

You, J., Li, X., Low, M., et al., 2017, "Deep Gaussian Process for Crop Yield Prediction Based on Remote Sensing Data", *Proceedings of the AAAI Conference on Artificial Intelligence*, Vol. 31 (1).

Young, F. R., Apan, A. and Chandler, O., 2004, "Crop Hail Damage: Insurance Loss Assessment Using Remote Sensing", Annual Conference of the Remote Sensing and Photogrammetry Society Working Paper.

Yuan, Q., Shen, H., Li, T., Li, Z., Li, S., Jiang, Y., Xu, H., Tan, W., Yang, Q. and Wang, J., 2020, "Deep Learning in Environmental Remote Sensing: Achievements and Challenges", *Remote Sensing of Environment*, Vol. 241: 111716.

Yu, J., Smith, A. and Sumner, D. A., 2017, "Effects of Crop Insurance Premium Subsidies on Crop Acreage", *American Journal of Agricultural Economics*, Vol. 100 (1): 91 – 114.

Yu, W. and Jensen, H. G., 2010, "China's Agricultural Policy Transition: Impacts of Recent Reforms and Future Scenarios", *Journal of Agricultural Economics*, Vol. 61 (2): 343 – 368.

Zhang, P., Zhang, J. and Chen, M., 2017, "Economic Impacts of Climate Change on Agriculture: The Importance of Additional Climatic Variables Other Than Temperature and Precipitation", *Journal of Environmental Economics and Management*, Vol. 83: 8 – 31.

Zhang, T., Zhu, J., Yang, X. and Zhang, X., 2008, "Correlation Changes between Rice Yields in North and Northwest China and ENSO from 1960 to 2004", *Agricultural and Forest Meteorology*, Vol. 148 (6 – 7): 1021 – 1033.

Zhang, Y., 2017, "A Density-Ratio Model of Crop Yield Distributions",

American Journal of Agricultural Economics, Vol. 99: 1327 – 1343.

Zhang, Y., Hu, W., Zhan, J. and Chen, C., 2019, "Farmer Preference for Swine Price Index Insurance: Evidence from Jiangsu and Henan Provinces of China", *China Agricultural Economic Review*, Vol. 12 (1): 122 – 139.

Zhao, J., Zhang, J. and Barry, P. J., 2014, "Do Formal Credit Constraints Affect the Rural Household Consumption in China?", *Agricultural Economics*, Vol. 60 (10): 458 – 468.

Zhou, X., Zheng, H. B., Xu, X. Q., He, J. Y., Ge, X. K., Yao, X., Cheng, T., Zhu, Y., Cao, W. X. and Tian, Y. C., 2017, "Predicting Grain Yield in Rice Using Multi-Temporal Vegetation Indices from UAV-Based Multispectral and Digital Imagery", *ISPRS Journal of Photogrammetry and Remote Sensing*, Vol. 130: 246 – 255.

Zhu, Y., Goodwin, B. K., Ghosh, S. K., 2011, "Modeling Yield Risk under Technological Change: Dynamic Yield Distributions and the U. S. Crop Insurance Program", *Journal of Agricultural and Resource Economics*, Vol. 36 (1): 192 – 210.

Zizzo, D. J., 2010, "Experimenter Demand Effects in Economic Experiments", *Experimental Economics*, Vol. 13: 75 – 98.

后　记

　　本书是我关注农业保险研究八年以来的阶段性总结，在众多学生的协助下，几乎是以最快的速度完成了从对农业保险的初步认识到比较系统地构建理论的转变。尽管他们在参与过程中实现了从"知识接受者"到"知识创造者"的蜕变，但毫无疑问，我才是这个过程的最大受益者，没有他们的帮助，这项工作几乎是无法完成的，还需要再独自探索更久。

　　很多同事好奇我为什么突然之间对农业保险领域如此投入，在他们的印象中，我的研究方向毫无疑问是农业资源环境，两者确实看似相差极大。的确如此，对我而言，自2016年开始从事农业保险研究本身就是"风险"——几乎抛弃了我在农业资源环境研究领域原有的积累。踏入当时在国内不温不火的农业保险研究领域，我着实有昔日在美国读博阶段开题的感觉，甚至更糟糕。一方面，需要系统整理将近500篇的国内外文献；另一方面，如何取得保证课题顺利开展的经费支持也是一筹莫展。但是，彼时经过十年左右的农业资源环境研究，尤其是近地面臭氧污染的研究，我深切地感受到和农业相关的环境经济领域研究，特别是气候变化研究，在不断追求"干净"的因果识别方面走得太远，以至于让外行人认为专家学者除了评估环境影响，完全不能提出具有建设性的建议。很显然，后一种危机感对我的冲击占据了这个转型过程的主导地位：我们必须躬身入局对确定性的农业环境改变做出积极回应，而不是类似局外人般得给出所谓的"准确评价"。农业保险研究正处于农业环境、生产支持政策与金融市场三者的交汇点，也更能体现学者的主观能动性。

　　然而，踏入农业保险研究领域后，我这个新入者对以美国为主导的西方农业保险研究和国内农业保险研究的强烈反差着实有些困惑：在学术研究方面，英文期刊所发表的高质量研究从产品设计理论到政策效果评价早已远远走在前列；国内的农业保险研究似乎在效果评价上做了有益探索，但是产品设计的理论研究却交给了企业或者直接采用拿来主义。因此，在构建本书的几个篇章中，我对西方经典的农业保险理论是否符合中国国情的剖析始终贯穿其中。

政策性农业保险经过十多年的发展，需要有学者对中国农业保险的市场进行阶段性回顾和总结，以期未来能够更加健康地成长。我们必须承认，各级政府在当前农业保险发展过程中的作用是举足轻重的。一方面，国家投入的大量人力和财力确保了农业保险公司和农民积极参与到农业保险市场中来；另一方面，当初的管理制度设计与现有农业保险市场规模和需求的匹配需要阶段性优化。遗憾的是，我们在大量的文献中很少看到这方面的努力。从这个角度来说，本书的重要使命是重新回溯农业保险制度设计层面的问题与挑战，同时也为当下市场实践提供理论支持和解决方案。

其中，农业保险研究和传统的农业经济研究最显著的区别在于：我们必须考虑农业保险公司这个独立于政府和农民的商业主体，尤其是它们具有追求利润最大化的天性。然而，一般的农业政策只涉及政府与农民，问题要简单得多。因此，有关农业保险市场制度的讨论会涉及政府与农民、政府与保险公司、保险公司与农民三种关系，而协调每种关系都需要恰当的制度安排。但是，自我国明确要发展政策性农业保险之后，系统讨论三者关系的研究非常有限。本书在此逻辑下，对完善和协调各主体关系的制度安排进行了一些探究。

本书即将付梓之际，我要感谢许多在此过程中提供协助和支持我的人。由于该书是过去近十年的研究所得，我的感谢名单不得不非常长。然而，天资愚钝如我，只能把鸣谢的范围缩小到直接参与此书创作以及提供建议的人。我要感谢直接参与该书创作的学生燕菲儿、陆宇、胡鸣宇、周梦飞、刘子寒、杨柳、赵雨竹、支晓旭、张颖初、周雨璇，他们为本书的撰写提供了坚实的研究基础；感谢为本书提供素材和调研数据的学生王腾、刘辉琳、吕斯涵、权泉、曹其杰、马文才、肖永河、徐经芳、袁崇俊、王亚楠、许晴、曹先举、段苏颖、张齐家、王圣柯、刘伊铭、马雪琪、颜筱熹，他们收集的一手材料让我更加清晰地认识了中国农业保险的发展现状；感谢朱晶教授在我深入农业保险研究后提供的各类交流学习机会；感谢王学君教授提供的内蒙古调研机会，本书的第十二章也得益于此行程的启发；感谢王金霞教授为第五章提供了非常宝贵的数据支持；感谢刘亚洲副教授在研究设计上提供了不少有益的独到见解；感谢庹国柱教授、王克教授和张跃华教授在我进入农业保险领域后持续不断地传授经验与给予教诲，让我从门外汉迅速成长为农业保险领域的专家；感谢编辑田康老师对本书结构的建议和逐字逐句认真校阅。当然，对该书中表达的观点，我一人承担责任。

易福金

图书在版编目（CIP）数据

中国农业保险：市场有效性与制度创新／易福金著
. -- 北京：社会科学文献出版社，2023.10
ISBN 978 - 7 - 5228 - 2310 - 2

Ⅰ.①中… Ⅱ.①易… Ⅲ.①农业保险 - 研究 - 中国
Ⅳ.①F842.66

中国国家版本馆 CIP 数据核字（2023）第 152479 号

中国农业保险：市场有效性与制度创新

著　　　者／易福金

出 版 人／冀祥德
责任编辑／田　康
文稿编辑／王红平
责任印制／王京美

出　　　版／社会科学文献出版社·经济与管理分社（010）59367226
　　　　　　地址：北京市北三环中路甲 29 号院华龙大厦　邮编：100029
　　　　　　网址：www. ssap. com. cn
发　　　行／社会科学文献出版社（010）59367028
印　　　装／三河市尚艺印装有限公司

规　　　格／开本：787mm × 1092mm　1/16
　　　　　　印张：21　字数：337 千字
版　　　次／2023 年 10 月第 1 版　2023 年 10 月第 1 次印刷
书　　　号／ISBN 978 - 7 - 5228 - 2310 - 2
定　　　价／128.00 元

读者服务电话：4008918866